म्यांमार से मेडागास्कर

म्यांमार से मेडागास्कर

अबसर बेउरिआ

हिन्दी अनुवाद :
मिहिर पटनायक

BLACK EAGLE BOOKS
Dublin, USA

म्यांमार से मेडागास्कर / अबसर बेउरिआ
हिन्दी अनुवाद : मिहिर पटनायक

 BLACK EAGLE BOOKS

USA address:
7464 Wisdom Lane
Dublin, OH 43016

India address:
E/312, Trident Galaxy, Kalinga Nagar,
Bhubaneswar-751003, Odisha, India

E-mail: info@blackeaglebooks.org
Website: www.blackeaglebooks.org

First International Edition Published by
BLACK EAGLE BOOKS, 2023

MYANMAR SE MEDAGASKAR
by **Abasara Beuria**

Translated by **Mihir Patnaik**

Original Copyright © Abasara Beuria' Family
Translation Copyright © Mihir Patnaik

All rights reserved. No part of this publication may be reproduced, stored in a retrieval system, or transmitted, in any form or by any means, electronic, mechanical, photocopying, recording or otherwise without the prior permission of the publisher.

Cover & Interior Design: Ezy's Publication

ISBN- 978-1-64560-460-0 (Paperback)

Printed in the United States of America

विदेश प्रवास के दौरान हर तरह के हर्ष, विषाद, सफलताओं, असफलताओं, भय तथा निसंगताओं की मौन साक्षी रहकर परिस्थितियों से जूझने में संपूर्ण सहयोग व सहायता प्रदान करती पत्नी तृप्ति तथा दोनों पुत्रियों - प्रार्थना व वर्णना को समर्पित है यह पुस्तक।

अपनी बात...

बहुत से मित्रों व शुभाकांक्षियों द्वारा बारबार दी गयी सलाह के बावजूद डायरी लिखने की कला व अनुशासन को मैं न अपनी आदतों में शुमार कर पाया और न ही अपने अंदर इस तरह की इच्छाशक्ति जगा पाया। इस पुस्तक में वर्णित घटनाएं तथा चरित्र चालीस सालों से संजोयी स्मृतियों के कुछ अंश विशेष ही हैं। इस दृष्टि से कहीं कहीं कुछ भूल-चूक रह जाना स्वाभाविक है।

विदेश सेवा में एक अर्से के लिए अपने देश के बाहर प्रवास के दौरान उन राष्ट्रों के गणमान्य व प्रतिष्ठित व्यक्तियों से मुलाकात के अवसर प्राप्त होते रहते हैं। द्विपक्षीय या बहुपक्षीय वार्ताओं में भागीदारी के समय अपने देश के दृष्टिकोण व अन्य राष्ट्रों की नीतियों व स्वार्थों के बीच एकरूपता व विरोधाभासों को जानने समझने के अवसर मिलते रहते हैं। साथ ही इन चर्चाओं में व्यक्तियों तथा परिस्थितियों को भी बेहद नजदीक से परखने के मौके मिलते हैं। हमारी विदेश सेवा के मेरे कई सहकर्मियों ने इन विषयों पर पुस्तकों की रचना की है, विदेश नीतियों पर तर्जुमा के साथ साथ अपनी राय भी प्रस्तुत की है। इसके अतिरिक्त कुछेक सहकर्मियों ने उपन्यास आदि की रचना कर अपनी सृजनशीलता का परिचय दिया है तथा इस क्षेत्र में प्रसिद्धि भी अर्जित की है।

परन्तु ऐसे किसी विषय पर मैंने इस पुस्तक में चर्चा नहीं की है। विदेश में राजनयिक के तौर पर अपनी पदस्थियों के दौरान जिन सामाजिक, सांस्कृतिक व शासन व्यवस्थाओं की विविधताओं का अनुभव मुझे हुआ है उन्हें मैं अपनी विरलतम अनुभूतियों का हिस्सा मानता हूँ।

म्यांमार का सामरिक शासन हो, जापान का नियंत्रित पूंजीवाद या रूस का

एकछत्र कम्युनिष्टवाद या फिर मुक्त व्यापारिक व निजी स्वतंत्रता की पराकाष्ठा का देश अमेरिका, तथा श्रीलंका में थेरेवाद से प्रभावित राजनीति या उपसागरीय यू.ए.ई. का वंशानुक्रम राजतंत्र से लेकर अफ्रीकी जनजातीय समाज में पनपी साम्यवाद या मुक्त व्यापारिक व्यवस्था तक - इन सबने मेरी उदार जीवनशैली पर गहरा असर छोड़ा है। इस दीर्घ कालखंड में क्रमानुसार घटित वाक्यों पर मंथन करते समय जो साधारण घटनाएं असाधारण रूप से मेरे स्मृतिपटल पर उभरी हैं उन्हीं के उल्लेख करने का प्रयास मैंने इस पुस्तक में किया है। पचास साल पहले के भारत जैसे विकासशील राष्ट्र की टेलीविजन, कम्प्यूटर, मोबाइल आदि से अपरिचित पीढ़ी की पृष्ठभूमि से आये मेरे जैसे व्यक्ति के लिए ये अनूठी अनुभूतियाँ ईश्वर प्रदत्त ही रहीं।

'म्यांमार से मेडागास्कर' पुस्तक को हिन्दी में अनुदित कर प्रकाशित करने की सलाह मेरे मित्रों ने समय समय पर दी थी। उन्हीं के प्रोत्साहन से प्रेरित होकर इस पुस्तक के हिन्दी में अनुदित संस्करण को व्यापक पाठक वर्ग के हाथों में सौंपते हुए मुझे अपार हर्ष की अनुभूति हो रही है।

हिन्दी अनुवाद के लिए मैं अपने रोटेरियन मित्र व अनुवादक श्री मिहिर पटनायक का आभार व्यक्त करना चाहता हूँ जिन्होंने आग्रहपूर्वक अपनी सहमति दी तथा अनुवाद कार्य संपन्न किया।

मूल पुस्तक के लेखन काल से अब तक विश्व परिदृश्य में बहुत से परिवर्त्तन हो चुके हैं। इस दौरान सोवियत संघ का विघटन हो चुका है। तत्कालीन संघ के सदस्य देश अब स्वतंत्र राष्ट्रों के स्वरूप में आकर अपनी अपनी नीतियों का अनुसरण कर रहे हैं। इसके फलस्वरूप उस अंचल का जन-जीवन व्यापक रूप से प्रभावित हुआ है। उसी प्रकार म्यांमार में भी सत्ता परिवर्त्तन के फलस्वरूप पुन: सामरिक शासन लागू हो चूका है। उस देश की अन्दरूनी स्थिति की जो खबरें आये दिन प्रकाशित हो रही हैं वे वास्तविकता से भिन्न लगती हैं तथा सहज विश्वासयोग्य नहीं हैं। इधर वैश्वीकरण तथा सदी की सर्वाधिक भयानक महामारी से विश्व पटल पर तेजी से परिवर्त्तन परिलक्षित हो रहे हैं।

पुस्तक में उल्लिखित घटनाएं आज से करीब चालीस से पचास साल पहले के तथ्यों व अनुभवों पर आधारित हैं। अत: पुस्तक की मौलिकता की दृष्टि से

अनुवाद में भी इनका यथावत उल्लेख किया गया है। मूल पुस्तक की तरह अनुदित पुस्तक को भी पाठकीय आदृति प्राप्त होने पर मुझे अत्यंत प्रसन्नता होगी।

अनुवाद के डी.टी.पी. कार्य में सहायता के लिए मैं श्री दिगम्बर महालिक का हार्दिक धन्यवाद करता हूँ।

'ब्लैक ईगल बुक्स' का मैं हृदय से आभारी हूँ जिन्होंने इस पुस्तक के प्रकाशन के लिए सहर्ष आग्रह व्यक्त किया।

।। शुभम् अस्तु ।।

सूची

पिया गये रंगून ...	13
ले गयी दिल गुड़िया जापान की...	29
लाल टोपी रूसी	50
कॉलम्बस का इंडिया	88
श्रीलंका का संघर्ष	103
उप सागर की उपकथा	123
आब्राकाडाब्रा	137
Photographs	161

पिया गये रंगून ...

म्यांमार को पहले बर्मा के नाम से जाना जाता था। बहुत से लोग इसे ब्रह्मदेश के नाम से भी जानते थे। ब्रिटिश शासन के अधीन संपूर्ण भारतवर्ष का यह भी एक अंग रहा। सन् 1937 में भारत के भौगोलिक नक्शे से अलग होकर बर्मा अपने वर्तमान अस्तित्व में आया। आजादी के बाद की अवधि में भारत और बर्मा के बीच आपसी संबंध बड़े मजबूत रहे। सैनिक प्रशासन के हाथों में सत्ता जाने के बाद पुन: एक बार सैनिक शासन द्वारा असैनिक प्रशासन के हाथों में सत्ता सौंपना विश्व इतिहास में एक अद्भुत और विरल घटना है। असैनिक नागरिक प्रशासन का सत्ता पर पुन: प्रतिष्ठित होना सचमुच एक चौंकाने वाली घटना थी।

दूसरे विश्वयुद्ध के पहले से ही भारतीय निवासी देश के विभिन्न हिस्सों से जाकर बर्मा में बस चुके थे। ओड़िशा के कई इलाकों से भी लोग रोजगार की खोज में जाकर वहाँ पर बसे हुए थे। दूसरे विश्वयुद्ध की समाप्ति के बाद तथा सन् 1948 में बर्मा को स्वतंत्रता प्राप्त होने के बाद बहुत से भारतीय स्वदेश लौट आये। सैनिक प्रशासन के पुन: दूसरी बार सत्ता में आने के बाद भारत विरोधी गतिविधियां तथा विद्वेषी वातावरण के फलस्वरूप ये भारतीय भारत सरकार की सहायता से अपने देश लौट पाये। चालीस के दशक की फिल्म 'पतंगा' में शमसाद बेगम के द्वारा गाया गया गीत 'मेरे पिया गये रंगून वहाँ से किया है टेलीफून' उन दिनों काफी लोकप्रिय हुआ था।

इस पृष्ठभूमि में 1968 में मुझे बर्मा जाना पड़ा। मार्च का महीना था, एक धुंध भरी सुबह कलकत्ते के हवाई अड्डे से विमान द्वारा मेरी यात्रा प्रारंभ हुई - संभवत: 'डकोटा' विमान था। दूसरे महायुद्ध के बाद डकोटा का उपयोग घटने लगा था। पर इंडियन एयरलाइन्स ने कुछ सालों तक 'डकोटा' विमान को सेवा में लगाये रखा था।

जहाँ तक याद है, उस उड़ान में मेरे साथ तीन सहयात्री और थे - दो बौद्ध भिक्षु और एक मारवाड़ी व्यापारी, जिनका परिवार पहले से बर्मा में करोबार कर रहा था। पता चला कि वीज़ा में सख्ती के कारण विदेशियों को बर्मा जाने में काफी दिक्कतें थीं।

आकाश मार्ग में खिड़की से झांका तो पाया कि बर्मा के भूभाग और प्राकृतिक दृश्य भारत के प्राकृतिक दृश्य से कुछ भी अलग न थे। इरावदी नदी अपनी टेढ़ी मेढ़ी चाल से समुद्र की ओर बढ़ी जा रही थी। बीच बीच में घने जंगल, छोटे छोटे गाँव - हरे भरे पेड़ पौधे, बनस्पतियाँ - दुधिया रंग के पैगोड़े, फूस के छप्पर वाले घर, धान के खेत, समुद्र तट के ज्वार-भाटे, नारियल के झाड़, सुनसान आबादी रहित शांत माहौल। वहाँ के क्षेत्रफल की तुलना में उनकी आबादी कम थी। रंगून तक की उड़ान के दौरान औद्योगीकरण का कोई आभास तक नहीं था। रंगून के करीब पहुँचते ही आसपास के इलाकों में चिमनियों से धुआँ निकलते देखा।

विमान रंगून हवाई अड्डे पर उतरते ही महसूस हुआ कि यह अन्य अंतराष्ट्रीय हवाई अड्डों से अलग था। लोगों की भीड़ न थी, आवागमन कम ही था। हवाई अड्डे पर असैनिक विमानों की आवाजाही न के बराबर थी। आप्रवास और कस्टम के काउंटर खाली पड़े थे। भारतीय दूतावास से एक अधिकारी मेरी अगवानी के लिये आये हुए थे। मुझे वे अपने साथ शहर के 'ओरियंट होटल' ले गये। छुट्टी का दिन था, इस वजह से रास्तों पर खूब गहमा गहमी थी। सभी के चेहरों पर तकलीफ के बावजूद मुस्कान झलक रही थी। लड़कियों ने चेहरों पर 'तानाका' (चंदन की भाँति एक पेड़ की जड़ों का लेप) लगा रखा था। चाय का आर्डर दिया, लगभग आधे घंटे के बाद एक आदमी दो कप चाय लेकर कमरे में दाखिल हुआ। उस दरम्यान दूतावास के अधिकारी ने मुझे आगाह कर दिया था कि "वहाँ कुछ भी टिप्पणी करने से पहले सावधानी बरतना जरूरी है। बर्मा का खुफियातंत्र काफी मजबूत है और खास तौर पर कूटनीतिज्ञों पर वे पैनी नजर रखते हैं।" सैनिक प्रशासन की राष्ट्रीयकरण नीति के तहत सभी छोटे बड़े व्यवसायी, प्रतिष्ठित कल कारखाने, सिनेमा हॉल, किराने की दुकान तक सब कुछ सरकारी नियंत्रण में चलते थे। नतीजतन अत्यावश्यक सामग्रियों की माँग के अनुरूप सप्लाई में कमी महसूस होती थी। आम नागरिकों को सारी चीजें कालाबाजार से खरीदनी पड़ती थी।

अधिकारी मित्र को विदा कर मैं बाजार की और घूमने निकला। देखा तो दो तीन लोग डॉलर बेचने के लिए मुझ पर दबाव डालने लगे। मुझे तब उस अधिकारी

की बात याद आ गयी - हो सकता है यह कोई खुफिया फंदा हो! टूथपेस्ट आदि रोजमर्रा के सामानों की खरीद के लिए दुकान पर गया तो पाया कि सारे रैक खाली थे। लेकिन पीछे की गलियों में रेहड़ी लगाकर महिलायें छोटी-बड़ी जरूरतों की बहुत सी चीजें बेच रही थीं, पर हाँ, सरकारी कीमतों से कई गुना अधिक दाम पर। कुछ दिन बर्मा में रहने पर लगा कि मानो देश के सारे लोग कालाबाजारी में लिप्त हैं। चोरी का माल या तो कोई बेच रहा है, या कोई खरीद रहा है। दूतावास के कर्मचारियों के लिए सरकार की ओर से एक खास दुकान थी जहाँ पर शक्कर, नमक, चावल से लेकर आवश्यक सभी चीजें मिल रही थीं। इसके अलावा कुछ लोग सिंगापुर तथा बैंकॉक से भी ढेर सारी चीजें मंगवाते थे। इस वजह से आम लोगों के मन में कूटनीतिज्ञों के लिये खास सम्मान का भाव था। इस तरह से अभावग्रस्त समाज में विशेष अधिकार प्राप्त लोगों के प्रति आम जनता में मान सम्मान कुछ ज्यादा ही होता है।

अगले दिन खबर मिलने पर कई प्रवासी ओड़िया खुशी खुशी मुझसे मिलने आये। उनमें एक था ड्राइवर, एक दवाओं का दुकानदार तो एक दूतावास में काम करनेवाला लिपिक तथा एक पानीवाला मिस्त्री भी था। एक ऐसे कारोबारी का प्रतिनिधि भी था जो भारत लौट चुके थे। बर्मा में स्वास्थ्य से जुड़े कारोबार के लिए मशहूर एक व्यापारी परिवार था बेहरा परिवार। उस परिवार के श्री ब्रह्मानंद बेहरा अब भी जीवित थे और कटक में रहते थे। रंगून शहर के एक स्ट्रीट में अधिकतर घर उन्हीं के थे। राष्ट्रीयकरण की चपेट में त्रस्त होकर इस परिवार को सारी संपत्तियों का त्याग कर साठ के दशक में भारत लौटना पड़ा था।

जो कुछ ओड़िया लोग मुझसे मिलने आये थे उन्हें यह कल्पना तक न थी कि बर्मा में किसी ओड़िया कूटनीतिज्ञ की तैनाती भी हो सकती है जो भारतीय मूल के निवासियों के हित में चलाये जा रहे कार्यक्रमों का हिस्सा बनेंगे। जल्दी ही एक छोटा कार्यक्रम बनाया गया। गुरुबारिया मुझे ड्राइविंग सिखायेगा, (सैनिक शासन आने के बाद राइट हैंड ड्राइव की पद्धति बर्मा में लागू की गयी थी)। कृष्ण आचारी से मैं बर्मा की भाषा सीखूंगा, पृष्टि आवभगत वाले समारोहों का आयोजन करेगा और मुझे दवाएँ उपलब्ध करायेंगे वहाँ के ओड़िया कर्मचारी। वृंदावन घरेलू कार्यों की देख-रेख का जिम्मा उठाएगा। इस तरह के मैत्रीपूर्ण आवभगत से मैं अभिभूत हुआ।

पहला हफ्ता कैसे बीत गया पता ही न चला। कृष्ण आचारी के घर पर रात्रि भोजन के बाद गीत संगीत की महफिल जमी जिसमें कई प्रवासी ओड़िया लोगों ने गीत

संगीत की प्रस्तुति की। ओड़िया प्राचीन पारम्परिक शैली के ओड़िशी, चम्पू आदि गीत प्रस्तुत किये गये जो आजकल कम ही सुनायी देते हैं। एक दिन मैं रंगून के जगन्नाथ मंदिर दर्शन के लिए पहुंचा। रथयात्रा का अवसर था। विदेश में जगन्नाथ मंदिर और उसके अंदर जगन्नाथ जी, सुभद्रा व बलभद्र के भव्य विग्रह सुशोभित थे। यह मेरे लिए एक अभूतपूर्व आनंददायक अनुभूति रही। स्थानीय लोग रथ खींचने के लिए उमड़ पड़े थे - बर्मा के नागरिक - स्त्री, पुरुष, बच्चे, बूढ़े, जवान सबके अंदर अद्भुत उत्साह था। घंटा, झांझ तथा अन्य वाद्ययंत्रों के ताल पर रथ आगे बढ़ रहे थे। ओड़िया निवासी संख्या में कम थे, अत: मंदिर के विभिन्न पर्व, त्यौहारों के आयोजन व संचालन का जिम्मा बर्मा के स्थानीय लोगों पर ही था। उनकी सहायता व संरक्षण के अंतर्गत सारे आयोजन किये जाते थे। रथ पर कुछ भक्तों के बीच गेरुआ वस्त्रधारी एक बौद्ध भिक्षु बारबार रथ खींचने वाले भक्तों को निर्देश देकर उत्साहित कर रहे थे। उनके बारे में पता किया तो कृष्ण आचारी ने बताया कि ये 'उ' (बर्मा में पुरुषों के नाम के पहले 'उ' लगाना सम्मान सूचक संबोधन होता है जैसे हमारे देश में श्री या श्रीयुक्त का उपयोग होता है) अर्थात उ.ह.डि. दरअसल ओड़िया हैं। फिर हँसकर बोले कि उसका राज वे बाद में मुझे बताएंगे। एक दो दिन में हम उनके घर भी जायेंगे। रथ चलने के दौरान एक बार उ.ह.डि रथ से नीचे उतर आये। कृष्ण आचारी ने उनसे मेरा परिचय करा दिया। फिर ये दोनों स्थानीय भाषा में आपस में बातचीत करने लगे - शायद मेरे बारे में। फिर बड़े ही नाटकीय ढंग से बौद्ध सन्यासी ने मुझे आशीर्वाद दिया।

तय वक्त के अनुसार मैं एक दिन उ.ह.डि. महोदय के रंगून शहर स्थित घर पर पहुँचा। घर के चारों ओर सुन्दर फूल, फल के पौधे व झाड़ आदि भरपूर थे। घर के अंदर दो-तीन छोटे छोटे कमरे - कमोबेश आश्रम जैसा ही वातावरण था। उनके साथ एक युवक भी था, लगा कि संभवत: वह बिहार का मूल निवासी होगा। कुछ कुछ हिन्दी व ओड़िया मिश्रित शब्दों का प्रयोग कर रहा था। मुझे लगा कि बौद्ध भिक्षु महोदय ने उस युवक को अपने पट्टशिष्य के रूप में ग्रहण किया है। अबतक मुझे पता चला चुका था कि उ.ह.डि. महोदय का पूरा नाम हरिबंधु था और वे ओड़िशा के गंजाम जिले के निवासी थे। बर्मा के शान् प्रदेश तथा कई और इलाकों में काफी दिनों से निवास कर रहे थे और साधना के बल पर सिद्धि प्राप्त कर रंगून में अपना प्रभाव विस्तार करने में सक्षम हुए थे। उनके शिष्यों में से अधिकांश सेना के उच्च पदों पर आसीन अधिकारीगण थे जो प्रशासन में कई महत्वपूर्ण पदों पर कार्यरत थे। बीच बीच

में उनके घरों पर जाकर उ.ह.डि उर्फ हरिबंधु जी उन्हें आशीर्वाद प्रदान करते थे। कई बार तांत्रिक सामग्रियाँ भी उपलब्ध करवाते थे। नौकरी, प्रेम या सन्तानों की सफलता से संबंधित मामलों में प्रयोग के उद्देश्य में ऐसी सामग्रियाँ कारगर होतीं। सुनने में आया कि उनके पास एक सुगंधित इत्र जैसी कोई चीज है जिसे शरीर पर मलने से कोई दूसरा व्यक्ति मंत्रमुग्ध होकर वश में आ जाता है।

उनके घर पर प्रशासन व सेना के उच्च अधिकारियों के साथ ली गयी उ.ह.डि. की कई बड़ी बड़ी फोटो टंगी थीं। साथ ही कुछ कॉपी, किताबें, पेन्सिल, कलम, स्लेट, चॉक, चार पांच कुर्सियां, एक आराम कुर्सी, जानवरों की खाल, बुद्ध की एक प्रतिमा तथा फलदानी में फल, शीशे की अलमारी में बर्मा के हस्तशिल्प के कुछ नमूने भी रखे थे। उ.ह.डि. ने मुझे देखते ही उठकर अभिवादन किया। हमने आपस में ओड़िया में ही बाचचीत की। बातचीत के दौरान बर्मा में ओड़िया भाषा की दुर्दशा और आम भारतीयों की हालत के बारे में वे तंज कसना नहीं भूले। बातों बातों में सेना के साथ अपने घनिष्ठ संबंध तथा उनपर अपने प्रभाव के बारे में मुझे बताते जा रहे थे। मुझे आश्वासन दिया कि अगर मेरे साथ कोई समस्या हो तो उन्हें अवश्य खबर करूँ ताकि वे उसके समाधान की कोशिश कर सकें। उन्होंने बताया कि किसी ओड़िया कूटनीतिज्ञ का वहाँ पर आना समग्र भारतीयों के लिए गर्व की बात थी। साथ ही उन्होंने सचेत किया कि मैं हर किसी पर आंख मूंद कर विश्वास न करूँ। मैंने अपने प्रवास के दौरान उनसे नियमित संपर्क बनाये रखने का वादा किया तथा आशा व्यक्त की कि उनका आशीर्वाद बना रहे तो मैं बिना किसी दिक्कत के अपना कार्यकाल पूरा कर पाऊँगा। कृष्ण आचारी व और लोगों ने उनसे आग्रह किया कि यदि उनके पास कोई कवच या कोई और यंत्र हो तो मुझे दें जिससे मैं हर एक आफत से सुरक्षित रह पाऊँ। उस घटना के बाद भी कई बार मेरी मुलाकात उनसे होती रही। वे भी मेरे निवास पर कई बार आये। पर कभी भी उनसे किसी प्रकार के तावीज, कवच, इत्र, फूल आदि मुझे पाने का अवसर नहीं प्राप्त हुआ। जब कभी मैं इनका जिक्र करता वे टाल जाते। एक बार काफी बाध्य करने पर उन्होंने मुझे समझाया कि ऐसी चीजें ठीक नहीं, ये सब भूत प्रेत वाली चीजें हैं, जिनका परिणाम बाद में नुकसान दायक होता है। पर हाँ, साथ ही यह बताना भी न भूले कि उनके आशीर्वाद से कैसे किसी सेना अधिकारी की पदोन्नति हुई, उनके प्रभाव से कैसे किसी मंत्री को बरखास्त किये जाने के बाद उन्हें पुन: सत्ता प्राप्त हुई, साथ ही कैसे लोगों को उनके आशीर्वाद से लॉटरी में जीत हासिल हुई आदि

आदि। ओड़िया लोगों से वे ज्यादा मेल जोल नहीं रखते थे। शायद इस वजह से कि उन्हें इनसे कुछ ज्यादा की आशा होती या फिर उनके गेरुआ चोले के अंदर उनके असली परिचय का कहीं पर्दाफाश न हो जाये।

उ.ह.डि. से मेरे बड़े अच्छे संबंध रहे। पर जब तक मेरी बर्मा से वापसी हुई, मैंने गौर किया कि हो न हो उनके रसूख में कमी आ रही थी। मैंने महसूस किया कि शायद उन्होंने मुझसे सरकार या सेना प्रशासन के अंदर अपने प्रभाव के बारे में कुछ ज्यादा ही बढ़ाचढ़ा कर बखान किया हो।

एक बार मेरे अनुरोध पर भारत के आखिरी मुगल बहादुर शाह जफर के समाधि स्थल के दर्शन के लिए वहाँ के कुछ ओड़िया वाशिंदे मेरे साथ गये। ऐसी किसी समाधि के बारे में बहुत से लोगों को जानकारी ही न थी। ब्रिटिश शासन के दौरान गुप्त रूप से मुगल सम्राट को निर्वासित कर दूर दराज रंगून में बाकी जीवन बिताने को मजबूर किया गया था। यह सिपाही विद्रोह या स्वतंत्रता संग्राम की उस अंतिम दीपशिखा को बुझने से पहले ही खत्म कर देने का षड़यंत्र ही था। बहादुर शाह का मजार एक सुनसान शांत परिवेश में, उपेक्षित हालत में था। संरक्षण व देखभाल के अभाव में मजार नष्ट होने के कगार पर पहुंच चुका था। जंगली झाड़ झंखाड़, इधर उधर उग आये थे और उस बड़े ही साधारण सी कब्र को घेरे पड़े थे। मुझे उनकी शायरी याद आ गयी - 'लगता नहीं दिल मेरा...'।

एक रविवार को व्यवसायी मित्र मि. हुसैन तथा वरिष्ठ प्रधान शिक्षक मि.दास सपरिवार मेरे निवास पर पहुंचे और 'पेगु' जाने का प्रस्ताव रखा। पेगु रंगून के पास ही छोटा सा एक शहर है। इसका नाम इतिहास में सोए हुए बुद्ध की प्रतिमा के लिए प्रसिद्ध है।

राजनयिकों के आवागमन पर लगे प्रतिबंधों को अनदेखा कर हम पेगु के लिए निकल पड़े। रंगून के बाहर ग्रामांचल के रमणीय दृश्यों को मैं देखने में मग्न था कि अचानक राजपथ पर दो सुरक्षा अधिकारी गाड़ी रोककर जांच करने लगे। हाथों में बंदूक और पैनी नजरें। कहाँ जाना है, कौन कौन गाड़ी में हैं आदि बातों के बारे में, खासकर हुसैन से बड़ी पूछताछ की। आखिर में परिचय पत्र देखना चाहा - बर्मा के नागरिकों के लिए एन.आर.सी. तथा विदेशियों के लिए एफ.आर.सी.। कुछेक परिचय पत्र देखने के बाद और हुसैन तथा दास परिवार के लोग बर्मा की भाषा बोल पा रहे थे खास इसलिये भी हमें जाने दिया गया। अगर अचानक मुझसे माँगते तो न तो मेरे पास

परिचय पत्र था और न ही वहाँ की भाषा की जानकारी। एक शर्मनाक परिस्थिति से ईश्वर ने मुझे बचा लिया। अगले ही पल से बर्मा के ग्रामीण इलाकों की अपूर्व व मासूम खूबसूरती का लुत्फ उठाने के स्थान पर भय के बादल मँडराने लगे। बर्मा की सेना के खुफिया अधिकारी (M.I.S.) तथा सरकार के खुफिया विभाग (B.I.S.) की संयुक्त व जटिल कार्यप्रणाली के उत्पीड़न का बर्मावासी शिकार बन रहे थे। आधी रात को दरवाजे पर खट खट की दस्तक से दिल की धड़कनें तेज हो जातीं। विदेशों में प्रशिक्षित खुफिया विभाग के पराक्रम से कोई अनजान न था। एक बार उनके संग गये तो घर लौट कर आना अनिश्चित ही होता था। भय से ग्रसित हुसैन व दास परिवारों के लिए यह यात्रा अविस्मरणीय रही। हम शाम तक रंगून लौट आये।

बर्मा के कई इलाके हमारे लिए प्रतिबंधित थे, हम पर रोक थी वहाँ जाने की। राजधानी से बाहर निकलने के लिए सरकार की अनुमति की जरुरत थी। सुरक्षा की दृष्टि से भी बहुत सी जगहों तक आना जाना खतरों से खाली न था। स्वतंत्रता प्राप्ति के बाद से ही बर्मा के कारेन, शान, कचिन, मून, अराकन्नि जैसे कई गुटों ने विद्रोह व अलगाववादी आवाजें बुलंद की थीं। अभी तक उस संघर्ष का अंत नहीं हो पाया था। इसलिए ऐसे कई इलाकों में जाना असंभव ही था। फिर भी मैं कुछ अपनी कोशिशों से और कुछ अधिकारियों की मंजूरी से देश के काफी स्थानों तक जा पाया। इरावदी नदी के मुहाने के दक्षिण व पूर्वांचल में यात्राओं के दौरान कई ओड़िया लोगों से मेरी मुलाकात हो पायी। वे लोग काफी सालों से बर्मा में बसे हुए थे; स्थानीय लड़कियों से ब्याह रचाकर बाल बच्चों सहित आराम से जिन्दगी गुजार रहे थे। उनकी जीविका मुख्यत: कृषि थी और वे बर्मा की भाषा में बोलचाल करते थे। पर वे ओड़िया भाषा को पूरी तरह भूले नहीं थे। देश छोड़कर परदेश में निवास करने पर वे कतई दुखी न थे। उनसे बातचीत करने पर पता चला कि स्वदेश लौटने के लिए उनमें कोई आग्रह ही न था। मुझे देखकर उन्हें खुशी हुई या नहीं यह उनके हावभाव से समझ पाना मेरे लिए कठिन था।

बर्मा के शान प्रान्त के अधिकतर इलाकों पर तब तक भी बर्मा का पूरा नियंत्रण नहीं हो पाया था। वहाँ के निवासी अपनी आजादी के लिए लगातार संघर्षरत थे। वहाँ पर अफीम, हेरोईन आदि ड्रग्स का उत्पादन बहुतायत में होता था और सीमा पार लाओस, थाइलैण्ड जैसे पड़ोशी राष्ट्रों से होकर विश्व के विभिन्न देशों में भेजा जाता

था। उससे प्राप्त पैसों से अस्त्र, शस्त्र खरीदकर माफिया गुटों ने अपना आधिपत्य जमाया था और अलग सरकार बनाकर अपना शासन चला रखा था।

शान प्रान्त में एक बड़ी ही रमणीक झील थी इन्ले, जिसकी लम्बाई 22 कि.मी., चौड़ाई 10 कि.मी. तथा समुद्र तल से ऊँचाई 900 मी. थी। बर्मा के लोगों से सुन रखा था कि इन्ले इटली के वेनिस शहर से भी खूबसूरत है। छुट्टी लेकर बर्मा रेलवे से एक रात इन्ले के लिए निकल पड़ा। मेरा फर्स्टक्लास का टिकट था फिर भी डिब्बे में मुसाफिरों का आना जाना लगा रहा जो चुरूट पीकर ऊँची आवाज में बातचीत करते जा रहे थे। बीच बीच में साथ में लाया खाना - भात और नापि (मछली को सड़ाकर तैयार किया गया एक व्यंजन) भी खा रहे थे। चुरूट और नापि की घुली मिली बदबू हवा में फैली हुई थी।

रेल यात्रा के बाद कार से इन्ले पहुँचा तो देखा - पहाड़ी की तलहटी पर एक शांत, निश्चल, स्थिर झील के किनारे किनारे आम और अन्य पेड़ों से घिरे लकड़ी व बाँस से निर्मित कुछ घर। कुल मिलाकर बड़ा ही मनोरम दृश्य था। आसमान में रंग बिरंगे पक्षी, तैरते बाग, बगीचे, पैगोड़े, गाँव आदि की छवि झील के पानी में साफ झलक रही थी। डोंगियों में मछुआरे मछली पकड़ने के लिए जाल व फंदों के साथ तत्पर थे। डोगियों को पाँव से पतवार बनाकर खेते जा रहे थे। पाँव की पतवार बनाना वहाँ की खासियत है। तैरते द्वीप की जमीन पर झील से बनी काई जमकर कुछ अर्से बाद सख्त होने पर खेती के लायक बन जाती। इन पर सब्जियाँ उगाना तथा मकान बनाना संभव हो जाता। हिस्सों में बांटकर जमीन/ खेत के जैसे इनकी खरीद फरोख्त भी की जाती।

झील में नाव से सैर करते वक्त दूसरे नाव में सवार व्यक्ति ने मेरे पास आकर कुछ सिल्क की लुंगियाँ तथा साड़ियाँ बेचनी चाही। इन्ले की लुगियाँ पूरे बर्मा में प्रसिद्ध हैं। डिजाइन व स्तर का कोई मुकाबला नहीं। उस नाव वाले ने मुझे भारतीय पाकर कुछ खरीदने को उकसाया। साड़ियों को हाथों में लेकर मैं अवाक् रह गया। उनके डिजाइन पर हमारी सम्बलपुरी साड़ियों के बांध या पटोला डिजाइन की भरपूर छाप थी। यादगार के तौर पर एक या दो (ठीक याद नहीं) खरीदी। हमारे प्रांत की बुनकारी की शैली किस तरह उस देश के दूर दराज इलाके में पहुंची और वहां की परम्परा बन गयी, यह देखकर बेहद आश्चर्यजनक लगा।

बर्मा के लोग अधिकतर बौद्ध हैं तथा भिक्षुकों के लिये उनमें बड़ा ही आदर

सम्मान होता है। सिआडो फिआ ऐसे ही एक भिक्षु थे जिनके यश, कीर्ति व प्रभाव के बारे में मैने बहुत से लोगों से सुन रखा था। बीच बीच में वे अपने शिष्यों के पास रंगून आते थे। विशेषत: चतुर्मास की ऋतु में जब बौद्ध भिक्षु अमूमन आश्रम से वाहर भिक्षा के लिए नहीं जाते उन दिनों सिआडो फिआ रंगून में अपने शिष्यों के साथ रहना पसंद करते थे। सेना के कई उच्च अधिकारी उनके शिष्य थे। उनसे मेरी पहली मुलाकात डॉ. सरकार के घर पर हुई। पहली मुलाकात से ही उन्होंने मुझे अपनों सा स्नेह दिया। सिआडो को शिष्यों द्वारा तरह तरह के दान दिये जाते थे। जब मेरी बारी आयी तो उन्होंने इच्छा जतायी कि - "यदि हो सके तो एक गाय या बछड़ा दान में देना।" मैने डॉ. सरकार को कुछ रुपये दिये ताकि वे गाय, बछड़ा खरीद सकें।

दो साल बाद मिठिला (भारतीय नाम मिथिला) में भ्रमण के समय मुझे पता चला कि उसी इलाके में ही सिआडो फिआ का आश्रम भी स्थित है। किराये की जीप से उनके आश्रम की ओर मैं निकल पड़ा। कुछेक घंटों के सफर के बाद जीप का आगे बढ़ना संभव न हो पाया। दोपहर का वक्त था, हम गाँव के रास्ते पर धान के खेतों, नदी के तपते बालू में से हेाकर चलने लगे। अंत में एक वहुत बड़े आम के बाग के अंदर सिआडो के छोटे से आश्रम में पहुंचे। फूस का घर, पांच छ: सादगी भरे कमरे और कुछ शिष्यगण। आस पास दो चार गायें व बकरियाँ घूम फिर रही थीं। गर्मी थी, गाँव की गर्मी जैसी होती है। आश्रम में जब सिओडा के दर्शन के लिए पहुँचे तो शिष्यों ने बताया कि वे कहीं दूर गये हुए हैं, शाम तक लौटेंगे। इतने कष्ट झेलकर गये पर मिलना नहीं हो पाया इसका बड़ा दु:ख हुआ। निराश होकर लौटने के लिए मजबूर हुए। लम्बा रास्ता तय कर जीप तक पहुंचना था। आश्रम से निकल कर गाँव की सीमा पर पहुंचे और एक आखिरी बार आश्रम को देखने के लिए पीछे मुड़ा तो देखा कि एक बौद्ध भिक्षु हल्की सी मुस्कान के साथ चले आ रहे थे। एकाएक विश्वास नहीं हुआ कि वे सिआडो फिआ ही थे। नजदीक जाकर उन्हें प्रणाम किया। उन्होंने आशीर्वाद दिया और कहा - "सुरक्षित जाना, खबर मिली कि तुम आश्रम में आये हो।" और भी कहा कि - दान में मेरे द्वारा दिया बछड़ा उन्हें अत्यंत प्रिय था, पर कुछ दिनों के पूर्व सर्पाघात से उसकी मौत हो गयी।

उनसे विदा होकर लौटते वक्त रास्ते भर सोचता रहा कि उन्हें हमारे आने की खबर किसने दी होगी ? वे तो कितनी दूरी पर थे। किस तरह पलक झपकते ही मानव शरीर में हमारे समक्ष उपस्थित हो गये ? कोई उत्तर नहीं मिला। पढ़ा था कि हिमालय

की कंदराओं में अभी भी ऐसे मुनि और योगी रहते हैं जो सैकड़ों वर्षों की साधना व ध्यान शक्ति के बल पर अपना रूप बदल सकते हैं। तो क्या यह भी कुछ वैसा ही चमत्कार था ? सुनते हैं, बर्मा की महिलायें जादू टोना, तंत्र मंत्र के बल पर पुरुषों को दिन भर भेड़ बनाकर रखतीं और जादू से शाम को फूल सुंघाकर फिर पुरुष बना देतीं। पर सिओडा तो अलग किस्म के सिद्ध पुरुष थे।

पागान, बर्मा के बीचोबीच स्थित है जहाँ के मंदिर देश विदेश में प्रसिद्ध हैं। पर वहां तक आने जाने का कोई सुचारू प्रबंध न था। सरकारी उदासीनता के कारण वह स्थान उपेक्षित ही था। रंगून से काफी लंबी यात्रा कर जब मैं बड़ी कठिनाई से वहां पहुंचा तो अचंभित रह गया। मंदिर के स्थापत्य, कला कृतियों, मूर्त्तियों व वहाँ के परिवेश पर अद्भूत रूप से ओड़िशा के कला-कौशल की छाप थी। ओड़िशा के मंदिरों की बनावट शैली, स्थापत्य व मूर्त्तिकला का प्रतिफलन मैं स्पष्ट रूप से देख पाया। ऐसा लगा मानो ओड़िया शिल्पकार वहाँ मंदिरों का निर्माण कर अपनी कला की पराकाष्ठा निशानी के तौर पर छोड़ गये हैं। पागान में लगभग 2000 मंदिर व पैगोड़े मौजूद हैं। मंदिरों का निर्माण 1100 से 1300 सदी के कालखंड में हुआ था (कोणार्क, पुरी, व लिंगराज मन्दिंरों के समकालीन)। उत्कल की स्थापत्य परम्परा का स्पष्ट प्रभाव उनपर विद्यमान है। वर्तमान सैन्य प्रशासन द्वारा प्राचीन मंदिरों, स्तूपों के जीर्णोद्धार के क्रम में मौलिक शैली, आकार, बनावट, नक्शे में परिवर्त्तन के साथ साथ आधुनिक सामग्रियों के उपयोग के फलस्वरूप प्राचीन कलाकृतियों के समकक्ष इनका स्वरूप नहीं बन पाया। इस वजह से युनेस्को ने पागान को विश्व धरोहर की मान्यता प्रदान करने से इन्कार भी कर दिया (प्राप्त सूचनानुसार अब 2019 में यह मान्यता प्रदान की गयी है)।

बर्मा तथा भारत की सांस्कृतिक परम्पराओं में काफी समानताएं मौजूद हैं। बर्मा के निवासियों का सबसे बड़ा त्यौहार - वाटर फेस्टिवल अर्थात् 'जलोत्सव' है। यह भारत की होली जैसा ही है। अप्रेल की विषुव संक्रांति के दिन यह त्यौहार बर्मा के शहरी तथा ग्रामीण इलाकों में बच्चों से लेकर बूढ़ों द्वारा धूमधाम से मनाया जाता है। बस, होली के रंग के बदले उसमें पानी का खेल होता है। एक दूसरे पर पानी फेंकते हैं। पानी अमूमन सुगंधित होता है तथा सुबह से लेकर शाम तक खेल चलता है। शाम को जगह जगह पर मंच बनाकर अभिनय, नाच गानों का आयोजन भी किया जाता है। आसपास के दर्शक जमकर इन सबका मजा लूटते हैं। ये नृत्य, अभिनय आदि देर रात तक जारी रहते। इस त्यौहार के दौरान आपस में हंसी मजाक करने को लोग बुरा

नहीं मानते। समय समय पर देश के शासन के खिलाफ व्यंग्य, कटाक्ष भी सुनने में आते। उत्सव का सबसे दिलचस्प पहलू यह है कि आपस में प्रेम करने वाले युवक युवती परिवार से छिपकर अज्ञात स्थान पर चले जाते और लौटने के बाद उनकी शादी करवा दी जाती। यह प्रथा एक लम्बे अर्से से बर्मा में प्रचलन में है। मुझे भी एक ऐसे उत्सव में पानी से खेलने का अवसर मिला था तथा स्थानीय युवक युवतियों व शहर के विभिन्न अनजान लोगों के साथ त्यौहार में शामिल होने का आनंद प्राप्त हुआ था।

बर्मा में मेरे प्रवास के दौरान भारत सरकार के आयोजन पर एक सांस्कृतिक दल बर्मा आया था। दिल्ली रामलीला समूह ने पहली बार बर्मा में आकर अपना कार्यक्रम प्रस्तुत किया। रामायण पर आधारित एक नृत्यनाटिका दल के कुशल व अनुभवी कलाकारों ने पेश की। संगीत, नृत्य, वेशभूषा व प्रकाश संयोजन अत्यंत ही उच्चकोटि के रहे। भारतीय दूतावास की मदद से रंगून में दो या तीन प्रदर्शनों का आयोजन किया गया। वहाँ के लोगों ने इस तरह के संगीत नृत्य पर आधारित कार्यक्रम पहले कभी देखा न होगा शायद। वैसे यहाँ के प्रवासी बंगालियों ने रवीन्द्रनाथ ठाकुर की नृत्यनाटिकाओं के कार्यक्रम पहले प्रस्तुत किये थे पर रामलीला की कथा का आकर्षण आम लोगों के लिये कुछ अनूठा ही रहा। जगह न मिलने के कारण बहुत से लोग इसे देखने से वंचित भी रहे। दल के भारत लौटने से पहले अचानक दूतावास में खबर आयी कि बर्मा के सर्वाच्च सैन्य प्रशासक राष्ट्रपति ने-उइन रामलीला देखना चाहते हैं। राष्ट्रपति भवन के अंदर एक अस्थायी मंच निर्मित होगा तथा सीमित संख्या में उच्च पदों के सैनिक अधिकारी, कर्मचारी व गणमान्य व्यक्ति उस अभिनय को देखने के लिए आमंत्रित किये जायेंगे। बर्मा के सैन्य प्रशासकों से प्रत्यक्ष संपर्क स्थापित करना और खास तौर पर जनरल ने-उइन के संपर्क में आना बड़ा ही कठिन कार्य था। वे खुद को हमेशा रहस्यों के घेरे में बनाये रखते थे। इस कारण से उन्हें आम लोगों या राजनयिकों से मिलना पसंद न था। दूतावास की ओर से संपर्क अधिकारी के रूप में राष्ट्रपति कार्यालय से कार्यक्रम के आयोजन के संबंध में मैंने संपर्क किया। वहाँ के कर्मचारियों ने आश्वासन दिया कि वैसे सारा इंतजाम वे करेंगे पर एक अनुरोध था कि सुरक्षा के मद्देनजर कार्यक्रम से पहले या बाद में कोई जनरल ने-उइन के नजदीक पहुंचने की कोशिश न करे। इसकी जानकारी मैंने रामलीला दल के सभी सदस्यों व दूतावास के सभी कर्मचारियों को दे दी।

निर्धारित समय पर रामलीला दल ने कार्यक्रम प्रस्तुत किया। दर्शक मंत्रमुग्ध

हुए। कार्यक्रम की समाप्ति के बाद ने-उइन ने सभी को अपने संग भोज के लिए निमंत्रित किया। उस दौरान मैं ने-उइन के ठीक पीछे बैठा था। उनके एक नजदीकी सहकर्मी ने उनसे मेरा परिचय दूतावास के प्रतिनिधि के नाते कराया। उसी वक्त खानसामा की पोशाक पहने कुछ लोगों ने शराब पेश करना प्रारंभ किया। ने-उइन ने एक बीयर की बोतल मेरी ओर बढ़ाते हुए अंग्रेजी में कहा - 'यू विल लाइक इट। इट इज कम्पेरेब्ल विद द बेस्ट आफ द वर्ल्ड।' तभी रंगमंच की पोशाक में एक अभिनेत्री ने अचानक आकर ने-उइन से हाथ मिलाया। वहाँ मौजूद सभी, यहाँ तक कि ने-उइन भी इसके लिए तैयार न थे। उनके अंगरक्षक भी परेशान हो गये। प्रमुख भूमिका निभाने वाली छरहरी शरीर की अभिनेत्री बड़ी सुन्दर थी। ने-उइन भी बड़े प्रभावित हुए तथा उनसे अंग्रेजी में कुछ पूछा। मंत्रमुग्ध ने-उइन ने बड़ी नाटकीय अदा से उस अभिनेत्री से सोफे पर साथ बैठने का आग्रह किया। दोनों के बीच काफी समय तक वार्तालाप चला। डर के मारे बाकी लोग भोजन प्लेटों में होते हुए भी संकोच से खा नहीं पा रहे थे। कुछ समय वाद ने-उइन सचेत हुए या किसी के संकेत से सोफे से उठकर डिनर की मेज तक आये। उस अभिनेत्री को भी अपने साथ उस मेज पर बिठाने का आदेश अपने कर्मचारियों को दिया। प्रोटोकोल के मुताबिक निर्धारित आसन क्रम में फेर बदल किया गया। सुरक्षा व प्रोटोकोल के नियमों की धज्जियां उड़ीं। रात्रि भोज के बाद उस शाम का कार्यक्रम समाप्त हुआ।

एक तरफ जहाँ बर्मा से हमारे सांस्कृतिक संबंध मजबूत हो रहे थे वहीं दूसरी तरफ सैकड़ों सालों से बर्मा में निवास करने वाले भारतीयों को बर्मा छोड़कर भारत लौटने पर मजबूर होना पड़ रहा था। सैनिक शासन लागू होने के पश्चात राष्ट्रीयता का हवाला देकर भारतीयों व चीनी नागरिकों को देश निकाला देना एक अघोषित षड़यंत्र के तहत चलने लगा। ऐतिहासिक तथा भौगोलिक कारणों से भी बडी संख्या में चीन व भारतीय मूल के निवासी वहाँ निवास करते थे। उस देश के कारोबार एवं अर्थव्यवस्था पर इन्हीं लोगों का नियंत्रण था। तमिलनाडु के चेट्टियार सम्प्रदाय कारोबार, जमीन जायदाद, महाजनी के मामलों में वहाँ के जनजीवन पर अपना अधिकार जमाये वैठे थे। जिवाबाड़ी तथा आसपास इलाकों में बिहार के मूल निवासी वहाँ पर बस कर चीनी के कारखाने चला रहे थे। लगता था कि वह जैसे बिहार प्रांत का ही कोई इलाका हो। सैन्य प्रशासन के आने पर भारतीय सामानों के आयात पर नये नये प्रतिबंधों के कारण भारतीयों को बहुत सी परिशानियां झेलनी पड़ रही थीं। वे लोग भारत-बर्मा की सीमा

पर भारतीय सामानों की खरीदी कालाबाजार में उँची कीमतों से कर रहे थे। परन्तु जिवाबाड़ी तथा आसपास के क्षेत्रों के निवासियों के लिए साड़ी, धोती के आयातों पर काफी उदार व नर्म नीति चालू रखी गयी थी तथा इन सामानों को उन इलाकों में बेचने का समुचित बन्दोबस्त भी करवाया जाता था। राजनैतिक दबावों के चलते न चाहते हुए भी भारत सरकार को हजारों की तादाद में भारतीयों को लौटा लाना पड़ा। ऐसे लोगों के नागरिक अधिकार के रूप में भारत सरकार पासपोर्ट के बदले एक तरफा यात्रा के लिए इमरजेन्सी प्रमाणपत्र जारी कर रही थी।

बर्मा में जन्मे पले, बढ़े तथा सारा जीवन वहाँ बिताये भारतीयों को भारत एक नये देश की भाँति लगा। भविष्य की अनिश्चितताओं को सोचते हुए ये लोग काफी भयभीत भी थे। पर जो भी हो मातृभूमि में लौटने का एक बड़ा आकर्षण भी था। रंगून बंदरगाह की जेट्टी से मुगल लाइन के जहाजों के माध्यम से इन शरणार्थियों को सरकारी सब्सिडी के तहत बहुत ही कम सुविधाओं के साथ हजारों की तादाद में भारत पहुँचाया जा रहा था। ये वही जहाज थे जिनका इस्तेमाल बाकी समय भारत से हज यात्रियों को लाने ले जाने में होता था। हर विदाई का दृश्य बड़ा ही करुण व मार्मिक होता। अपनी जन्मभूमि छोड़कर किसी अनजान देश में जाने के अंतिम क्षण बहुत ही भावुक होते थे। छोटे बच्चों को छोड़कर बाकी सबके चेहरों पर भय व विषाद की छाया स्पष्ट परिलक्षित होती थी। बर्मा की सरकार ने सिर्फ एक टिक्ल (लगभग डेढ तोला सोना) तथा कुछ कपड़ों व बर्तनों के अलावा कुछ भी साथ ले जाने की अनुमति नहीं दी थी। इसके बावजूद इस दोयम दर्जे की भेद भाव वाली जिंदगी बिताने से बेहतर था कि वे भारत लौट जायें। इसके फलस्वरूप कई मामलों में परिवारों का विघटन भी हो गया - आधा परिवार भारत लौटा जबकि आधा परिवार - खासकर युवक-युवतियों ने बर्मा में रहना पसंद किया। भारत पहुँचकर अपने साथ लाये सोना व सामानों को कम कीमतों पर दलालों को बेचना पड़ता था। मद्रास में बर्मा बाजार की तरह कई बाजार बन गये थे जहाँ पर चोरी के विदेशी सामान उपलब्ध रहते। बर्मा से लौट रहे लोगों की मजबूरी व सरलता का फायदा उठाकर लोग उन्हें ठगते जा रहे थे, साथ ही उनमें से अधिकतर लोग जो स्थानीय कायदे कानून व आबोहवा से तालमेल नहीं बिठा पाये मर खप भी रहे थे। वैसे उनके पुनर्वास के लिए भारत सरकार की योजनाएँ तो थीं, पर उन्हें सुचारू रूप से लागू करवा पाना काफी कठिन था। साथ ही भारत सरकार भी राजनैतिक दृष्टिकोण से नहीं चाहती थी कि

इतनी बड़ी तादाद में बर्मा से भारत के मूल निवासी भारत लौटें। वहाँ चीन का प्रभाव दिखायी पड़ने लगा था, चीनी लोगों की संख्या भी काफी ज्यादा थी। चीनी मूल के निवासी सिर्फ शहरी क्षेत्रों में ही नहीं बल्कि दुर्गम इलाकों में भी बसे हुए थे तथा छोटे बड़े कारोबारों में लगे हुए थे। साठ के दशक में एक बार बड़ा सा चीन विरोधी दंगा भी हो चुका था। सैन्य प्रशासन के सत्ता पर काबिज होने के बाद उनकी राष्ट्रीयकरण नीति का मुख्य उद्देश्य विदेशी मूल निवासियों के हाथों से कारोबार छीन लेना ही था। नतीजतन भारतीयों को पहली बार भेद भाव का स्वाद चखना पड़ा। एक प्रतिष्ठित वर्ग से वे सीधे उपेक्षित वर्ग के दायरे में पहुँच गये।

इस समस्या से भारत सरकार विचलित हुई। भारत सरकार को राजनैतिक स्तर पर किसी तरह के समझौते की तलाश थी। खासकर भारत के पूर्वोत्तर सीमावर्ती प्रान्तों में सशस्त्र अलगाववादी आंदोलन उग्र रूप ले रहा था। उसी तरह बर्मा की सरकार को भी अलगाववादी गुटों से उग्र विरोध का सामना करना पड़ रहा था। वास्तव में सीमावर्ती क्षेत्र के कई इलाके बर्मा सरकार के सम्पूर्ण नियंत्रण में थे ही नहीं। बहुत से जनजातीय गुट भी भारत के पूर्वोत्तर के कुछ प्रांतों की तरह आजादी व स्वतंत्र राष्ट्र की आवाज बुलंद कर रहे थे। कई गुटों को विदेशों से प्रोत्साहन भी प्राप्त हो रहा था। बर्मा से खदेड़े गये कई व्यापारी भी संगठित होने में उनकी हर संभव मदद कर रहे थे। कई प्रांतों में तस्करी व अफीम की खेती से प्राप्त पैसे भी आंदोलन को जिलाये रखने में मददगार साबित हो रहे थे। इस तरह की अनिश्चितता के माहौल में प्रधानमंत्री इंदिरा गांधी ने बर्मा की यात्रा का निश्चय किया।

अंतर्राष्ट्रीय मामलों में अमूमन किसी राष्ट्र प्रमुख का किसी और देश की सरकार के प्रमुख से विचार विमर्श के बाद ही दौरा तय होता है। काफी अर्से से भारत की ओर से राष्ट्र या शासन प्रमुख का बर्मा का दौरा नहीं हुआ था। इस दृष्टि से भी वह दौरा काफी महत्वपूर्ण था। बर्मा में जब नागरिक प्रशासन था खास तौर से उ-नू के प्रधानमंत्रित्व के दौरान बर्मा और भारत के बीच काफी अच्छे संबंध थे।

उ-नू व नेहरू जी की आपस में अंतरंग मित्रता भी रही। घटनाक्रम तथा राजनैतिक कारणों से उ-नू को अपने जीवन का काफी समय राजनीतिक निर्वासन के तहत भारत में बिताना पड़ा। काफी दिनों तक वे भोपाल के सांची में रहे। सैन्य शासन तथा ने-उइन की वापसी के बाद इस कारण से आपसी संबंधों में काफी अनिश्चितता आ चुकी थी। संभवत: इसी के मद्देनजर इंदिरा गांधी ने बर्मा का दौरा करना तय

किया। इस तरह के उच्चस्तरीय दौरे की तैयारी दोनों सरकारों के बीच सहयोग से तय की जाती है। हर मिनट की कार्यसूची बड़ी सावधानी से तय होती है, साथ ही सुरक्षा की व्यवस्था भी समुचित रूप से सुनिश्चित की जाती है।

संयोग से कार्यक्रम की सफलता के लिए दूतावास के द्वारा मुझे संयोजक की जिम्मेदारी दी गयी। इस कारण से प्रधानमंत्री के दौरे के दौरान तीन दिनों तक मुझे सरकारी अतिथि भवन में रहना पड़ा। निर्धारित कार्यक्रम के अनुसार श्रीमती इंदिरा गांधी रंगून के मिंगलाडन हवाई अड्डे पर पहुंचीं। बर्मा की सरकार ने उनका भव्य स्वागत किया जहाँ से उन्हें अतिथि भवन ले जाया गया। वहाँ पर डॉक्टर माथुर ने उनकी डॉक्टरी जाँच की। उस दिन शाम को पाँच बजे इंदिरा जी का अगला कार्यक्रम तय था। हवाई अड्डे से लेकर अतिथि भवन तक सभी कार्यक्रम सुचारू रूप से संपन्न हुए जिससे मुझे तथा बर्मा की सरकार के कर्मचारियों को बड़ी प्रसन्नता हुई। हम आपस में बातचीत कर ही रहे थे कि अचानक मैंने देखा - इंदिरा जी ऊपरी मंजिल के अपने कमरे से उतर कर नीचे लॉन की ओर बढ़ गयीं। तुरंत मैने कमरे से निकलकर देखा तो अतिथि भवन का खानसामा ट्रे पर चाय रखे वाहर चला आ रहा था। इंदिरा जी ने मुझे देखकर पूछा "आप क्या भारतीय दूतावास से हैं?" हाँ बोलने पर श्रीमती गांधी अतिथि भवन के चारों ओर चहल कदमी करने लगीं। लगा किसी बात की चिन्ता थी उन्हें। अतिथि भवन एक झील के पास रास्ते से थोड़ी ऊँचाई पर था। चारों ओर का परिवेश हरियाली व तरह तरह के फूलों से बड़ा ही मनोरम लग रहा था। इंदिरा जी चारों ओर घूम फिर कर सामने के बरामदे पर खड़ी ऊपर आकाश की ओर निहारने लगी। फिर मेरी ओर देखकर हल्की सी मुस्कान के साथ बोली "बहुत ही सुन्दर स्थान है।" मैं थोड़ी सी असहज हालत में सिर्फ 'हाँ' कह पाया। फिर उन्होंने कहा "आपको कैसा लग रहा है?" मैंने कहा "बहुत ही अच्छा, दिमाग तरो ताजा होने लायक माहौल है।" उन्होंने कहा "इसकी अच्छी देखभाल भी हो रही है।" बस, फिर से अपने कमरे के अंदर चाय पीने के लिये बढ़ गयीं।

शाम को कई और कार्यक्रम थे। उनके सम्मान में राजदूत रियर एडमिरल आर.डी.कटारी ने भोज का आयोजन किया था। मि. कटारी स्वतंत्र भारत के पहले नौ सेनाध्यक्ष थे। सेवा निवृत्ति के बाद बर्मा में उन्हें राजदूत नियुक्त किया गया था। भोजन समारोह के बाद अतिथि भवन में लौटते वक्त प्रधानमंत्री के संयुक्त सचिव श्री बनर्जी के अनुरोध पर मैं उनके साथ गाड़ी में बैठा। रास्ते में उन्होंने कहा कि "हमारे

भारत लौटने से पूर्व आपको एक काम करना होगा।" मैंने उन्हें देखा। उन्होंने कहा कि "प्रधामनंत्री जिस अतिथि भवन में ठहरी हैं, उसका एक नक्शा चाहिए।" मैं हतप्रभ रह गया, क्या जवाब दूं नहीं सूझा। फिर भी यही कहा कि "कोशिश करूंगा।" अगली सुबह मैंने अपने एक बर्मीज मित्र तथा वहाँ के विदेश मंत्री से नक्शे की बात की पर उनकी बातचीत से लगा कि मुश्किल काम है फिर भी उन्होंने कोशिश करने का आश्वासन दिया। पुराने दस्तावेज खंगालकर इस प्रकार का नक्शा निकाल पाना बर्मा तो क्या समूचे दक्षिण तथा दक्षिण-पूर्व एशिया के दफ्तरों में इतना आसान नहीं। अगला दिन कमोबेश शांति से गुजरा पर हम सभी पर नक्शे की चिंता सवार रही। बर्मा की सरकार के अधिकारी बारबार मुझे कोशिश करने का दिलासा देते रहे। रात के साढ़े नौ बजे मि. बनर्जी ने फोन पर पूछा, "क्या हुआ, हम कल ही लौट रहे हैं।" उन्होंने फिर कहा "तो ऐसा कीजिए, आप अपने हाथों से एक नक्शा बनाकर दीजिए। कम से कम कमरों की रूपरेखा, प्लान आदि उसमें रहे।" मैंने फौरन अतिथि भवन के अंदर बाहर प्रत्येक कमरे में घूमकर एक रफ् स्केच तैयार किया। अगले दिन वहाँ पर कार्यरत लोगों की मदद से कमरे की औसत नाप जोख, दरवाजों, खिड़कियों की स्थिति तथा दिशाओं से संबंधित सभी जानकारियां लेकर सादे कागज पर एक नक्शा तैयार किया। इस बीच काफी समय निकल चुका था। मि. बनर्जी ने एक बार फिर याद दिलाया। मैंने कहा, "बस फाइनल हो रहा है।" उन्होंने मुझे हवाई अड्डे पर लेकर आने का आदेश दिया। मैंने किसी तरह नक्शा बनाना खत्म किया और अफरातफरी में हवाई अड्डे पर पहुंचा तो देखा कि विदाई समारोह संपन्न हो चुका था। श्रीमती गांधी विमान की सीढ़ियाँ चढ़ रही थीं। मि. बनर्जी व दल के और लोग विमान की ओर बढ़ रहे थे। मैंने सुरक्षा कर्मियों को अपना पास दिखाया तथा भागकर मि.बनर्जी की ओर कागज बढ़ा दिया। उन्होंने धन्यवाद के साथ कहा कि प्रधानमंत्री ने सैण्डवे (जहाँ दोनो राष्ट्र प्रमुख शिखर वार्ता के लिए पहुँचे थे) में भी इसके बारे में पूछा था। फिर श्रीमती गांधी ने सबका अभिवादन कर विमान में प्रवेश किया, बाद में बाकी लोग भी अंदर चले गये। कुछ ही समय में विमान नीले आकाश में गोते लगाता हुआ अदृश्य हो गया।

श्रीमती गांधी का सौंदर्यबोध, रुचि व परिवेश को बारीकी से अध्ययन करने की कला से मैं बेहद प्रभावित हुआ।

■

ले गयी दिल गुड़िया जापान की...

जापान में मकान कागज से तैयार किये जाते हैं, यह मैंने बचपन में सुना था। भूकंप बहुल देश होने के कारण वहाँ के निवासी तकलीफ सहने तथा प्रकृति के खिलाफ अविरत संघर्ष करने में माहिर हैं। पर हाँ, यह आम धारणा भी बनी थी कि जापान में बने सामान नकली हैं तथा टिकाऊ नहीं होते। हो सकता है कि यह ब्रिटिश सरकार व व्यापारियों का झूठा प्रचार भी हो।

मई सन् 1974 में जब मैं टोक्यो हवाई अड्डे पर पहुँचा तो मेरी प्रतिक्रिया पूरी अलग ही थी। एयर पोर्ट की जगमग रोशनी, बनावट, साजसज्जा तथा कर्मचारियों की कार्यकुशलता से आभास मिला कि यह वास्तव में एक विकसित देश है। खास कर जापान वासियों के सौजन्यबोध ने मुझे सबसे ज्यादा प्रभावित किया। एयर पोर्ट से होटल तक के रास्ते में मुझे कभी अतीत में युद्ध से ध्वस्त जापान के औद्योगिक व आर्थिक रूप से विकसित देश के उत्थान के कई प्रतीक चिन्ह दिखायी पड़े। कागजी मकानों के बदले ऊँची भव्य बहुमंजिली इमारतें तथा रोशनी में नहाया टोक्यो शहर।

जापान कई द्वीपों का समूह है। देश का लगभग 80 प्रतिशत इलाका पहाड़ी है जहाँ प्राकृतिक संपदाओं का बहुत ही अभाव है। जलवायु भी कृषि के अनुकूल नहीं। फिर भी उस थोड़ी सी जमीनवाले भूखंड के लोगों ने कृषि व सेवा क्षेत्र में प्रगति के मामलों में जो चरम उत्कर्ष अर्जित किया है, वास्तव में देखकर आश्चर्य होता है। जापानी घरों के स्थापत्य की विशेषता - कम जगह का सदुपयोग तथा इन्सान व प्रकृति का अद्भुत समन्वय है। श्रमिक अनुशासन व जापानी स्वाभिमान ने उनके द्वारा निर्मित सारे सामानों की ख्याति को समग्र विश्व में फैलाया है। साठ के दशक से जापानी कार, टीवी, टेलीफोन, साज, वाद्य यंत्र, कैमरे आदि विश्व के ग्राहकों में अपना लोहा मनवा चुके थे। जापान की कंपनियाँ शायद समग्र विश्व को एक बाजार के रूप

में समझ पाने में अग्रणी रही हैं। इसी वजह से अमेरिका, युरोप के साथ साथ एशिया, अफ्रीका व लैटिन अमेरिकी देशों में जापानी उत्पादों को सर्वाधिक लोकप्रियता हासिल हुई है। जापानी चीजें देखने में सुंदर, टिकाऊ होने के साथ ही बहुतायत में उपलब्ध थीं।

मेरे जापान प्रवास के दौरान कभी भी हड़ताल, रैली या बंद आदि के मामले सामने नहीं आये। वहाँ के श्रमिक भी अपना विरोध प्रदर्शन मौन रहकर करते थे। सर या हाथ पर एक बैज ही विरोध का प्रतीक होता। साथ ही यह प्रदर्शन भी लंच के दौरान किया जाता। कारखाने या व्यावसायिक प्रतिष्ठान भी श्रमिकों की माँगों के औचित्य के आधार पर अपनी नीतियों में बदलाव लाते और समाधान के रास्ते निकालते।

जापान में व्यावसायिक संस्थाएं श्रमिकों को अपना परिवार मानकर उन्हें अपना साझेदार बना लेती हैं। सारी कंपनियों की अपनी अपनी परंपराएं थीं। कार्यकौशल व दक्षता की वहाँ बड़ी कद्र है। जहाँ तक श्रमिकों का प्रश्न है तो वे भी संस्था को अपना परिवार मानकर सुख दुख और मुसीबत की घड़ी में त्याग व बलिदान की जब भी जरूरत पड़ती अपनी ओर से रंचमात्र भी नहीं झिझकते। लाभांश वितरित करते समय भी श्रमिकों व कर्मचारियों के योगदान का आकलन कंपनियों द्वारा उचित रूप से किया जाता है।

एक बार मैं मित्सुई की एक कंपनी के प्रेसिडेंट से मिलने गया था। देखा तो वे एक विशाल हॉल में कर्मचारियों के बीच बैठकर काम में लगे हुए थे। सिर्फ फर्क था तो टेबल का जो ओरों से थोड़ा बड़ा था। कंपनी के दो तीन सम्मेलन कक्ष थे जिनमें कर्मचारी बैठकर आपस में विचार विमर्श करते।

अपने प्रवास के दौरान मैंने अनुभव किया कि जापानियों की छवि उनके वास्तविक चरित्र की दर्शाती है। उनके आचार व्यवहार में द्वीप के निवासियों की मानसिकता व प्राकृतिक आपदाओं के खिलाफ संघर्ष के एक लम्बे इतिहास तथा सैकड़ों सालों की सामाजिक स्थिति का अद्भुत मिश्रण देखने में आता है।

एक बार का वाक्या है, जापान में पहले दिन ऑफिस में पार्टी के बाद लौटने में काफी रात हो गयी। जब मेट्रो से मैं स्टेशन पर उतरा तो रोशनी की चकाचौंध में राह भटक गया। अपने घर का रास्ता न ढूंढ पाने से मैं परेशान व दुखी हो रहा था कि मुझे एक जापानी ने टूटी फूटी अंग्रेजी में पूछा, 'कहीं आपको कोई तकलीफ तो नहीं है?' मैंने कहा कि 'मैं अपने घर का रास्ता नहीं ढूंढ पा रहा हूँ।' तो उन्होंने मेरे साथ चलना

शुरू कर दिया। मेरे पते पर चौथी मंजिल के मेरे घर तक छोड़कर गये। तब रात के डेढ़ बजे थे। रास्ते सुनसान थे पर महिलायें बिना डर के सुरक्षित अकेली चलती हुईं अपने अपने घरों को लौट रही थीं। आधी रात के वक्त भी सुनसान ट्राफिक पर गाड़ियाँ लाल बत्ती पर रुककर हरी होने का इंतजार करती दिखीं। टोक्यो के मुख्य रास्ते हों या सकरी गलियाँ, दुकानदार जगह की कमी के कारण रात को सामान खुले में छोड़ जाते, सिर्फ एक चादर से ढककर चले जाते, पर सारी रात सामान को कोई छूता तक न था। अगली सुबह दुकानदार आकर फिर सामानों की खरीद बिक्री में लग जाते।

मैं जापान में भारत के वाणिज्यिक प्रतिनिधि के रूप में पदस्थ था। तब भारत व जापान के बीच आपसी व्यापार बहुत ही कम था। जापान जैसे विकसित देश के लोगों की जरूरतें पूरी करने लायक चीजों का उत्पादन हमारे देश में नहीं होता था। हमारा निर्यात केवल लौह पत्थर जैसे कुछ कच्चे माल तक ही सीमित था। साथ ही विदेशी मुद्रा पर पाबंदी होने के कारण आयात भी कुछ खास तादाद में नहीं हो पाता था। इलेक्ट्रोनिक, इलेक्ट्रिक तथा दूसरी शौकिया चीजों के उत्पादन के लिए जापान मशहूर था। विदेशी मुद्रा की कमी के कारण भारत की आम जनता में भी क्रय शक्ति की कमी रही जिससे जापानी सामान बाजार में काफी मात्रा में नहीं मिल पा रहे थे। थोड़ा बहुत जो भी मिल रहा था वह चोर-बाजार में ही उपलब्ध था। भारत के बारे में जापान के आम लोगों को खास कोई जानकारी न थी। सिर्फ थोड़े से ही लोगों को भारत के अतीत व वर्तमान की जानकारी थी। हालाँकि लोग बौद्ध धर्म को मानने वाले थे, फिर भी अधिकांश लोग मानसिकता, परम्परा व रिवाज की दृष्टि से सिण्टोवाद से प्रभावित थे। अत: मैंने सोचना शुरू किया कि किस माध्यम से मैं उनके समक्ष भारतीय दृष्टिकोण प्रस्तुत करूं। इस बीच मित्सुई नोरिन कंपनी के प्रेसिडेंट मिस्टर ओत्सुका से मुलाकात हुई। भारत से चाय के आयात में आनेवाली कुछ समस्याओं के बारे में उन्होंने मुझे बताया। बातों बातों में मैंने पूछा कि जापानी जन जीवन में चाय की खास भूमिका है तथा चाय पेश करने की भी खास शैली है तो इसके मद्देनजर भारत से चाय के आयात में वृद्धि के लिए कौन कौन से कदम उठाये जा सकते हैं। मेरी सोच थी कि चाय के माध्यम से वहाँ भारत को घर घर तक पहुँचाने का काम हो सकता है क्योंकि भारत उन दिनों चाय के निर्यात में प्रथम स्थान पर था। मिस्टर ओत्सुका ने समझाया कि जापान में सभी चाय तो पीते हैं, पर वह 'ग्रीन टी' है, भारत

से आयातित चाय "ब्लैक टी" नहीं। भारत में 'ग्रीन टी' का उत्पादन बहुत ही कम है जबकि जापान में ब्लैक टी का प्रचलन अत्यंत कम है। इसलिए उनकी कंपनी ब्लैक टी का आयात सीमित मात्रा में ही करती है। उन्होंने सलाह दी कि ब्लैक टी को लोकप्रिय बनाने के लिए इसका पर्याप्त विज्ञापन होना चाहिए। जापान में विज्ञापन का चलन अधिक है। मिस्टर ओत्सुका से इस बारे में कई बार मिलकर चर्चा हुई तथा हम इस नतीजे पर पहुँचे कि जापानी गायकों के माध्यम से भारतीय चाय का प्रचार प्रसार करना कारगर हो सकता है। परन्तु उनकी कंपनी के विज्ञापन का बजट पर्याप्त न होने से उन्होंने अपनी असमर्थता जताई। हमने तय किया कि इस बारे में 'टी बोर्ड ऑफ इंडिया' को एक प्रस्ताव भेजकर कुछ आर्थिक मदद का अनुरोध किया जाये तथा संयुक्त रूप से हम एक कार्यक्रम का आयोजन करें। 'टी बोर्ड ऑफ इंडिया' ने इस प्रस्ताव पर अपनी सहमति प्रदान की। तय हुआ कि जापान के सर्वाधिक लोकप्रिय गायक फूसे अकिरा से कार्यक्रम आयोजित करने के लिए अनुबंध किया जाये। साथ ही कार्यक्रम की सफलता के लिए मित्सुई नोरिन एक निश्चित प्रोग्राम बनायेगी तथा भारतीय दूतावास भी इसमें सहयोग करेगा।

जापानी सदैव किसी भी मामले में बड़ी बारीकी से दिशा निर्धारित करते हैं। बातचीत के वक्त किसी भी पहलू पर बारबार खोजबीन करते हैं। अत: काफी लोगों की धारणा बनी थी कि जापानियों में समझबूझ वाले तेज दिमाग नहीं हैं। पर वास्तव में वे चर्चा के दौरान दूसरे पक्ष के मनोभाव के बारे में अच्छी तरह जानकारी प्राप्त करने में विश्वास रखते हैं। उन्हें अच्छी अंग्रेजी आने के बावजूद वे हमेशा दुभाषियों के माध्यम से वार्तालाप करना पसंद करते हैं। जापानी अपने व्यावसायिक कौशल के लिये समग्र विश्व में मशहूर हैं तथा अपना प्रभाव फैलाते जा रहे हैं। दूसरे विश्वयुद्ध से ध्वस्त विध्वस्त देश को कम से कम समय में पुन: प्रगति के शिखर पर पहुँचाने में जापानियों के अनुशासन, देशप्रेम, स्वाभिमान तथा कठोर परिश्रम का बहुत अहम् योगदान रहा है। सुनने में आया कि सत्तर-अस्सी के दशक में जापान 'आर्थिक एनिमल' के नाम से जाना जाता था। कहा जाता है कि पाकिस्तान के तत्कालीन प्रधानमंत्री स्व. जुलफिकर अली भुट्टो ने यह नाम रखा था।

फूसे अकिरा 'शो' का आयोजन 'नागोया' में कराना तय हुआ। हम सब बड़े खुश हुए कि उन्होंने ऐसे कार्यक्रम के लिए अपनी सहमति दी। उनके व दूसरे कलाकारों को देय रकम, विज्ञापन, हॉल किराया आदि का एक खाका तैयार किया

गया। दो दिन का कार्यक्रम तय हुआ। पहले दिन मुख्य अतिथि मैं रहूंगा जब कि दूसरे दिन के मुख्य अतिथि भारत के राजदूत एस.थान् होंगे।

मैं निर्धारित दिन टोक्यो से नागोया के लिए सिंकानसिन या बुलेट ट्रेन से रवाना हुआ। सारे विश्व में प्रसिद्ध बुलेट ट्रेन अपनी सबसे तेज गति व समय की पाबंदी के लिए जानी जाती थी। अर्थात् ट्रेन अपने तय समय पर हर एक स्टेशन पर पहुँचती। यदि किसी कारणवश देरी हो तो यात्रियों को किराये की राशि लौटाने की परम्परा थी। यात्रा करते समय टोक्यो शहर के बाहर के दृश्य देखे। पहाड़ी इलाके, जल थल, खेतों, छोटे छोटे शहरों से होते हुए ट्रेन की गति बढ़ने के क्रम में जापान की विकास यात्रा का सहज अनुमान हुआ मुझे। बीच बीच में कल कारखानों के दृश्य, इक्के दुक्के पुराने जमाने के मकान भी देखने में आये। कुल मिलाकर कहा जा सकता है कि ये शहरांचल के विस्तारित इलाके ही थे। नागोया में ट्रेन सही वक्त पर पहुँची। घंटा मिनट के अनुसार। किराया वापसी का कोई मौका न था। मेरी अगवानी के लिए मित्सुई नोरिन के कई कर्मचारी स्टेशन पर मौजूद थे। वहाँ से सीधे हम होटल गये। कुछ समय बाद नीचे रेस्तोराँ में लंच के लिये पहुंचे। वहाँ मि. ओत्सुका अपनी बेटी के साथ आये हुए थे। मैंने और मेरी पत्नी तृप्ति ने चिकन का आर्डर दिया। मि. ओत्सुका ने कहा - "आपकी पत्नी चिकन खायें पर आप क्यूं न चिकन जैसा कुछ और खायें?" मुझसे पूछ लिया कि कहीं मुझे किसी खाने के प्रति कोई विकार या परहेज तो नहीं धार्मिक कारणों से। मैंने गोमांस तथा सुअर न खाने का जिक्र किया। मि. ओत्सुका ने आश्वस्त किया कि जो भी आर्डर करेंगे ये दो चीजें नहीं होंगी और यदि मुझे अच्छा न लगे तो मैं न भी खा सकता हूँ।

हमारे सामने जो परोसा गया उसमें चिकन की टंगड़ी जैसे पकोड़े थे। खाने से पहले मि. ओत्सुका ने कहा कि आप अगर जानना ही चाहते हैं तो कह दूँ कि यह मेंढक है। जापान में इसे बड़ा स्वादिष्ट व्यंजन माना जाता है। अब उस स्थिति में पीछे हटने की हिम्मत मुझमें न थी। 'कोशिश करता हूँ' कहकर एक टुकड़ा खाने के बाद मैं मि. ओत्सुका से सहमत हुआ कि निश्चित रूप से यह एक बड़ा ही स्वादिष्ट व्यंजन था। मैं अपना प्लेट चट कर गया। इसके बाद एक प्लेट और परोसा गया जिसमें सफेद तारे के आकार की कुछ खाने की चीज थी। पूछा 'क्या यह स्कुइड है' ? मि. ओत्सुका ने कहा, 'न..न, उसके संग ऑक्टोपस भी है।' चखा तो बुरा न था। बचपन में 'अक्टोपस' से मुझे डर लगता था। बच्चों की चित्रकथा की पुस्तकों से इस जीव के

बारे में धारणा बनी थी कि यह अपनी अष्टभुजाओं में दबोचकर जीव जन्तुओं और इन्सानों को खा जाता है। पर यह खुद भी एक स्वादिष्ट व्यंजन बन सकता है इसका अंदाजा भी मेरी कल्पना से परे था। यह जापानी व्यंजनों से मेरा पहला पहला परिचय था। बाद में कई और जापानी व्यंजनों खाने का मौका मिला जैसे टेम्पुरा, टेरिआकि, सुशी आदि।

फूसे अकिरा 'शो' का बड़े भव्य तरीके से आयोजन हुआ। प्रारंम्भिक स्वागत संबोधन आदि के बाद मुझे भी बोलना पड़ा। अपने संबोधन में चाय की उत्पत्ति का स्थान, उसके इतिहास तथा प्रसार के बारे में थोड़ी बहुत जानकारियों के साथ भारत व जापान के बीच के ऐतिहासिक संबंधों से लेकर बौद्ध धर्म के प्रचार के बारे में तथा इनमें चाय की अहम् भूमिका का भी जिक्र किया। मेरे भाषण की काफी प्रशंसा हुई तथा स्थानीय अखवारों में इसके समाचार भी छापे गये। तत्पश्चात मंच पर जापान के प्रसिद्ध गायक फूसे अकिरा का आगमन हुआ। उनकी मौजूदगी से सारा हॉल तालियों से गूँज उठा। देखने में काफी सुंदर थे तथा वेशभूषा भी आभिजात्य से परिपूर्ण थी। एक के बाद एक जापानी गीत गाकर उन्होंने लोगों का भरपूर मनोरंजन किया। हर एक गीत भावनाओं से लबालब था और अधिकांश गीत आधुनिक जीवन के एकाकीपन पर आधारित थे। दर्शक व श्रोतागण उनकी प्रस्तुति से मंत्रमुग्ध हो रहे थे। बारबार तालियों से उनका अभिवादन कर रहे थे। मैं और मेरी पत्नी दोनों भी अभिभूत हुए और आगे चलकर हम उनके प्रशंसक बन गये। शो के बीच में मैंने उन्हें 'चाय' का उपहार दिया। दर्शकों में से अधिकांश स्कूल कॉलेज के छात्र और छात्राएं थीं। छात्राओं की तादाद ज्यादा थी। 'शो' के बाद फूसे अकिरा से मिलकर उनसे हाथ मिलाने को सभी व्याकुल हो रहे थे। बड़ी मुश्किल से उनको हॉल से बाहर लाया गया। अगले दिन भारत के राजदूत श्री थान अपनी पत्नी के साथ नागोया पहुँचे और प्रांत के गवर्नर से मुलाकात की। भारत व जापान के संबंधों के बारे में कुछ चर्चा हुई। शाम के वक्त अकिरा 'शो' दोबारा हुआ। राजदूत थान ने मेरे द्वारा लिखित भाषण पढ़ा। समारोह के बाद गवर्नर ने हम सबको रात्रिभोज के लिए आमंत्रित किया।

जापानी स्वभाव से ही अनुशासित और व्यवस्थित होते हैं। सो हमारे खाने पीने की पसंद के बारे में पहले से ही उन्होंने जानकारी हासिल कर ली थी। श्री एवं श्रीमती थान शाकाहारी थे, मेरी पत्नी ने सामिष खाने की सहमति दी थी। थोड़े से वार्त्तालाप के पश्चात दोनों देशों के हित तथा उपस्थित अतिथियों के उत्तम स्वास्थ्य हेतु

टोस्ट किया गया। फिर भोजन परोसा गया। पहले कुछ सलाद, सालामी व हाम शाकाहारियों के लिए। मेरी पत्नी ने जब प्लेट में मांसाहारी व्यंजन का स्वरूप देखा तो उसे नहीं खाने का सोचने लगी। रिवाज के अनुसार मुख्य अतिथि या मेजबान के खाना आरंभ करने के बाद ही सभी खाते हैं। अत: एक अतिथि द्वारा न खाने की स्थिति में जापानी जरा विचलित हुए क्योंकि सब कुछ उनकी अच्छी निगरानी में तैयार किया गया था। जरा भी चूक होने पर नये सिरे से पुन: व्यंजन बनाने में वक्त लगना था। ऐसी स्थिति में उनकी घबराहट स्वाभाविक थी। गवर्नर महोदय ने अपने कर्मचारियों से तृप्ति के लिए शुद्ध शाकाहारी भोजन बनाने का आदेश दिया। कुछ समय लगा। इस बीच गवर्नर तथा मि. ओत्सुका ने कुछ हास्य विनोद की बातों में बक्त बिताया। फिर सब कुछ ठीकठाक रहा।

अगली सुबह हम टोक्यो लौट आये। नागोया में प्रवास के दौरान हमें नागासाकी देखने का अवसर मिला। दूसरे विश्वयुद्ध के समय परमाणु बम से नागासाकी शहर पूरी तरह से ध्वस्त विध्वस्त हो गया था। महासमर की समाप्ति के लिए अमेरिका का यह अंतिम कदम था। जापानियों के अनुशासन, गर्व व स्वाभिमान को ध्वस्त करने तथा आत्म समर्पण के लिए इसके अतिरिक्त संभवत: और कोई उपाय बचा न था। अब भी लोग कहते हैं कि दक्षिण-पूर्व एशिया के घने जंगलों में कुछ जापानी अभी तक यह सोच कर छिपे हैं कि युद्ध अभी भी जारी है तथा जापानी सेना ने आत्मसमर्पण नहीं किया है। परन्तु नागासाकी को देखकर यह अनुमान लगाना मुश्किल था कि कभी यह शहर ध्वस्त भी हुआ होगा। जापानियों के उद्यम व अध्यवसाय से नया शहर विकसित हुआ तथा जीवंत शहर के रूप में बनकर तैयार हो गया। परमाणु बम की विभीषिका के स्मारक के रूप में कुछ ध्वस्त इलाकों में ध्वंसावशेष को जस का तस रख छोड़ा गया है। शहर की सैर के समय यह भावना मन में जागी कि वैज्ञानिक ओपेनहाइमर के बम विस्फोट ने गीता में वर्णित ब्रह्माण्ड दर्शन की उक्ति को चरितार्थ किया था।

फूसे अकिरा के शो का लोक-संचार माध्यमों से प्रचार के फलस्वरूप जापानियों में कुछ उत्सुकता पैदा हुई। कई व्यापारिक प्रतिष्ठानों के अधिकारी मुझसे मिलने आये तथा भारतीय चाय के जापानी बाजार में प्रचार प्रसार के बारे में चर्चा की। इनमें से ताकानो स्टोर भी एक था जिसका मुख्य कार्यालय व विक्रय केन्द्र सिंजुकु प्रांत में था। जापान के सबसे मूल्यवान स्थान पर ताकानो की भव्य इमारत खड़ी थी। संभवत: यह पूरे विश्व का सबसे कीमती स्थान था। कंपनी के प्रतिनिधि फुकुमोतो ने प्रस्ताव

दिया कि वहाँ पर एक भारतीय टी कॉर्नर खोला जाये। चाय बनाने तथा परोसने की विधि बताने के लिए टी बोर्ड से दो महिला कर्मचारियों की उन्होंने मदद मांगी। साथ ही अत्यंत उत्तम गुणवत्ता वाली चाय की आपूर्ति भी होनी चाहिए, ऐसा उन्होंने बताया। मैं यह मौका खोना नहीं चाहता था, तुरंत टी बोर्ड की दो महिला कर्मचारियों - पारमिता व किरण में से एक को वहाँ पर कुछ दिनों के लिए काम करने की मंजूरी दी। साथ ही चाय की आपूर्ति का जिम्मा मैंने चाय के एक मशहूर व्यापारी को दिया।

टी कॉर्नर का आकार '10x10' फीट था परन्तु जापानी तौर तरीकों से इसकी साजसज्जा व तैयारी में एक साल का समय लगा। अंतत: 1976 में एक सादगी भरे समारोह में कुछ आमंत्रित व्यक्तियों तथा लोकसंचार माध्यम के प्रतिनिधियों की मौजूदगी में टी कॉर्नर का उद्घाटन हुआ। अगली सुबह अचानक हमारे मकान मालिक की पत्नी ने फोन पर तृप्ति से बताया कि बेउरिया सान (महोदय) का नाम आज 'आशाहि सिंबुन' के पहले पृष्ठ पर सुर्खियों में छपा है। मेरे दफ्तर पहुंचते ही मेरे जापानी सहकर्मियों ने मेरा अभिनंदन किया। 'आशाहि सिंबुन' जापान का लोकप्रिय तथा अत्यधिक प्रसारित समाचार पत्र था। इसके मुखपृष्ठ पर किसी समाचार की बराबरी न्यूयार्क टाइम्स के मुखपृष्ठ पर छपे समाचार से की जाती थी। विदेशी राष्ट्रपति या प्रधानमंत्री के दौरों से संबंधित समाचार भी हमेशा मुखपृष्ठ पर नहीं छपते थे। इस तरह एक चाय कॉर्नर के उद्घाटन तथा मेरे प्रयासों की खबर छपने से 'ताकानो' के कर्मचारी भी चकित रह गये। आशा से अधिक लाभ मिला। इस समाचार के छपने के बाद कई दूसरे पत्र पत्रिकाओं, खासकर वाणिज्यिक व आर्थिक समाचार पत्रों के लोग मेरे साक्षात्कार को आ पहुँचे तथा ब्लैक टी के बारे में खबरें छापीं। इनकी देखा देखी कई कारोबारी संस्थान उस तरह की चाय की दुकान खोलने के लिए आगे आये। परिणाम स्वरूप टोक्यो की रोपोंगी, बुद्धोकेन जैसी कई सैर सपाटे की जगहों तथा शहर के आसपास के इलाकों में ऐसी चाय की दुकानें खुलने लगीं। मित्सुई नोरिन ने भी बड़े पैमाने पर ऐसी दुकानें अपने टोक्यो वाले कार्यालय के नजदीक खोलने का प्रस्ताव रखा।

कार्यक्रम के प्रचार के लिए टी बोर्ड की दो महिलायों के लिए हर जगह जाना संभव न था। इस काम के लिए मैंने कुछ सहकर्मियों को उनकी बेटियों से सहायता के लिए मनवा लिया। इस काम के लिए जापानी कंपनियां जापानी स्तर से अच्छा खासा पारिश्रमिक देने को तैयार थीं। मंजू व सुनीता को इस काम में

लगाया गया। मेरी सिर्फ हिदायत थी कि काम करते समय वे भारतीय पहनावा पहनें और विनम्रता से पेश आयें।

जापान की विभिन्न जगहों पर इन दोनों की मौजूदगी तथा टी बोर्ड के कर्मियों की कार्यशैली ने भारतीय चाय के प्रसार को काफी बढ़ावा दिया। आकर्षक पारिश्रमिक के कारण मंजू व सुनीता ने भी इस काम को नियमित नौकरी के तौर पर अंजाम दिया। पर लंबे समय तक यह संभव न था। अंतत: उनके माता पिता के तबादलों के कारण उन्हें जापान छोड़ना पड़ा। उन दिनों चाय के प्रसार के लिए 'मित्सुई नोरिन' ओसाका की 'नाकामुरा' कंपनी तथा टोक्यो की कंपनी 'ताकानो' ने अग्रणी भूमिका निभायी थी।

उस दौरान भारत से झींगा मछली का भी निर्यात किया जाता था। खास तौर पर बड़ी झींगा मछलियों की जापानी बाजार में बहुत ज्यादा माँग थी। सिर्फ सम्मानित मेहमानों को झींगे से बना व्यंजन प्रस्तुत किया जाता था। होटलों व रेस्तराँओं में इसकी बड़ी ऊँची कीमत थी। जापान में मेरे प्रवास के दौरान भारत का एक शिष्ट मण्डल जापान के दौरे पर आया था। मैंने कई व्यावसायिक संस्थाओं से उनकी बैठकें व चर्चाएं करवायीं। उनका दौरा काफी सफल रहा। भारत से झींगा आयात करने में कई संस्थाओं ने अपनी दिलचस्पी दिखायी। उस दौरे के समय भारत के राजदूत दिल्ली गये थे। भारतीय शिष्टमण्डल के दौरे के बाद मैंने सोच समझकर विचार व्यक्त किया कि भारत से झींगा निर्यात में वृद्धि की सम्भावनाएं तो हैं पर जापानियों की कई समस्याएं भी हैं। इनके समाधान के लिए तथा भविष्य में द्विपक्षीय कारोबार की दृष्टि से समुद्री उत्पादों के निर्यात प्राधिकरण (मरीन प्रॉडक्ट्स एक्सपोर्ट डेवलपमेंट ऑथोरिटी) की एक शाखा जापान में खुलनी चाहिए। शिष्ट मण्डल ने भी दिल्ली जाकर अपनी रिपोर्ट पेश की जिसमें भी उन्होंने उल्लेख किया कि भारतीय दूतावास की दृढ़ राय है कि प्राधिकरण की शाखा टोक्यो में खोली जाये। राजनीतिक व नौकरशाही हस्तियों के बीच इन संस्थाओं की अच्छी लॉबी थी। इस लिए भारत सरकार ने भारतीय दूतावास की सिफारिश की प्रतीक्षा न कर फौरन इस प्रस्ताव पर मंजूरी की मोहर लगा दी। उस वक्त विदेशी मुद्रा व विदेश यात्रा पर पाबंदी थी। सभी लोग विदेश यात्रा के लिए लालायित रहते। टोक्यो लौटने के बाद राजदूत ने उनकी सिफारिश के बिना कदम उठाये जाने पर नापसंदगी जताई। रिपोर्ट उन्होंने मंगवाकर पढ़ी जिसमें शाखा के खुलने पर निर्यात की दर में वृद्धि तथा भविष्य की संभावनाओं का उल्लेख किया गया था।

वेसे तो राजदूत ने खुला विरोध नहीं किया पर अवश्य ही मुझ पर खीझ निकाली। भारतीय नौकरशाहों की मानसिकता ही ऐसी थी। उनकी नाराजगी उनके व्यवहार में झलकने लगी। ऐसा लगा कि मुझे ही तब तक शायद सरकारी नौकरी के कायदों व प्रोटोकोल की जानकारी नहीं रही या मैं बखूबी उनका पालन नहीं कर पाया। परन्तु इस कदम से भारत से जापान में झींगो के निर्यात में भारी वृद्धि हो पायी।

इस संबंध में एक और दिलचस्प घटना का जिक्र करना चाहूंगा। एक दिन ऑफिस के रिसेप्शन से संदेश आया कि एक कारोबारी डॉ. बाली झींगे के निर्यात में एक जापानी कंपनी से हुए विवाद के सिलसिले में मुझसे मिलना चाहते हैं। डॉ. बाली अकेले न थे, उनके साथ थीं हमारे कॉलेज के जमाने में युवा दिलों की धड़कनें बढ़ाने वाली सबकी पसंदीदा फिल्म स्टार वैजयन्तीमाला। वो शादीशुदा हैं और मेरे सामने स्वयं हाजिर हैं इसका मुझे एकाएक यकीन ही नहीं हुआ। क्या बातचीत हुई ठीक याद नहीं, पर मैंने उन दोनों को रात के खाने पर बुलाया और वे तैयार हो गये। उनके आने की खबर दूतावास में फैल गयी। उनके जाने के बाद कई साथी कर्मचारी आकर मुझसे मिले, उनके मन में कई सवाल थे। मानो वे कह रहे हों कि मैंने कोई तीर मार लिया है। सबकी उत्सुकता का समाधान करते हुए मैंने उन्हें रात्रिभोज की बात बतायी। सभी ने आना चाहा, जो स्वाभाविक भी था। मेरे घर का ड्रॉइंग रूम अपेक्षाकृत थोड़ा छोटा था, सो तय हुआ कि डा. अशोक जैन के घर पर रात्रिभोज का आयोजन होगा और सारे लोग अपने घरों से कुछ न कुछ खाना बनाकर लायेंगे। डॉ. बाली और श्रीमती बाली को आठ बजे रात को आना था पर सात बजे से ही सारे लोग हाजिर हो गये। महिलाएं कीमती साड़ी व गहनों से लदी थीं और सारे सज्जन कीमती सूट टाई में पहुंचे थे। चेहरों पर अनिश्चितता, आवेग के भाव। लग रहा था कि सभी को कोई बहुत बड़ी सफलता मिल गयी हो। सगे, भाई बंधुयों से कहने लायक कोई बहुमूल्य खजाना मिलने वाला हो। हममें सबसे ज्यादा मि. आनंद उल्लसित थे। वे उम्र में सबसे बड़े थे, 57 के आसपास। बीच बीच में आकर मुझसे हाथ मिलाकर आभार व्यक्त करते जा रहे थे। मैं भी उस आनंद की आँच से अलग न था। विश्वास ही नहीं हो रहा था कि कॉलेज के जमाने की 'मधुमती' फिल्म की नायिका से मैं कभी रुबरू मिलूंगा। 'मधुमती' मैंने तीन बार देखी थी, साथ ही वैजयंतीमाला की लगभग सारी फिल्में भी देखी थीं। सभी उनसे क्या बोलें, कैसा बर्ताव करें यही रणनीति तय करते करते आठ बजे और बाली परिवार आ पहुंचा। मैने गौर किया कुछ लोग शर्मा गये और वैजयन्तीमाला

जी की ओर कनखियों से देखने लगे थे। बातचीत शुरु हुई, पानीय पेश हुआ परन्तु सब कुछ के बीच बातचीत का केन्द्रविन्दु फिल्में तथा उनकी लोकप्रियता रही। पर वैजयन्तीमाला के व्यवहार से लगा कि उन्हें अपने अतीत की फिल्मी दुनिया के बारे में ज्यादा दिलचस्पी नहीं थी। थोड़ी बहुत बातचीत के बाद उन्होंने उस दिशा में हो रही बातचीत को आगे बढ़ने से रोका। ऑफिस के सारे लोग तैयारियों के बाबजूद स्थिति को कैसे नियंत्रित करें समझ नहीं पा रहे थे। अंतत: वैजयन्तीमाला महिलायों से आपसी घरेलू बातें करने लगीं ,उन्होंने मेरी बड़ी बेटी यूकि को गोद में लेकर काफी वक्त बिताये। खाना परोसने से पहले कुछ साथियों ने गीत भी गाये। अंत में हममें से कइयों ने उनसे अपनी फिल्मों से कुछ संवाद बोलने का अनुरोध किया। वो तैयार तो हुईं पर संवाद के लिए नहीं, एक गाना गाने को। बहुत ही मधुर स्वर, सही उच्चारण तथा पूरे आत्मविश्वास से गाना गाया। वे एक सृजनशील कलाकार हैं। भरत नाट्यम या फिल्मों में अभिनय की दक्षता न दिखातीं तो एक उच्च कोटि की गायिका अवश्य ही होतीं।

उस मधुर शाम का समापन होते होते रात के बारह बज गये। पर इस घटना का जिक्र दूतावास में कुछ महीनों तक होता रहा। मेरे लिए भी शाम यादगार रही।

शिपिंग कॉरपोरेशन के कई जहाज जापानी बन्दरगाहों पर लंगर डालते थे। उनकी सहुलियत का जिम्मा एक जापानी कंपनी के एजेंट पर था जो नियमित रूप से हमारे संपर्क में रहते थे। भारतीय जहाज जब विदेशों में पहुंचते उन्हें दूतावास से कुछ दस्तावेजों का अनुमोदन करवाना पड़ता। उसमें उन्हें कोई दिक्कत न हो यह देखना दूतावास का काम था। इसलिए दूतावास से उनके अच्छे संबंध बने रहते थे।

भारतीय शिष्टमण्डल के दौरों के वक्त जापानी कंपनियाँ यदाकदा उन्हें होटल, रेस्तराँ तथा अन्य मनोरंजक स्थानों पर निमंत्रित करती। मैंने गौर किया कि अधिकांश भारतीय लोग इन मौकों की ताक में रहते थे तथा अश्लील तथा नग्नता परोसने वाले जलसों में जाकर लुत्फ उठाना पसंद करते थे।

एक बार एक शिष्टमण्डल के प्रतिनिधि भारत सरकार के एक उच्च अधिकारी ने ऐसे किसी कार्यक्रम में अपने जापानी कारोबारी साथी के साथ जाना चाहा। जब मैंने उस कार्यक्रम में प्रवेश किया तो देखा कि वहाँ रंग बिरंगी रोशनियों से साजसज्जा की गयी थी। तेज जापानी संगीत बज रहा था। हॉल खचाखच भरा था पर हमारे लिए टेबल रिजर्व था।

हॉल में जापानी व विदेशी मेहमान थे। टेबल तक पहुँचते ही दो परिचारिकाओं ने पूछा कि हम किस तरह का खाना और पीना पसंद करेंगे। जान पड़ता था कि हमारे मेजबान ने हमारे आने की खबर पहले ही दे रखी थी। हमारी बातचीत के बीच छोटे कपड़े पहनी एक किशोरी ने आकर हमारे टेबल के करीब यौन उद्दीपक तरीके से अपने अंगों को निर्वस्त्र कर दिया। चेहरे पर हँसी और नजरों में अद्भुत मादकता थी। उसने दल के प्रमुख प्रतिनिधि से शुद्ध अंग्रेजी में पूछा कि कौन सा पेय पसंद करेंगे। बीयर पीनी हो तो गिलास में पेश करेगी। मुख्य अतिथि ने कहा बीयर पसंद है।

अचानक किशोरी ने सामने रखे गिलास को उठाया तथा अपने गुप्तांग के पास दिख रहे बोतल से बीयर डाली। उस वक्त सिर्फ उसके गुप्तांग व बीयर बोतल के अगले हिस्से के अलावा और कुछ नहीं दिख रहा था। हम सब चकित हुए, मुख्य अतिथि भी भौंचक्के रह गये। फिर एक और किशोरी आकर गुप्तांग से सिगरेट पीने का कौशल प्रदर्शित करने लगी। मांसपेशियों को नियंत्रित कर वह करतब दिखा रही थी। जापानी मित्र ने बताया कि करतबों के लिए इन्हें लम्बी ट्रेनिंग लेनी पड़ती है, प्रशिक्षण देनेवाली संस्थाएं माफियाओं के कब्जे में होती हैं। पर 'गेइसा' हाउसों का मामला अलग था। दिन भर कड़ी मेहनत के बाद थके हारे कंपनी के पुरुष कर्मचारी मनोरंजन के लिए बार-रेस्तराँ व गेइसा हाउस में अपने कारोबारी मित्रों को लेकर जाते थे। गेइसा हाउसों में विरले ही कोई दुर्व्यवहार या गड़बड़ी होती थी। गेइसा की युवतियाँ ज्ञानी, बुद्धिमती तथा संगीत, नृत्य कलाओं में निपुण होती थीं। थके हारे दुखी, व्यथित अतिथियों के साथ वक्त बिताकर मन बहलाना उनका काम था। इन स्थलों पर भद्रोचित शिष्ट व्यवहार व शालीनता को प्रमुखता दी जाती। एक बार किसी भारतीय ने गेइसा का दिल जीतने के लिए खुद को अविवाहित बताया जबकि वास्तव में उसका परिवार था और दो बच्चे भी थे। बाद में उन्हें जापानी मित्र ने बताया कि गेइसा हाउस में अपनी वैवाहिक स्थिति के बारे में सच बताना कतई आपत्तिजनक नहीं माना जाता। विवाहित जापानी भी वहाँ निसंकोच जाते हैं। जापान में कई ऐसी संस्थाएं भी थीं जहाँ अश्लीलता के बगैर नोह व काबुकी जैसे शुद्ध मनोरंजक कार्यक्रम पेश किए जाते थे। चाय बनाना व परोसना भी वहाँ एक कलात्मक रूप ले चुका था।

हरित क्रांति के बाद कृषि उत्पादन में वृद्धि के लिए भारत सरकार काफी तादाद में विदेशों से रसायनिक उर्वरकों (खाद) का आयात कर रही थी। भारत में उत्पादित उर्वरक की मात्रा मांग के अनुरूप पर्याप्त न थी। जापान विश्व के उर्वरक

उत्पादक राष्ट्रों में प्रमुख था। इसलिये प्रति वर्ष एक उच्चस्तरीय शिष्ट मंडल सरकार की ओर से जापानी कंपनियों से करार पर हस्ताक्षर किया करता था। बातचीत के दौरान आयात की मात्रा व मूल्य निर्धारित होते थे। पहली बार आपसी बातचीत पर आधारित जापानी व्यावसायिक रणनीति मेरी समझ में आयी। पहले वे ग्राहक की आवश्यकता व उद्देश्य की बाध्यता आदि की जानकारी लेते, फिर उसी हिसाब से मोल भाव करते। उनके धैर्य की कोई सीमा नहीं, विदेशी ग्राहकों को अलग अलग प्रस्ताव देने के बावजूद कंपनियों में एक आपसी तारतम्य रहता जिसका एकमात्र लक्ष्य होता कि अंतत: ऑर्डर किसी जापानी कंपनी को ही मिले। रसायनिक उर्वरक निर्यात के लिए उत्पादक कंपनियों का एक संगठन था। भारत सरकार के प्रतिनिधियों की बातचीत इसी संगठन से होती थी जो कभी कभी तीन दिनों तक चलती रहती। शाम के वक्त मनोरंजन व मौजमस्ती के कार्यक्रमों का भी खूब आयोजन होता।

एक कार्यक्रम में जापान के मशहूर चाय पर्व का प्रदर्शन हुआ। इन पर्व प्रदर्शनों के पीछे जो दर्शन तत्व तथा सोच निहित थी उसे समझने में थोड़ा समय लगा। जेन बौद्धों द्वारा प्रभावित चाय पर्व पन्द्रहवीं सदी से प्रचलित था। सुसंगठित एकता, सम्मान, शुद्धता, आनंद, स्थिर अवस्था की एक अपूर्व परिकल्पना से भरी होती थी आध्यात्मिकता व सरलता के साथ ग्रीन टी पीने की यह अभिनव शैली।

जापानी पारम्परिक तातामी (चटाई पर निर्मित फर्श) घरों में प्रवेश करते ही पहले आले सी जगह पर हस्तलिपि की विशिष्ट शैली (कैलीग्रैफी) में अंकित चित्र नजर आते हैं। उनसे सटे स्थान पर इकाबेना व फूल सज्जा दिखती है।।

पहले गृहकर्ता अतिथि को आदर सत्कार से घर के अंदर आमंत्रित करते तथा जापानी मिठाई खाने को देते। इस बीच चाय बनाने के सामान लाये जाते, चाय बनती पर कोई बातचीत नहीं। अतिथि सिर्फ चाय प्रस्तुति की विधि का अध्ययन करते। वास्तव में वातावरण को प्रमुखता दिया जाता तथा एक शांत परिवेश बनाने की कोशिश रहती। मूड तैयार किया जाता।

चाय पर्व की शिक्षा में कुछ वर्षों का समय भी लग जाता। चाय पर्व की शिक्षा में कैलीग्राफी, फूल सज्जा, कविता, समुचित अदब कायदा तथा शब्द समन्वय की खास विशेषता रहती। ऐसी शिक्षा प्रदान करने के लिए जापान के शहरी व ग्रामीण क्षेत्रों में बहुत सी संस्थाएं मौजूद थीं।

जापानी बड़े चाव से चाय पर्व का आनंद ले रहे थे पर ऐसा लगा कि भारतीय प्रतिनिधि दल को यह प्रथा विशेष आनंद दायक नहीं लगी।

भारतीय प्रतिनिधि दल के लौटने के कुछ दिनों बाद मारुबेनी कंपनी के प्रेसिडेंट से मुलाकात हुई। जापानी समाज व संस्कृति में उम्र व पदों का खास महत्व है। दूसरे शब्दों में यों कहे कि एक वर्ग व्यवस्था के अनुसार सामाजिक ढाँचा होता है। पर उस सज्जन को अनौपचारिकता पसंद थी। आसानी से घुलना मिलना, हँसी मजाक करना उनके स्वभाव में शामिल था। हमारी बातचीत के बाद उन्होंने मुझसे पूछा कि - "आपने सुमो देखा है ?" मैंने कहा - "अभी तक देखने का मौका या वक्त नहीं मिला है।" उन्होंने कहा - "चलिए आज मेरे साथ सुमो देखने चलें।" घर पर फोन कर देरी से लौटने की सूचना देने को कहा। मैंने फोन कर दिया।

कुश्ती का खास खेल है -सुमो। अंदर पहुंचा तो खचाखच भीड़ देखी। पर मारुबेनी प्रेसिडेंट के लिये दो सीटें रिजर्व थीं। हम बैठ गये। सामने गोलाकार मिट्टी व बालू से बना कुश्ती का प्रांगण था। चूंकि मैं मेहमान था, सुमो के बारे में कुछ मूलभूत जानकारियाँ मुझे दी गयीं उससे जो मैं समझ पाया, सुमो सिण्टो देवदेवी के मनोरंजन के लिए खेला जाता है। यह एक सामरिक खेल है तथा इसके अच्छी फसल के लिए भी सहायक होने का विश्वास लोगों में व्याप्त है। सुमो पहलवानों की कसरत शैली का मूल लक्ष्य वजन बढ़ाना है। उनका वजन अमूमन 250 से 500 पौंड तक होता है। अखाड़ों को आम बोलचाल में घुड़साल तथा अखाड़ों के प्रमुखों को घुडसाल मास्टर कहा जाता है। कुश्ती के दौरान यदि एड़ी के अलावा शरीर का कोई और हिस्सा जमीन से छू जाये तो पराजय मानी जाती है। इतने में घंटी बजी और सारे पहलवान कतार बांधे मैदान में उतरे। पारम्परिक वेशभूषा वाले रेफरी ने कुश्ती स्पर्धा की शुरूआत करायी। शुद्धिकरण के लिए चारों ओर नमक जैसी चीज का छिड़काव कराया। पहलवानों ने एक चक्कर लगाया। उनका खास पहनावा था। सिर्फ लंगोट के अलावा शरीर पर कुछ भी नहीं। केश विन्यास का भी खास तरीका। थुल थुल बड़े पेट वाले दो विशालकाय जीव दोनों हाथों से ताली बजाने के साथ ही जमीन पर जोर जोर से अपने पाँव पटक रहे थे। पलक झपकते ही वे दोनों आमने सामने आकर एक दूसरे के धक्का देने लगे। इस धक्कामुक्की में एक नीचे गिर गया। खेल खत्म। बस कुछ सेकण्डों में ही खत्म। दर्शकों ने आल्हादित होकर तालियों से विजयी का अभिनंदन किया। इस कुश्ती में मुक्के मारने, नोचने, खसोटने की मनाही होती है। इसी प्रकार की

कुश्तियाँ कुछ समय तक चलने लगीं। असली कुश्ती एक क्षण के लिये ही सिर्फ, फिर भी अनगिनत जापानियों को इससे बहुत अधिक प्रसन्नता मिलती है। ये पहलवान सितारों की तरह मशहूर और बड़े सम्मानित होते थे। आजकल के क्रिकेटरों की तरह इफरात पैसे कमाते थे।

मुझे वहाँ विश्वसुंदरी प्रतियोगिता देखने का मौका भी मिला। दुर्भाग्य से उसमें भारत से कोई प्रतियोगी न थी, शायद उस दौर तक पहुंचने में कोई सफल नहीं हो पायी थी। विश्वसुंदरी का स्वागत वाला संगीत बहुत ही खूबसूरत था। पचास साल पहले का समारोह होते हुए भी आजकल के आयोजनों की बराबरी कर सकता था। पर हाँ, उन दिनों विश्वसुंदरी समारोहों का प्रसारण टी.वी. के माध्यम से नहीं होता था।

एक बार एशिया महादेश के लोकगीतों पर कार्यशाला का आयोजन यूनेस्को की ओर से कराया गया। प्रसिद्ध फूजी पर्वत के नजदीक आयोजित इस कार्यशाला में लगभग सभी देशों से प्रतिनिधियों ने भाग लिया। महाद्वीप के लोकगीतों को लिपिबद्ध करना तथा कई लुप्तप्राय लोकगीतों के पुनरुद्धार की कोशिश करना इस कार्यशाला का उद्देश्य था। भारत में विविध लोकगीतों की एक समृद्ध परम्परा रही है तथा दूसरे देशों के लोकगीतों पर इनका स्पष्ट प्रभाव भी परिलक्षित होता है। भारत की यह महानता रही कि बिना युद्ध, बिना रक्तपात, बिना विस्तारवादी सोच के अपनी संस्कृति को सारे महादेशों में सिर्फ प्रचार प्रसार के माध्यम से ही लोकप्रियता दिलायी थी। अत: इस तरह की कार्यशाला में भारत की ओर से एक अहम् भूमिका अपेक्षित थी पर दुर्भाग्यवश भारतीय दूतावास को पता चला कि कुछ कारणों से भारतीय दल निर्धारित तारीख तक जापान नहीं पहुंच पा रहा है। संगठकों को बड़ा धक्का लगा। क्योंकि भारत के बिना एशिया के लोकगीतों के वास्तविक स्वरूप की कल्पना तक नहीं की जा सकती। भारतीय दूतावास भी इस मौके को खोना नहीं चाहता था। उन दिनों श्री पुष्कर जोहरी दूतावास के चार्ज-डी-अफेयर्स थे। उन्होंने मुझसे बात की। संगठक बड़े दवाव में थे कि किसी तरह भारत का प्रतिनिधित्व हो पाये। उन्होंने इस बारे में मुझसे सलाह माँगीं। मेरे पास कोई समाधान नहीं था। मैंने कहा कि यह मामला व्यवसायिक होते हुए भी कला व संस्कृति से संबंधित है। अत: इस बारे में गहरी जानकारी रखने वाले ही कुछ कर सकते हैं। पर उनका जवाब था कि उन्होंने एक रास्ता निकाला है। उनके अनुसार मेरी पत्नी वहाँ जाकर भारत का प्रतिनिधित्व करें क्योंकि कला व संस्कृति में रुचि होने के साथ ही उन्हें भारतीय नृत्य संगीत की भी

अच्छी जानकारी थी। सो खास दिक्कत नहीं होनी चाहिए। वैसे भी ऐसी कई घटनाएं होती हैं जहाँ दूतावास से प्रतिनिधि ऐसे कार्यक्रमों में भाग लेते रहे हैं। मैने थोड़ी आनाकानी की, पर अंततः कहा, सही है पर इस बार का प्रसंग पूरी तरह अलग है। पर उन्होंने बातचीत पर विराम लगाते हुए कहा कि अब और बातचीत का समय नहीं, आप शीघ्र तैयारी कर लें। मैं सिर्फ इतना ही बोल पाया -"इस बारे में कुछ किताबों का जुगाड़ करना पड़ेगा।"

अगले दिन तृप्ति ने कार्यशाला में प्रतिभागिता के उद्देश्य से फूजी के लिए प्रस्थान किया। वहाँ पर तीन दिनों तक सृजनात्मक व कलात्मक चर्चाएं हुईं। अंत में एशिया के लोकगीतों पर विस्तृत रिपोर्ट तथा एल.पी. रिकार्ड यूनेस्को द्वारा बनाये गये। ओड़िया, बंगला, हिन्दी लोकसंगीत पर अपनी धारणाओं सहित दूसरे क्षेत्रीय लोकगीतों के बारे में तथ्य संग्रह कर तृप्ति चर्चाओं में सक्रिय भाग लेने में सफल रही। उस दौरान एशिया महादेश के कई लोकगीत प्रचारकों तथा विशेषज्ञों, खासकर दक्षिण एशिया के विशेषज्ञों से विचारों के आदान प्रदान तथा मित्रता का मौका मिला। नियमानुसार कार्यक्रम के बाद एक रिपोर्ट तैयार करनी थी। तृप्ति ने एक मसौदा बनाकर मुझे दिया इसमें उन्होंने सिलसिलेवार कार्यक्रमों का उल्लेख किया था। इसमें मैंने सरकारी रिपोर्ट के ढाँचे में थोड़ी तब्दीली की जिसमें दो दिन लगे। दूतावास के अधिकारियों ने इस रिपोर्ट की काफी सराहना की।

जापान की सरकारी परम्परा के तहत प्रधानमंत्री और राजनयिकों के बीच वसंत ऋतु में एक मिलन समारोह का आयोजन होता था। सिंजुकु के नजदीक एक उद्यान में उस साल इस समारोह का आयोजन हुआ। कड़क सर्द मौसम के बाद वसंत की सबको प्रतीक्षा थी। साफ आकाश के साथ पेड़ों पर कोपलें, कलियाँ तथा खिले फूलों के बीच वातावरण बड़ा ही मनोरम हो रहा था। हम उस विशाल बगीचे में पहुंचे। वहाँ हजारों की तादाद में लोगों की भीड़ देखी जिसमें अधिकांश जापानी तथा कुछेक विदेशी नागरिक भी मौजूद रहे। प्रधानमंत्री मिकी से हाथ मिलाने के लिए सभी कतारों में खड़े थे। संयोग से मुझे व मेरी पत्नी को अलग अलग जगहों पर खड़ा होना पड़ा। मेरी पत्नी की बारी आधे घंटे बाद आयी। मैं अलग खड़ा था इसलिए फोटो खींच पाया। मेरी बारी काफी देर से आयी। लौटकर देखा तो मेरी पत्नी अपनी जगह पर न थी। वह थोड़ी दूर एक जापानी परिवार के साथ तस्वीर खींचने में व्यस्त थी। पता चला कि साड़ी पहनी महिलाओं के साथ अधिकांश जापानी परिवारों को फोटो खिंचवाने का

जबरदस्त आकर्षण रहता है। उस दौरान जापान में बहुत कम भारतीय रहते थे, उनमें से भी कई भारतीयों की पत्नियां जापानी होती थीं। इसलिए साड़ी पहनी भारतीय महिला विरले ही दिखती थी और जब कोई दिख जाती तो यादगार के तौर पर जापानी परिवार फोटो खींचने की कोशिश करते।

इसी तरह जापान के सम्राट भी विदेशी राजनयिकों तथा कुछ विशिष्ट लोगों को राजमहल में आमंत्रित किया करते थे। राजमहल मनोरम उद्यान व सुंदर लॉन से सज्जित था। सुसज्जित राजमहल के प्रांगण मे मेहमानों का आवभगत जापानी रीति रिवाजों से होता था। उस बार इस समारोह में पत्नी के साथ जाना पड़ा। हम राजमहल के सुंदर व आकर्षक उद्यान का आनंद ले रहे थे, तभी अचानक चारों ओर लोग सतर्क हो कर मार्ग के दोनों ओर खड़े हो गये। पता चला कि सम्राट हिरोहितो उस रास्ते से गुजरेंगे तथा अतिथियों का अभिनंदन स्वीकार करेंगे। कुछ समय बाद देखा तो सम्राट अपने सहकर्मियों के साथ सूट पहने साधारण मनुष्य की तरह चले आ रहे हैं। विश्वास ही नहीं हुआ ये वही हिरोहितो हैं जिनके नाम से द्वितीय महायुद्ध के दौरान जापान ने जर्मनी के साथ मिलकर समग्र विश्व पर कब्जा जमाने की कोशिश की थी। उन्हीं को प्रत्यक्ष अपनी आँखों से देख पाऊँगा इसका यकीन मुझे न था। हिरोहितो धीरे धीरे आये व जापानी तरीके से अभिवादन स्वीकार करने लगे। फिर हमारे पास आकर जानना चाहा कि हम किस देश से हैं। भारतीय जानकर पूछा कि "जापान कैसा लग रहा है।" मैने कहा - "जापान हमारे जीवन का एक नया अनुभव है।" उन्होंने हमें जापानी आबोहवा में सावधानी बरतने की हिदायत दी। सम्राट के औरों के प्रति संवेदनशील मनोभाव का यह सुंदर परिचायक था। ऐतिहासिक व्यक्तित्व के मालिक व अनन्य ख्यातिप्राप्त सम्राट ने हमारे करीब आकर आम इन्सानों की तरह हमारे कुशलक्षेम की पूछताछ की तथा अपनी चिंता जतायी जो मेरे लिए एक अनूठी अनुभूति रही।

शादी के बाद जापान में मेरी यह पहली पोस्टिंग थी। इसलिए मेरी पत्नी और मैं जापानी जीवन के सभी पहलुओं में शामिल होना चाहते थे। जापानी नागरिक आधुनिकता के बावजूद अपने पर्व त्यौहारों, उत्सवों व पारम्परिक रीति रिवाजों को जीवित रखने में सदैव तत्पर रहते। उनमें से हमें कुछ त्यौहारों को देखने का अवसर मिला। पर इन सबके बावजूद महसूस हुआ कि जापानी लोग अन्तर्मुखी होते हैं तथा विदेशियों से मेल जोल बढ़ाने में उन्हें संकोच होता है। विदेशियों से मन की बात

विरले ही बताते हैं, शायद उनमें भाषा मुख्यत: बाधक हो। कोई विदेशी अगर जापानी भाषा सीखकर उसमें महारत हासिल करे तो उन्हें खुशी तो होती फिर भी उस विदेशी से अनूमन वे दूरी बनाये रखते व सतर्क रहते।

व्यावसायिक प्रतिष्ठानों से बातचीत के दौरान उनके चरित्र का यह पहलू खास तौर से उजागर होता है। इस के अनुरूप मेरे घर के आस पास के पड़ोसियों से भी हमारा मिलना जुलना न के बराबर होता था। छुट्टियों के दिन या शाम के वक्त पास के पार्क में सैर को जाते समय हमें अकेले ही रहना पड़ता; सिर्फ मकान मालिक व उनकी पत्नी से ही कभी कभार बातचीत हो जाती थी। पर मकान के मामले में सारी बातें मुझे दफ्तर के दुभाषिये की मदद से उनसे कहनी पड़ती। पर जबसे हम अपनी पहली बेटी यूकि (प्रार्थना) को पार्क में सैर के लिये साथ ले कर गये स्थिति में भारी बदलाव आता गया। बहुत सी जापानी महिलायें प्रैम के करीब आकर बेटी को भली भाँति निहारने लगतीं। सामान्य जापानी बच्चों से उसका चेहरा व रंग-रूप का अलग होना शायद खासियत थी जिससे वे ज्यादा आकर्षित व मोहित होतीं। यहाँ भाषा की भी कोई बाधा आड़े न आयी। शारीरिक भाव भंगिमाओं के माध्यम से अनर्गल जापानी भाषा में वे अपने मन की बातें बताने लगीं। किसी शिशु की सराहना करते समय वे उसे 'गुड़िया जैसी' बतातीं। इसी बात का उच्चारण वे बारबार करती रहतीं। पहले दिन के बाद उनसे सुनकर रोज नये नये पड़ोसी नवजात शिशु को देखने के लिए पधारने लगीं। जहाँ भी हम युकी को प्रैम में लेकर जाते, उसके चेहरे व शारीरिक आकृति से वह आकर्षण का केन्द्र बन जाती। उसके जन्म की खबर पाकर हमारे मकान मालिक से लेकर बहुत से जापानी मित्रों ने उपहार भी भेजे थे।

उस देश की भौगोलिक स्थिति व मौसम तथा अन्य कारणों से भी वहाँ के लोग उपयोगी चीजें जैसे फल, शक्कर, कीमती पहनावे की चीजें उपहार में देना पसंद करते थे। यह भी हम दोनों के लिए एक नयी अनुभूति रही।

वहाँ विदेशियों को अपने घर पर बुलाने की प्रथा न के बराबर थी। जगह की कमी की वजह से वहाँ के मकान छोटे छोटे होते हैं। पर मेरी सोच थी कि शायद पारिवारिक मामलों की अंदरूनी जानकारी बाहर न खुल जाये इसकी यह आशंका भी इसका एक कारण हो सकता है।

जापान प्रवास के दौरान हमें थोड़े से ही जापानियों के घरों में जाने का मौका मिला। ताकानो कंपनी के मालिक ओसाका नाकामुरा कंपनी के परिवार में तथा

जापानी झींगा आयातकर्ता संघ के महामंत्री हागिवरा के घर पर जाने का मौका मिला था। उनकी खास मेहमान नवाजी का आनंद उठाने का अवसर मिला। इसके अलावा प्रथम भारत जापान सांस्कृतिक आदान प्रदान कार्यक्रम में भाग लेने को आये ताजुको व रेइका के घर जाने का निमंत्रण मिला। इस कारण हमें निगाता व आतामी के इलाकों में जाना पड़ा। वहाँ की नैसर्गिक सुन्दरता अतुलनीय लगी तथा फलों के निजी बागों में संतरे व अन्य फल के पेड़ों से फल तोड़ने का अनुभव हमारे लिए अनूठा रहा।

जापान में चेरी खिलने के मौसम में समग्र जापानी कौम मदमस्त हो जाती। कली से फूल खिलने व मुरझाने तक के दिनों में लोकसंचार माध्यमों में इन्हीं खबरों का बोलबाला रहता। स्कूल, दफ्तर आदि एक हफ्ते के लिए बंद हो जाते। सभी अपने परिवार और यार दोस्तों के साथ खुले उद्यानों में मौज मस्ती में डूब जाते। जगह जगह चेरी ब्लॉसम की प्रदर्शनियों में जाकर लोग लुत्फ उठाते। संयोग से हमारा दूतावास टोक्यो के केन्द्रस्थल बुधोकान के करीब था जिसके पास वाले जलाशय के किनारे किनारे चेरी के झाड़ कतारों में लगे थे। हर साल फूलों के मौसम में वहाँ अपार भीड़ इकट्ठी होती। इस उत्सव में हम पूरी तरह भाग नहीं ले पाये पर काफी वक्त वहाँ बिताने की कोशिश की। एक साल मैंने गौर किया कि एक अधेड़ उम्र का आदमी सुबह से ही एक चटाई पर चेरी के झाड़ के नीचे बैठा था। दोपहर, अपरान्ह, शाम जब भी देखा वह वहीं बैठा मिला। अगले दिन भी यही सिलसिला चलता रहा। उत्सव के अंतिम दिन मैं हिम्मत कर उसके करीब पहुंचा। किस्मत से वह टूटी फूटी अंग्रेजी बोल पा रहा था। पूछा तो पता चला कि वह सात दिनों से अपने घर नहीं गया है। हर साल इसी जगह पर आकर बैठता, फोटो खींचता, शराब पीता, पासवाली दुकान से कुछ खाने को खरीद लाता। इससे उसे क्या हासिल होता पूछा तो उसने बताया कि चेरी ब्लॉसम जापान का प्रतीक है। समुराइयों के जीवन जैसा यह भी अल्पायु है, पर है बड़ा रंगीन और घटनाबहुल। उस व्यक्ति का नाम तानाका था। उसकी बातों का मर्म समझने में मुझे कई साल लग गये।

जापान के विभिन्न प्रांतों में दौरों के दौरान भारत के साथ जापान के प्राचीन काल से घनिष्ठ संबंधों के कई उदाहरण देखने में आये। पर समय के प्रवाह के साथ साथ वर्त्तमान जन जीवन में इस बारे में अब सचेतनता नहीं रही। कुछ लोगों में सुभाष बोस की यादें आज भी जीवित हैं - रेन्कोजी मंदिर में उनका भस्मावशेष अभी तक सुरक्षित है (विवादग्रस्त मामला होने के बावजूद)। द्वितीय महायुद्ध में बन्दियों के

ट्रिब्यूनल के भारतीय न्यायमूर्ति राधा विनोद पाल के ऐतिहासिक फैसलों को कई शोधकर्ता अब भी याद करते हैं। गहराई से मनन करने पर ज्ञात होगा कि जापान के जनजीवन में बहुत से हिन्दू देव देवियों का परिचय सबसे पहले चीन के माध्यम से हुआ था। उनके नामों का चीनीकरण हो जाने के फलस्वरूप आम जापानियों को उनके प्रारंभिक इतिहास के बारे में पता नहीं।

ओसाका व क्योटो की यात्रा के दौरान इन बातों का मुझे आभास मिला। क्योटो के 'संजू-सांगेन जो' मोनेस्ट्रि या बौद्धमठ के प्रमुख कक्ष में सहस्त्रभुजा बोधिसत्व स्थापित हैं। वहाँ के अट्ठाइस देव द्वारपालक व देव देवी इन्द्र सरस्वती, लक्ष्मी, शिव आदि जैसे हिन्दू देव देवियाँ ही हैं।

जापानी भाषा में प्राचीन समय में भारत को 'तेनजीकु' के नाम से जाना जाता था। युवराज ताकाओका ने चीन से होकर शाक्य मुनि के देश की यात्रा का कार्यक्रम बनाया था। पर वे रास्ते में ही परलोक सिधार गए। तेरहवीं सदी में प्रख्यात धर्मयाजक मेइकेइ भी भारत जाने की कोशिश में नाकाम हुए। उन दिनों यात्रा पथ काफी खतरों से भरे होते थे। एलतेर युग (सतरहवीं से उन्नीसवीं सदी) में लिखित भ्रमण वृतांत से ज्ञात होता है कि तोकुबेइ नामक एक परिव्राजक ने दो बार उस दौरान भारत की यात्रा की थी।

लोककथाओं के अनुसार एक भारतीय बौद्ध सन्यासी ने सातवीं सदी में जापान में पदार्पण किया था तथा ह्विओगो प्रदेश में 'जिओन्' मठ की प्रतिष्ठा की थी। इतिहासकारों के अनुसार बौद्धसेना पहले भारतीय धर्मयाजक थे जिन्होंने नारा शहर स्थित मंदिर की बुद्धमूर्त्ति की प्रतिष्ठा के उत्सव में प्रमुख भूमिका निभायी थी। आठवीं सदी के तथ्यों के अनुसार बौद्धसेना का जन्म सन् 704 में दक्षिण भारत में हुआ था तथा तत्कालीन जापानी सम्राट खोमु के निमंत्रण पर सन् 737 ईस्वी में वे क्युशु प्रांत के बंदरगाह में पहुंचे थे। जापान में बौद्ध धर्म के प्रचार प्रसार के साथ साथ भारतीय संस्कृति - संगीत, नृत्य व संस्कृत भाषा का भी प्रसार हो पाया था। जापानी वाद्ययंत्र 'बीवा' की उत्पत्ति भारत की देवी सरस्वती की प्रिय वीणा से हुई थी। जापान की सर्ववृहत झील का आकार इस वाद्ययंत्र के समान होने से इसका नाम भी बीवा पड गया था। जापान की पारम्परिक लोककथा काबुकि व नोह महाभारत की कथा से प्रभावित है। जापानी भाषा व अक्षरों के विकास में भी संस्कृत की अहम् भूमिका रही।

जापान के मनमोहक पर्व त्यौहारों में भी क्योटो के 'जिओन' पर्व का प्रमुख

स्थान है। प्रत्येक वर्ष जुलाई में इस उत्सव में शामिल होने के लिए जापान के सभी प्रांतों से लगभग दस लाख से ज्यादा लोगों का समावेश होता है। इस पर्व की उत्पत्ति की कहानी ओसाका के नाकामुरा व एक जेन सन्यासी तथा एक जापानी राजनयिक ने मुझे मुलाकात के समय बतायी थी। दरअसल इस पर्व को महामारियों से रक्षार्थ मनाया जाता है। भारतीय बौद्ध देव मलय पर्वत के अधिष्ठाता देव गोशीर्ष महामारी निरोधक शक्ति के देवता हैं। बौद्धधर्म के प्रसार के समय जापानी धर्म, पर्व त्यौहारों में इसका समावेश होता गया तथा पिछली दस सदियों से जापानियों द्वारा पूजा पद्धतियों में इसे अपनाया गया। जिओन का प्रमुख आकर्षण क्योटो के दोनों तरफ के पेड़ों के बीच मुख्य रास्ते पर निकलने वाले 31 विशाल रथों की यात्रा है। संभव है यह पुरी के बड़दाण्ड (मुख्य मार्ग) पर निकलने वाली रथयात्रा का प्रतीक हो।

लाल टोपी रूसी

सोवियत यूनियन में मेरा तबादला अकस्मात् हुआ। पहले तो संकेत मिल रहे थे कि मेरा स्थानांतरण ब्राजिल या तंजानिया में हो सकता है। उस वक्त कॉमनवेल्थ तथा गुट निरपेक्ष शिखर सम्मेलनों का दिल्ली में होना तय हुआ था। इंदिरा गांधी जी के लिए इन दोनों सम्मेलनों की सफलता अत्यंत महत्वपूर्ण थी। समग्र विश्व में अपनी छवि तथा नेतृत्व को चमकाने का यह स्वर्णिम अवसर था। श्री नटवर सिंह को सेक्रेटरी जनरल नामित किया गया था। विदेश सचिव थे श्री रसगोत्रा। ये दोनों इंदिरा जी के काफी करीबी व विश्वस्त थे। अत: दोनों में आपसी स्पर्धा या प्रतिद्वन्द्विता का होना स्वाभाविक ही था। तब मंत्रालय के सामान्य प्रशासन के एक विशिष्ट अंग की जिम्मेदारी मुझ पर थी। सुझाव आया कि मैं सम्मेलन के संयोजक (को-ऑर्डिनेटर) का पदभार संभालूं। इसलिए मुझे प्रशासन का पद छोड़ना पड़ेगा। अपनी स्पर्धा के कारण एक दफ्तर से दूसरे में फाइलों का आना जाना काफी धीमी गति से चलता रहा। हरेक स्तर पर प्रश्न लगाये गये, शिकायतें हुईं। नटवर सिंह चाहते थे कि मैं जल्द ही सम्मेलन के सचिवालय में कार्यग्रहण करूं। परन्तु विदेश सचिव के दफ्तर में काफी समय तक फाइल पड़ी रहने के बाद किसी न किसी बहाने से बिना निर्णय के लौटा दी जाती। मेरे साथ ही एक और अधिकारी मशहूर लेखक श्री पवन वर्मा को भी सचिवालय में कार्यग्रहण करना था। उनकी तैनाती में भी अड़चन आयी। प्रधानमंत्री के दफ्तर से कुछ सलाह तो आयी पर सब कुछ निष्फल रहा। उस वक्त मुझे तथा श्री वर्मा को इन बातों की जानकारी न थी, हमें काफी दिनों बाद पता चला। फिर भी शिखर सम्मेलनों को सफल बनाने का मुकम्मल बन्दोबस्त कर सारी बाधाओं को दूर किया गया। शिखर सम्मेलन के ठीक पहले एक दिन सामान्य प्रशासन के अतिरिक्त सचिव श्री के.के.एस.राणा

ने बुलाकर मुझसे कहा कि - "तुम्हें इस बार जल्द ही रूस में 'कॉन्सल जनरल के पद पर जाना पड़ेगा। विदेश सचिव चाहते हैं कि शीघ्र तैयारी कर लो।"

1983 में एयर इंडिआ के विमान द्वारा नयी दिल्ली से मॉस्को की यात्रा सुखद रही। विमान से उतरकर हवाई अड्डे के आप्रवासन (इमिग्रेशन) हॉल में प्रवेश किया। वहाँ की खामोशी तथा स्वच्छता से मन में थोड़ी शंका हुई। सोवियत यूनियन के खुफिया अधिकारियों की पैनी नजर, देश विदेश में फैले एजेण्टों की दक्षता, कौशल तथा देशप्रेम के बारे में संचार माध्यमों तथा पुस्तकों से थोड़ी बहुत धारणा बनी थी। पुलिस तथा आप्रवासन अधिकारियों की वर्दी चमकीली व आकर्षक लगी। मेरे साथ पत्नी तृप्ति तथा यूकि (प्रार्थना) और कुनिया (वर्णना) - मेरी दो बेटियां भी थीं। दोनों की उम्र तब पाँच साल से कम थी। आप्रवासन काउंटर पर हमने राजनयिक पासपोर्ट दिये। अधिकारी पासपोर्ट से फोटो तथा हमारे चेहरों की ओर बारबार देखकर जाँच पड़ताल करने लगे। ऐसा लगा कि शायद खास आईनों व कैमरों की मदद से वे हमारी पहचान कर रहे थे। लगभग एक घंटा तक यह कार्यक्रम चला। तत्पश्चात पासपोर्ट की बारीकी से जाँच पड़ताल के बाद अधिकारी ने आपत्ति जतायी कि तृप्ति व कुनिया को सोवियत यूनियन में प्रवेश की अनुमति नहीं मिल सकती। कारण था कि तृप्ति के पासपोर्ट में कुनिया के नाम वर्णना का उल्लेख 'वर्णना' था लेकिन दिल्ली स्थित सोवियत दूतावास द्वारा दिये गये वीजा में इस नाम का उल्लेख नहीं था। वीज़ा सिर्फ एक व्यक्ति के लिए था। वर्णना को सोवियत यूनियन में प्रवेश नहीं दिया जा सकता। एयर इंडिया के उसी विमान से लौटना भी पड़ सकता है। वर्णना की उम्र तीन साल से थोड़ी ज्यादा थी। वज्रपात हुआ। आप्रवासन अधिकारी ने अपना फैसला सुना दिया। हमारी अगवानी को आये भारतीय दूतावास के प्रतिनिधि ने भी इस बारे में मदद करने में असमर्थता व्यक्त की, साथ ही यह गैर-कानूनी भी था। दूतावास के अधिकारी ऐसी किसी अप्रत्याशित स्थिति के लिए तैयार न थे। उन्होंने हवाई अड्डे से दूतावास को फोन पर सारी बातें बतायीं तथा वहाँ से हमें आदेश की प्रतीक्षा करनी पड़ी। तब तक यूकी और कुनिया दोनों भूख से थककर सो चुकी थीं। दूतावास के उच्च स्तरीय अधिकारी तथा राजदूत के दफ्तर ने बतौर युद्धकालीन स्थिति वहाँ के सरकारी अधिकारियों से संपर्क किया तथा अंत में भारत व रूस के बीच आपसी सैहार्द व मित्रता के मद्देनजर आदेश मिला कि भारतीय कॉन्सल जनरल तथा परिवारजनों

को प्रवेश की इजाजत दी जाये। पर आदेश को काउंटर तक पहुंचने में तीन चार घंटों का वक्त लग गया। थके मांदे एवं दुखी हालत में हम दूतावास की गाड़ी से होटल पहुंचे। उन दिनों सोवियत यूनियन में होटलों के आरक्षण तथा रहन सहन की व्यवस्था अलग थी। विदेशियों के रहने की व्यवस्था कुछ खास होटलों व कमरों में ही की जाती थी तथा सुरक्षा के दायरे के अंदर ही उन्हें रहना पड़ता था। जरा सा भी उल्लंघन करने पर भयावह परिणाम होता था। कम्युनिस्ट सोवियत यूनियन से यह मेरी पहली मुलाकात थी।

उस दिन रात्रि भोजन का आयोजन मेरे मित्र धीरेन राय ने की थी। वे आयकर विभाग से डेपुटेशन में आकर रक्षा मंत्रालय में कार्यरत थे और एक राजनयिक के तौर पर मॉस्को दूतावास में पदस्थ थे। कुछेक देशों में भारतीय दूतावासों में सरकार के दूसरे विभागों से भी कुछ अधिकारी पदस्थ किये जाते थे। भारत व रूस के बहुविध संबंधों को ध्यान में रखते हुए रक्षा मंत्रालय के नौसेना, वायु सेना, सरकारी उद्योगों के प्रतिनिधि उन दिनों मॉस्को में पदस्थ किये जाते थे। रात्रि भोज में दूतावास के और राजनयिक भी मौजूद रहे। होटल से धीरेन राय के घर पहुंचने के बाद हमने कुछ घंटों तक बातचीत की तथा बाकी लोगों से परिचय हुआ। धीरेन राय मेरे कॉलेज के जमाने के मित्र थे। मॉस्को में उनसे मिलकर बड़ी खुशी हुई। ज्यादा देर न कर रात 9 के फौरन बाद खाना परोस दिया गया। मैंने आग्रह किया कि कमरे के पर्दों को थोड़ा हटाया जाये ताकि मॉस्को शहर को रात में देखकर आनंदित होने का मौका मिले। वह अपार्टमेंट एक ऊंची महलनुमा बहुमंजिली इमारत का हिस्सा था। अनुरोध पर जब धीरेन राय की पत्नी माया ने ड्राइंग रूम के पर्दों को एक कोने में सरकाया तो सूर्य की तेज किरणों से मेरी आँखें चुंधियां उठीं। कडी धूप भरी दोपहर के वक्त मानो डिनर परोसा जा रहा हो। डिनर को लंच के माहौल में खाना पड़ेगा यह मेरी कल्पना से परे था। मॉस्को की भौगोलिक स्थिति समझने में कुछ समय लगा। अलग अंक्षांश व देशांतर। मॉस्को में ग्रीष्मकालीन रात्रि भोज की यह एक छोटी सी अनुभूति थी मेरे लिए।

परम्परा के अनुरूप राजदूत व अन्य वरिष्ठ राजनयिकों से चर्चा, विचार विमर्श के लिए मुझे कुछ दिन मॉस्को में रुकना पड़ा। राजदूत, उपाध्यक्ष माधवन व रॉनेन सेन, चन्द्रनाथ बनर्जी से सोवियत यूनियन की तत्कालीन स्थिति, खास तौर पर राजनैतिक, वित्तीय, भारत-रूस संबंध तथा द्विपक्षीय वाणिज्य के बारे में बातचीत से

बहुत सी बातों की जानकारी मिली जिन्हें भारत में रहकर जान पाना संभव न था। माधवन मुझे पहले से जानते थे। मेरी कार्यक्षमता पर उन्हें विश्वास था। राजदूत ने रूसी भाषा सीखने की हिदायत दी। रॉनेन सेन, बाद में चलकर रूस, जर्मनी, इंग्लैण्ड तथा अमेरिका में भारत के राजदूत बने, उन्होंने मुझे बताया कि सोवियत यूनियन आकार व क्षेत्रफल की दृष्टि से विशाल और व्यापक होने के कारण तथा संघीय ढांचे से संचालित होने से दूर दराज वाले इलाकों की कोई खबर लगभग नहीं मिलती थी। जो भी खबरें मिलतीं वो सिर्फ सरकार द्वारा नियंत्रित समाचार संस्थाओं, अखबारों तथा टेलीविजन के माध्यम से ही मिल पातीं। अत: उनकी हिदायत थी कि जब कभी मौका मिले सोवियत संघ के अनजाने, अख्यात दूर दराज वाले क्षेत्रों में जाकर वास्तविक स्थिति का आकलन करूं तथा रिपोर्ट भेजूं। भारत-सोवियत के बीच द्विपक्षीय व्यापार, आयात निर्यात जहाजों के द्वारा कृष्ण सागर स्थित बन्दरगाहों के माध्यम से होता था। कृष्ण सागर स्थित ओड़ेशा, इलिचवस्क, नोवरस्कि, सोचि आदि बंदरगाहों पर साल भर भारतीय जहाज पण्य सामग्री लेकर पहुंचते थे। जहाजों तथा उनमें कार्यरत कर्मचारियों के कार्यों को सुगम बनाना और उनकी देखभाल करना कॉनसुलेट का प्रमुख दायित्व था। रॉनेन सेन से मेरा परिचय मेरी नौकरी की शुरुआत से था। वे धीर, नम्र प्रवृत्ति के स्वल्पभाषी व्यक्ति थे पर किसी भी विषय पर गहरा अध्ययन करना उन्हें सदैव पसंद था। कुछ दिनों तक विचार विमर्श के बाद मुझे ओड़ेशा जाने का आदेश प्राप्त हुआ।

मॉस्को से ओड़ेशा की दूरी ठीक याद नहीं, फिर भी दो हजार कि.मी. तो होगी। सोवियत यूनियन के सरकारी विमान एयरोफ्लोट से यात्रा सुखद नहीं होती। जहाज की देखभाल, अन्य देशों की तुलना में निम्न स्तर की थी। विमान के सेवादल में अधिकतर परिचारिकाएं ज्यादा ही सेहतमंद, उम्रवाली होती थीं जो यात्रियों की सेवा में तत्पर न रहकर बहुत ही अनिच्छुक व उदासीन सी रहती थी। चूँकि मेरा ओहदा कॉनसल जनरल का था सो सोवियत संघ वारंट ऑफ प्रिसिडेन्स (अन्तर्राष्ट्रीय शिष्टाचार के नियमानुसार अत्यंत सम्मानसूचक पद) तथा प्रोटोकोल के तहत एयरपोर्ट तथा विमान के समस्त कर्मचारी गण मेरी यात्रा को सुखद बनाने का समस्त प्रयत्न करते रहे। कुछ घंटों की यात्रा के बाद विमान ओड़ेशा एयरपोर्ट पर उतरा। अचानक यात्रियों की तालियों की आवाज सुनाई पड़ी। विमान के सुरक्षित अवतरण पर सारे यात्री (पुरुष व महिलायें) प्रफुल्लित होकर तालियों की गड़गड़ाहट कर रहे थे मानो

विमान का सुरक्षित पहुंचना एक अपवाद हो। तुरंत एयर होस्टेस ने सभी यात्रियों को अपनी सीट पर अगली उद्घोषणा तक बैठे रहने के निर्देश दिये। कुछ ही समय बाद विमान के कप्तान व एक परिचारिका ने मेरे पास आकर मुझसे उतरने का आग्रह किया तथा रूसी भाषा में वह औरों से कुछ कहने लगी। यूकि व कुनिया अब तक गहरी नींद में सो रही थीं। उन्हें जगाया, दोनों बड़ी नाराजगी से आँखें मलते हुए खड़ी हो गयीं। आँखों में नींद, पर कोई उपाय ही न था। दोनों के हाथों में दो जीवंत से स्टफ्ड खिलौने - सिंह व कुत्ता। दोनों को पहले विमान के द्वार तक पहुंचाया गया। पीछे पीछे तृप्ति और मैं चल पड़े। द्वार तक पहुंचने से पहले ही मैंने कनखियों से देखा तो विमान से उतरने वाली सीढ़ियों के नीचे एक काली लम्बी कार खड़ी थी। कुछ महिलाओं समेत सात आठ सज्जन पुष्पगुच्छ लिये खड़े थे। यूकि, कुनिया के जीवंत से खिलौनों को लेकर उतरने का दृश्य बड़ा ही हृदयस्पर्शी व कल्पनातीत था। भारतीय कॉनसल जनरल के स्वागत को आये सरकारी प्रतिनिधियों के चेहरों पर संदेह तथा प्रश्न के भाव झलक रहे थे। पत्नी के साथ मेरे उतरते ही उनमें खुशी की लहर दौड़ गयी। संदेह के बादल छट गये। समझने में देर न लगी कि यूकि व कुनिया दोनों हमारे परिवार की ही थीं। हाथ मिलाने को सर्वप्रथम आये सरकारी राजनयिक एजेंट सोवियत सरकार के विदेश मंत्रालय के प्रतिनिधि सेवचेंको। विदेशी राजनयिकों की सहुलियत के लिए उन्हें ओडेशा में तैनात किया गया था। उनके बाद उस इलाके के सर्वोच्च सरकारी अधिकारी ने हमारा स्वागत किया। फिर हमारे दफ्तर की दुभाषिया लुडमिला से मुलाकात हुई। थोड़ी प्रारंभिक बातचीत के वाद हम कार में बैठे। ड्राइवर सासा ने हमारा स्वागत किया। विमान पट्टी से कार शहर की ओर चल पड़ी। रास्ते के किनारे हरे भरे पेड़ों के झुरमुट से ऑफिस व आपार्टमेंट की ऊंची इमारतें दिख रही थीं। कार चलती जा रही थी 31, किरोवा स्ट्रीट भारतीय कॉनसुलेट जनरल की ओर।

पहले दिन रात्रि भोजन मेरे सहकर्मी श्री अरोड़ा के घर पर हुआ जहाँ श्रीमती अरोड़ा व उनकी बेटी भी मौजूद रहीं। भोजन के दौरान श्री अरोड़ा शहर और हाल में घटित घटनाओं के बारे में बताते गये। साथ ही बताया कि पहले के भाषा अनुवादक को सरकारी दबाव में आकर नौकरी छोड़नी पड़ी और वर्तमान दुभाषिये की नियुक्ति हाल ही में हुई है। उनकी बातों से लगा कि हमारे दफ्तर में कोई विशेष कार्य नहीं है। एक कम्युनिस्ट राष्ट्र में राजयिकों के कार्यों का दायरा संकुचित ही रहता है। राजनयिकों की स्वतंत्रता पर अंकुश लगा रहता है। अमूमन

उनकी गतिविधियों पर निगरानी लगी रहती तथा स्थानीय लोगों से मिलने जुलने में भी तरह तरह की पाबंदियां होतीं। फिर भी अगले दिन मैंने तय किया कि ओडेशा में तैनात वरिष्ठतम राजनयिक अर्थात 'डीन ऑफ द डिप्लोमैटिक कोर' से मुलाकात कर उनकी सलाह से कार्यक्रम तय करूंगा। दस मिनटों में ही बुलगेरिया के कॉनसल जनरल ने ग्यारह बजे सुबह उनसे मिलने का वक्त दिया।

बुलगेरिया के कॉनसल जनरल ने दफ्तर के द्वार पर मेरा स्वागत किया तथा अंदर तक मेरी अगवानी की। शुरुआत में मैंने बुलगेरिया की आम जनता के प्रति अपनी तथा अपने देश की शुभकामनाएँ व्यक्त कीं। मैंने गंभीरता से कहा कि डिप्लोमैटिक कोर के प्रमुख होने के नाते उनकी सलाह मेरे लिए काफी लाभदायक रहेगी। खास तौर पर पड़ोसी राष्ट्र के प्रतिनिधि तथा सोवियत संघ में राजनयिक के नाते मुझे सफलता पाने के रास्ते में उनके अनुभवों तथा विचार विमर्श से लाभ पहुंचेगा। मेरी बातों से वे प्रसन्न हुए। उनकी बातों से यह पता चला कि वे बुलगेरिया कम्युनिस्ट पार्टी के उच्च पद पर आसीन थे। पर पार्टी में अन्दरूनी कलह के फलस्वरूप कुछ उच्चाकांक्षी नेताओं ने उन्हें रास्ते से दूर रखने की साजिश के तहत राजनयिक पद पर बाहर भेज दिया और उनके नेतृत्व लेने की संभावनाओं को मिट्टी में मिला दिया। चूँकि वे खुद को बुलगेरिया राजनीति के करीब रखना चाहते थे, सोवियत संघ में राजनयिक पद पर तैनात रहना उन्हें मुनासिब लगा। उन्होंने आश्वासन दिया कि यदि मुझे कभी उनकी मदद की जरूरत पड़ी तो मैं उनसे संपर्क कर सकता हूं।

तभी उनके दफ्तर की एक महिला ने कुछ पेय लाकर गिलास में हमारे सामने की मेज पर रखा। डीन ने गिलास उठाकर मुझे दिया और खुद भी पीने लगे। फिर अत्यंत उत्साह से बुलगेरिया का जयगान करने लगे। कुछ समय वाद फिर से वह महिला आकर और शराब गिलास में डालने लगी। फिर जयगान की बारी आयी भारत-सोवियत संघ तथा बुलगेरिया की मित्रता की। यह मेरे लिए एक नया अनुभव था। पर बाद में मुझे पता चला कि पूर्वी यूरोप तथा कम्युनिस्ट राष्ट्रों की यही रीति है। थोड़ा समय हमने ओडेशा के बारे में बातचीत में बिताया। उनसे विदा होकर मैं अपने दफ्तर के लिए निकल पड़ा।

लौटने के दस मिनटों के अंदर डिप्लोमैटिक एजेंट से लुडमिला के पास कुछ बातचीत के लिए एक जरूरी टेलीफोन आया। मुझसे अनुमति लेकर तुरंत डिप्लोमैटिक दफ्तर के लिए वह रवाना हो गयी। जाते जाते उसके चेहरे पर मैंने आशंका व

अनिश्चितता के भाव देखे। लगभग दो घंटे बाद लौटकर वह अपने काम में लग गयी। पर मैंने गौर किया कि वह किसी मानसिक दबाव में है तथा जरा अन्यमनस्क भी दिखी। बहुत कोशिश की कि मैं जान सकूं कि किस बात के लिए उन्हें डिप्लोमैटिक दफ्तर बुलाया गया और वहाँ क्या बातचीत हुई। लुडमिला कुछ भी कहने से बचती रही, बहाना कर टालती जा रही थी। अंततः दो दिनों के बाद मुझे पता चला कि लुडमिला को बुलाकर डिप्लोमैटिक एजेंट ने काफी नाराजगी जताई व डांट लगाई थी क्यों कि उनसे न बताकर उसने मेरी और बुलगेरिया के कॉनसल जनरल की मुलाकात तय करायी थी। मुझे आश्चर्य हुआ, मैंने सोचा कि बुलगेरिया के कॉनसल जनरल को मैं इसकी जानकारी दूं क्योंकि अंतराष्ट्रीय प्राटोकोल के तहत राजनयिकों की स्वतंत्रता पर इस तरह की कोई पाबंदी कतई स्वीकार्य नहीं है। पर लुडमिला ने एक और बात भी बतायी कि मेरी नियुक्ति के लिए सोवियत संघ से हुए अनुबंध या कमीशन ऑफ अपॉयण्टमेंट अभी तक सोवियत संघ सरकार के पास नहीं पहुंचा है। आम तौर पर इस अनुबंध पर भारत के विदेश मंत्री अपना हस्ताक्षर कर दूसरे देश के विदेश मंत्री को भेज देते हैं। दोनों विदेश मंत्रियों के हस्ताक्षर होने के बाद कॉनसल जनरल में नियुक्ति की प्रक्रिया संपन्न होती है और फिर जाकर वे काम शुरू कर सकते हैं। दुर्भाग्यवश तब तक यह नहीं हो पाया था। फौरन मैंने मॉस्को में भारतीय दूतावास को इसकी इत्तला दी। मुझे बताया गया कि अनुबंध तो काफी पहले ही विदेश मंत्रालय से दूतावास को भिजवा दिया गया है। लेकिन दूतावास की ओर से इस पर आगे कोई करवाई नहीं की गई है। तुरंत मैंने फोन पर रॉनेन सेन से इस बारे में बातचीत की। उन्होंने भी बताया कि जहाँ तक उन्हें याद है ऐसा कोइॅ दस्तावेज आया तो था और आश्वासन दिया कि वे तुरंत कारवाई सुनिश्चित करायेंगे। एक हफ्ते के बाद डिप्लोमैटिक एजेंट के दफ्तर से खबर आयी कि इस बीच कमीशन ऑफ अपॉयंटमेण्ट उन्हें मिल चुका है और अब अपने कार्यों में मुझे कोई दिक्कत न होगी।

मैंने तय किया कि पहले ओडेशा नगर के मेयर व सोवियत सरकार के सर्वोच्च प्रतिनिधियों से मिलकर उनसे सहयोग मांगूगा। तब तक मुझे पता न था कि ऐसी मुलाकातें सिर्फ डिप्लोमैटिक एजेंट के दफ्तर के माध्यम से ही हो सकती हैं। यहाँ तक कि मेरे दुभााषिये तथा किसी और रूसी कर्मचारी की कॉनसुलेट में नियुक्ति भी सिर्फ सोवियत सरकार के माध्यम से ही हो सकती है। दूसरे शब्दों में कहें तो किसी भी स्थानीय नियुक्ति के लिए दूतावास या राजनयिक अधिकृत ही नहीं। मुझे

बड़ा अचरज हुआ। पर कम्युनिस्ट व्यवस्था में यही सत्य है जिसे हर किसी को मानना पड़ेगा। मेयर के अलावा मैंने और लोगों से मुलाकात की जिसमें ब्लैक सी शिपिंग कंपनी के अधिकारी भी शामिल रहे। यह बहुत बड़ी शिपिंग कंपनी थी जिसका भारत के शिपिंग कॉर्पोरेशन ऑफ इंडिया से समझौता था तथा भारत व रूस के बीच द्विपक्षीय वाणिज्य तथा जहाजों के माध्यम से परिवहन इन्हीं दो कंपनियों के द्वारा ही अमूमन संचालित होते थे। शिपिंग कॉर्पोरेशन ऑफ इंडिया के साथ भारत की सिंधिया स्टीम शिप तथा कलकत्ते की इंडिया स्टीम शिपिंग कंपनी भी इस समझौते में भागीदार थीं। उन दिनों भारतीय जहाजों को कई कई दिनों तक ओडेशा व कृष्ण सागर के अन्य बंदरगाहों पर खड़े रहना पड़ता था। सामग्री आदि के निष्कासन के लिए बंदरगाहों पर लंगर डालकर रुकने में भारतीय जहाज कंपनियों को काफी आर्थिक क्षति का सामना करना पड़ता था। यद्यपि सोवियत संघ व भारत के बीच करार के तहत भारतीय जहाजों को प्राथमिकता देने का प्रावधान था पर इसका पालन न के बराबर होता था। मेरा पहला काम था कि ब्लैक सी शिपिंग कंपनी के अधिकारियों को समझा बुझाकर, उन पर दवाव डालकर करार की सारी शर्त्तों व धाराओं को लागू करवाऊँ ताकि पूर्व निर्धारित बर्थ भारतीय जहाजों के लिए आरक्षित हो सके। वे राजी हुए तथा मेरे वहाँ पर रहने के दौरान कमोवेश ऐसा ही किया गया, हाँलाकि जब कभी ज्यादा जहाज एक साथ पहुँच जाते तो इस व्यवस्था में थोड़ा बहुत हेरफेर हो जाता। उन दिनों भारत-सोवियत के बीच का व्यापार एक तरह से बार्टर अर्थात सामग्री विनिमय के आधार पर होता था। मतलब, भारत से निर्यात तथा रूस से आयात 'द्रव्यों' पर आधारित थे। इनमें विदेशी मुद्रा की कोई खास भूमिका नहीं थी। सारा कारोबार दस्तावेजों व रुबल के माध्यम से होता था। भारत से अधिकतर उपभोक्ता सामग्रियों जैसे - सिगरेट, चावल से लेकर अन्य सारी चीजें रूस भेजी जाती थीं जबकि बदले में सोवियत संघ से अधिकतर सैन्य साजो सामान तथा भारत में न बननेवाली विरल चीजों का आयात भारत में होता था। इससे दोनों देशों की मांगों की पूर्ति होती थी।

वास्तव में स्वतंत्रता के बाद भारत के प्रति रूस के योगदान व सहायता का सही मूल्यांकन नहीं हो पाया है। भारत के औद्योगीकरण, आधुनिक भारत के गठन में रूस का यह योगदान न होता या सामरिक मामलों में भी यदि रूस ने आगे बढ़कर सहायता न की होती तो भारत की प्रगति का स्वरूप क्या होता वर्तमान उसकी कल्पना तक कर पाना संभव नहीं। भारत-सोवियत के बीच 1971 के मैत्री करार के

फलस्वरूप ही हमें बांलादेश युद्ध में विजयश्री प्राप्त हो पायी थी। दूसरे पूंजीवादी देशों के दबाव से खुद को मुक्त रखने के लिए रूस हमेशा ही सहायता का हाथ बढ़ाने में अग्रणी रहा है। तब पूर्व-पश्चिम, पूंजीवाद तथा कम्युनिस्टवाद के अंतर्राष्ट्रीय संघर्षों में भारत एक अहम् भूमिका निभा रहा था तथा भारत ने गुट निरपेक्ष विदेश नीति अपनायी थी, तो इन मुद्दों का भी काफी लाभ भारत को मिला। सोवियत संघ में उन दिनों भारतीय नेताओं तथा फिल्म अभिनेताओं की अपार लोकप्रियता का अंदाजा सिर्फ वहाँ रहने वाले भारतीय ही लगा सकते थे।

ओडेशा में कुछ भारतीय छात्र पढ़ रहे थे। उनमें से गीता चौधरी के नाम से कटक की एक छात्रा भी थी। मेरे बारे में खबर मिलने के एक हफ्ते के बाद आकर मुझसे दफ्तर में मिली। उन्हें देखकर तथा ओड़िया भाषा सुनकर मुझे बड़ी खुशी हुई। वह एक मेधावी छात्रा थी और ओडेशा के छात्रों में उसकी अच्छी पहचान थी। अध्यापकों, छात्र, छात्राओं तथा विश्वविद्यालय से संबधित कर्मचारियों के बीच उनकी बड़ी अच्छी साख थी। किसी की भी मदद के लिए वह हमेशा तत्पर रहती थी। उससे हमें वहाँ के भारतीय छात्रों की जानकारी मिली। अधिकतर भारतीय छात्र ओडेशा में डॉक्टरी और इंजीनियरिंग की पढ़ाई कर रहे थे। ओडेशा के कई शिक्षा संस्थानों ने गुणवत्तापूर्ण शिक्षा प्रदान करने में प्रसिद्धि पायी थी। परन्तु भारतीय छात्रों ने यहाँ पर आम तौर पर कम्युनिस्ट पार्टी या किसी प्रतिष्ठित व्यक्ति की सिफारिश पर दाखिला लिया था। इसलिए यह कहना मुश्किल था कि यहाँ पढ़ने वाले सारे छात्र मेधावी ही रहे होंगे। भारत-सोवियत मैत्री के मद्देनजर सोवियत सरकार नियमों में कुछ ढील देकर दाखिला देती थी। भारतीय सामाजिक प्रथा के मुताबिक वहाँ भी छात्र दो गुटों में बंटे थे। उनसे कॉनसुलेट जनरल का संपर्क भी सीमित ही होता था। सिर्फ स्वतंत्रता दिवस, गणतंण दिवस या ऐसे सांस्कृतिक आयोजनों के समय ही छात्र आकर मिलते थे। पर गीता चौधरी तथा कुछ और छात्र लगातार कॉनसुलेट के संपर्क में रहते थे और बीच बीच में जरूरत पड़ने पर आकर मदद भी करते थे।

हमारे दफ्तर में प्रायः प्रतिदिन भारतीय जहाजों के कप्तान आकर दस्तावेजों का पंजीयन कराते थे। यह नियमानुसार जरूरी भी था। साथ ही अन्तर्राष्ट्रीय स्तर पर भी कप्तानों का आकर कॉनसुलेट जनरल से मिलने की परम्परा प्रचलित थी। अतः रोजाना कई कप्तान आकर मुझसे मिलते थे तथा मुझे अपनी समस्याओं के बारे में अवगत कराते थे ताकि मैं सोवियत सरकारी अधिकारियों से इन मामलों पर चर्चा कर

सकूं। ये सारे कप्तान हमेशा ही लंच या डिनर के लिए हमें निमंत्रित करते। अकेलेपन से थोड़े समय के लिए तनाव मुक्त होने के लिए हमलोग निमंत्रण पर जाते भी थे। सामान्यत: जब भी कॉनसल जनरल पार्टी के लिए जाते तो प्रोटोकोल के अनुसार जहाज के प्रवेश पथ पर उनका एक अधिकारी आकर स्वागत करता। सीढ़ी चढ़कर जहाज में कदम रखते ही जहाज के कप्तान तथा अन्य अधिकारी अभिवादन कर अगवानी करते। इस दौरान सभी वर्दी में ही रहते। यह किसी परेड में सलामी लेने जैसा होता था। फिर कप्तान के कक्ष में जाकर अमूमन कुछ पेय के साथ थोड़ी बातचीत के बाद लंच या डिनर के लिए डाइनिंग हॉल में पहुंचने का वे आग्रह करते। लगभग हमेशा वे कॉनसुलेट में उपयोग के लिए भारतीय चावल, दाल, मसाले जैसे आवश्यक सामानों को भेंट में देने का आग्रह करते। उन दिनों सोवियत संघ में जरूरत की भारतीय सामग्रियों का मिलना दुर्लभ था। उनसे इस तरह की पेशकश के कारण हमें भारतीय भोजन में कोई दिक्कत न थी। मैं वास्तव में सोच ही नहीं पा रहा हूँ कि उनकी इस मदद के बिना हमें किस तरह की मुश्किलों का वहाँ सामना करना पड़ता। दो वाक्यों का जिक्र खास तौर पर करना चाहूंगा - भारतीय-सोवियत करार की पचीसवीं वषपूर्ति के उपलक्ष्य में एक बड़े उत्सव का आयोजन हुआ था जिसमें उस अंचल के गणमान्य व्यक्तियों को निमंत्रित किया गया था। उन सभी ने उत्सव की कामयाबी, इस करार की तथा भारत-सोवियत व्यापार में कॉनसुलेट जनरल के योगदान की सराहना की। कृष्ण सागर में उस समय मौजूद समस्त जहाजों ने उत्सव में भाग लिया था।

भारतीय कॉनसुलेट जनरल के कार्य का दायरा कृष्ण सागर के एक छोर से लेकर तुर्की की सीमा तक व्याप्त था। ओडेशा, इलिचवस्क, नोवोरस्कि, बातुमी, सुखुमी व सोचि इनके प्रमुख बंदरगाह थे। लेकिन 80 प्रतिशत के आसपास जहाज ओडेशा व इलिचवस्क में आकर लगते थे। इन दोनों बंदरगाहों की बीच की दूरी 20 कि.मी. थी। इसलिए आने जाने में कोई दिक्कत न थी। इन जहाजों के कप्तानों के माध्यम से भारत में चल रही राजनैतिक, आर्थिक, सामाजिक तथा सांस्कृतिक गतिविधियों की खबर मिलती रहती थी। डिप्लोमैटिक बैग के माध्यम से आनेवाले अखबारों, पत्रिकाओं के पहुंचने में काफी विलंब होता था। कम से कम सात से दस दिनों का समय लगता। इस कारण से हमें बासी खबरें ही मिलती थीं। मॉस्को से डिप्लोमैटिक बैग हफ्ते में एक दिन ही आता। थोड़ी बहुत ताजा खबर कभी कभी टेलीप्रिंटर के

माध्यम से मिलती। जहाज के कर्मचारियों की बीच इन मुलाकातों से मौजमस्ती के साथ साथ विचार विमर्श का माहौल भी बना रहता। बंदरगाह पर जहाजों को प्राय: दस पन्द्रह दिन तक रुकना पड़ता पर कम्युनिस्ट शासन में स्थानीय लोगों से मिलने जुलने पर पाबंदी थी। यहाँ तक कि ब्लैक सी शिपिंग कंपनी के एक निर्धारित अधिकारी के साथ कॉनसुलेट जनरल का एक कर्मचारी ही संपर्क में रहता जिनके माध्यम से ही सारी बातचीत होती थी। उनका नाम मिस्टर माटिनेंको था जो 30 साल से कम आयु के सौम्य युवक थे। अंग्रेजी भाषा पर उनकी अच्छी पकड़ थी। कुछ महीनों में ही वे मेरे काफी करीबी बन गये थे। उनसे ओडेशा शहर, ब्लैक सी शिपिंग कंपनी की बहुत सी बातों की जानकारी अप्रत्यक्ष रूप से मिल जाती थी।

मेरे वहाँ प्रवास के आखिरी साल के दौरान ब्लैक सी शिपिंग कंपनी ने एक भव्य विलासपूर्ण जहाज में कृष्ण सागर में सात दिनों की समुद्री यात्रा के लिए आमंत्रित किया। किसी विदेशी कंपनी/संस्था की मेजबानी की स्वीकृति के लिए भारत सरकार के अनुमोदन की आवश्यकता होती थी। जहाज का नाम 'बेलारूस' था। यह विशाल होने के साथ ही हर तरह से सुसज्जित था। यह जहाज समान्यत: गर्मियों में कृष्ण सागर के विभिन्न बंदरगाहों से होते हुए यात्रियों को लेता जाता था। इसके अधिकांश यात्री पूर्वी यूरोप के रुमानिया, पोलेण्ड, पूर्वी जर्मनी (तत्कालीन), चेकोस्लोवाकिया जैसे राष्ट्रों के नागरिक होते थे। चूँकि कम्युनिस्ट व्यवस्था के अंतर्गत नागरिकों के विदेश भ्रमण में बहुत सी पाबंदियां थीं, अत: गर्मियों में ये लोग कृष्ण सागर में सैर सपाटे के लिए काफी उत्सुक रहते। ऐसी समुद्री यात्राओं में पर्यटन के लिए बहुत पहले से ही स्थान आरक्षित करवाने की जरूरत पड़ती थी। 'बेलारूस' जहाज में हमारे पहुंचते ही ब्लैक सी कंपनी के प्रतिनिधि ने हमारी अगवानी की तथा हमें एक कैबिन में ले गये जो जहाज के एक कोने में था और समुद्र के सौन्दर्य का आनंद लेने के लिए उस कैबिन के साथ एक खास डेक था। कमरे के अंदर फल, पेय तथा खाद्य सामग्रियाँ रखी गयी थीं। जहाज कंपनी के अधिकारी ने हमें बताया कि रात्रि भोज व मनोरंजन के लिए जहाज के बीचोबीच खास व्यवस्था है। वह विलासितापूर्ण जहाज अमूमन शाम के वक्त एक बंदरगाह से चलकर रात भर की यात्रा कर अगले दिन सुबह एक और बंदरगाह में पहुंचता। पूरा दिन यात्री उस शहर में घूमने फिरने के बाद शाम को फिर अगले स्थान की यात्रा पर जहाज निकल जाता। पहली रात को जब हम रात्रि भोज के लिए केन्द्रीय हॉल में पहुंचे तब तक

जहाज के सारे यात्री, (अधिकांश युवक-युवतियां) एकत्रित हो चुके थे। सभी हर्षोल्लास में डूबे थे। सभी ने बैंड बाजे की लय पर नाचना शुरू किया, घोषणा हुई कि प्रत्येक रात भोजन के उपरांत उस रात को उपस्थित स्त्री-पुरुषों में से श्रेष्ठ स्त्री और पुरुष को चुना जायेगा और उन्हें पुरस्कृत किया जायेगा। भोजन का दौर देर रात तक चलता, जिसके बाद सारे लोग अपने कक्षों में लौटते। रात्रि भोज में सबको अपनी वेशभूषा में आने का मौका मिलता।

सोवियत संघीय ढांचे के अंतर्गत यूक्रेन तथा बेलारूस जैसे कुछ प्रांतों को थोड़ी सी स्वायत्तता मिली हुई थी। कम से कम कागज कलम पर इन प्रांतों को अपनी स्वतंत्र विदेश नीति बनाने का अधिकार प्राप्त था। पर वास्तव में विदेश नीतियों का नियंत्रण मॉस्को से ही होता था। मैंने वहाँ के विदेश मंत्रालय के उच्च अधिकारियों से मिलने की इच्छा जताई। इसके लिए मैं निर्धारित कार्यक्रम के तहत राजधानी किएव पहुंचा। वहाँ के सर्वोत्तम होटल 'कीव' में हमारे रहने का प्रबंध किया गया जहाँ हमारी मुलाकात यूक्रेन के उपमंत्री उद्वेंको से होना तय था। कुछ समय तक वे राष्ट्रसंघ में यूक्रेन के प्रतिनिधि रह चुके थे। सौम्य चेहरा था और निश्छल आँखों में उत्सुकता की छाप थी। उनके साथ विदेश मंत्रालय के दो अधिकारी तथा एक दुभाषिया मौजूद थे। प्राथमिक सद्भावपूर्ण वार्तालाप के वाद सोवियत-भारत मैत्री पर लम्बी चर्चा हुई। नेहरू, इंदिरा गांधी के अतिरिक्त राज कपूर की वहाँ पर प्रबल लोकप्रियता का भी आभास मुझे उनकी बातों से मिला। उन्होंने कृष्ण सागर में भारतीय जहाजों को हो रही असुविधाओं के बारे में मेरी राय शांति से सुनी तथा आश्वासन दिया कि वे इस विषय में संबधित अधिकारियों से चर्चा कर समुचित कदम उठाने का आग्रह करेंगे। चर्चा के बीच एक महिला ने आकर हमारे सामने रखे गिलासों में कुछ मदिरा भर दी। मैंने बिना रुके बहुत कुछ कहा था सो बीच बीच में गिलास हाथों में लेकर चुस्की लेने लगा। परन्तु वहाँ पर उपस्थित किसी ने भी गिलास को हाथ न लगाया। फिर एक बार मैंने सूखे गले को तर करने के लिए गिलास उठाया, तब भी किसी ने गिलास नहीं उठाया। खटका लगा, कहीं कुछ गलती तो नहीं हुई! मेरे खाली गिलास को उस महिला अधिकारी ने फिर भर दिया। चर्चा के अंत में पारम्परिक रीति से सोवियत-भारत मैत्री का जयगान दोनों पक्षों ने किया। अब जाकर सब ने गिलास उठाकर खाली कर डाला। फिर जयगान हुआ यूक्रेन-भारत की मैत्री व सहयोग का। एकबार फिर गिलास खाली हुए। तत्पश्चात भारत-सोवियत नागरिकों के सम्मान में एक दौर समर्पित किया

गया। इस तरह तीन बार वोदका टोस्ट करने के बाद उद्वेंको व उनके साथियों के चेहरों पर आनंद, तृप्ति व हर्ष के भाव दिखे।

इस प्रथा से मुझे अचंभा हुआ तथा थोड़ी शर्मिंदगी भी हुई क्योंकि मैने पहले दो बार वोदका पीने में अशिष्टता दिखायी थी। विदा करने के लिए उद्वेंको तथा उनके सहयोगी मुख्य द्वार तक आये। शहर घूमने व रात्रि भोज के बाद पूर्व निर्धारित कार्यक्रम के अनुसार अगली सुबह लौटने के लिए ड्राइवर से मैंने बात करनी चाही। पता चला, उसकी तबियत थोड़ी बिगड़ गयी है और वह आराम कर रहा है। अगले दिन हमें कार से ओडेशा लौटना था। अगले दिन तैयार होकर गाड़ी तक आकर देखा तो एक नये ड्राइवर ने हमारा अभिवादन किया। लुडमिला ने पहचान करायी -"यह 'सासा' है जो हमें गाड़ी से ओडेशा ले जायेगा।" पुराने ड्राइवर की खराब तबियत की वजह से उसके बदले हमारी वापसी का जिम्मा सासा को दिया गया है। अगले दिन नया ड्राइवर दफ्तर में भी काम पर आ गया। एक हफ्ते के बाद पहले वाले ड्राइवर के बारे में पूछताछ की तथा चाहा कि वह फिर से आ जाये, क्योंकि हम उनके काम से बहुत खुश थे। लुडमिला ने बड़े संकोच से कहा कि पुराना ड्राइवर अब नहीं आयेगा, उसके बदले नये वाले की तैनाती हुई है। वास्तविक कारण बताने में उसने असमर्थता जाहिर की। मैंने डिप्लोमैटिक एजेंट से कारण जानना चाहा तो उन्होंने मुझसे पूछा कि "क्या आप नये ड्राइवर से खुश नहीं हैं?" इसका उत्तर देना मुश्किल था। क्योंकि यह भी काम में काफी होशियार व तेज था, गली मोहल्लों से परिचित था। बाजार से सामान, सौदा लाने में भी कुशल था। काफी दिनों बाद मुझे पता चला कि दरअसल नया ड्राइवर किसी रसूखदार कम्युनिस्ट नेता का काफी करीबी था। चूँकि कॉनसुलेट जनरल दफ्तर का काम काफी आरामदेह और हल्का था साथ ही तनख्वाह भी अधिक थी, अत: किसी बहाने से दबाव डलवाकर उसने यह काम हथिया लिया। इस तरह के गलत कार्य से हमें चोट तो पहुंची पर हमारे सामने कोई विकल्प न था क्योंकि सारी नियुक्तियाँ स्थानीय सरकार के जिम्मे थीं। हाँलाकि अगले तीन सालों के दौरान नये ड्राइवर ने अपनी पूरी काबिलियत से हमारी सेवा की। पर पारिवारिक कलह उसकी एक समस्या थी। पति पत्नी को एक दूसरे पर विश्वास न था। अवैध प्रेम संबंधों के कारण से एक दूसरे पर शक करते थे। नया ड्राइवर सुन्दर, निपुण होने के साथ ही उसकी आँखें बाज पक्षी की तरह पैनी और तेज थीं।

मेरे ओडेशा पहुंचने से कुछ माह पूर्व मेरे पहले वाले कॉनसल जनरल सोवियत

संघ में अपना कार्यकाल समाप्त कर भारत लौट चुके थे। अंतराष्ट्रीय प्रोटोकोल के तहत सामान्य रूप से नवागत और विदायी राजदूत या कॉनसल जनरल एक साथ नहीं रुकते थे। कॉनसल जनरल का दफ्तर व निवास दोनों एक ही साथ 31, किरोवा स्ट्रीट में थे। इस बीच पुराने कॉनसल जनरल के चले जाने के फलस्वरूप निवास से सटा बगीचा उजड़ी हुई हालत में था। तृप्ति व मैं उस बगीचे को फिर से सुन्दर व जीवंत बनाने में जुट गये। शुभस्य शीघ्रम्। दफ्तर का माली अनातोली बगीचा संवारने में लग गया। पर एक व्यक्ति के द्वारा इस काम को अंजाम देना संभव न था। स्थानीय कर्मचारियों, खासकर लुडमिला के आग्रह पर भारत-सोवियत मैत्री संघ की शाखा के युवा सदस्यों द्वारा बगीचे का सुधार करना तय हुआ। लुडमिला ने कहा कि उच्च शिक्षा संस्थानों में गर्मी की छुटियों के दौरान छात्रों को ऐसे कामों में लगाना चाहिए ताकि उनमें देशप्रेम तथा परिश्रम के महत्व का मूल्यवोध जागृत हो सके। तय हुआ कि मैत्री संघ के अध्यक्ष (जो एक उच्च शिक्षा संस्थान के प्रमुख थे) से बातचीत कर इस बारे में कदम उठाये जायेगें। मैत्री संघ के अध्यक्ष ने न सिर्फ इस प्रस्ताव का स्वागत किया वरन् तुरंत तारीख व समय तय कर कहा कि इस काम में तीस से चालीस छात्र योगदान के लिये पहुंच जायेंगे। हमने उस दिन सभी को चाय पर निमंत्रित किया। छात्रों में काफी हर्षोल्लास फैल गया क्योंकि सोवियत ढाँचे के अंतर्गत विदेशी नागरिक या दूतावास आदि के संपर्क में आना बड़ा कठिन होता था। निर्धारित दिन सुबह आठ बजे सभी को कॉनसुलेट में इकट्ठा होना था। घर के कर्मचारियों के द्वारा चाय, नाश्ते का प्रबंध किया गया था। पर समय पर कोई नहीं आया - न छात्र, न संघ के अध्यक्ष। दो घंटे बाद मेरे कहने पर लुडमिला ने जब फोन किया तो फोन भी नहीं उठा। एक घंटे बाद फिर फोन गया, पर फिर कोई जवाब नहीं। बड़ा बेचैन लगा, दफ्तर में सभी उद्विग्न थे। इस अनिश्चितता में मुझे भी झल्लाहट हुई। अंततः मैंने ड्राइवर से कहा कि खुद जाकर वास्तविक स्थिति का पता करे। पर वह भी बिना किसी जानकारी के लौट आया। चाय नाश्ते को एक बजे के आसपास दफ्तर के लोगों तथा कर्मचारियों के बीच बाँट कर मैं भारी मन से आराम करने लगा। काफी बुरा लगा। पर विदेश का मामला था। मैं लाचार था। इस बात की असली वजह कोई बता नहीं रहा था। कुछ दिनों के बाद पता चला कि मैत्री संघ के अध्यक्ष ने ऐसे कैसे किसी प्रस्ताव पर कम्युनिस्ट पार्टी व डिप्लोमैटिक एजेंट की इजाजत के बिना मंजूरी दे दी, इस कारण से प्रस्ताव को खारिज कर दिया गया। छात्रों पर भी पाबंदी लगायी

गयी। कम्युनिस्ट पार्टी के असर, क्षमता तथा कार्यशैली के बारे में एक सम्यक धारणा प्राप्त हुई। सोवियत-भारत मित्रता का यह भी एक पहलू था। इसी तरह स्थानीय कम्युनिस्ट पार्टी के उच्च कार्यकर्ताओं से मुलाकात के लिये मेरे अनुरोध को किसी न किसी बहाने से टाल दिया गया। बाद में पता चला कि राजनयिकों का संपर्क सिर्फ सरकारी कर्मचारियों के दायरे में सीमित होना चाहिए। कम्युनिस्ट पार्टी के नेता, कार्यकर्त्ता उनके संपर्क में तो नहीं आते, बल्कि खुद को रहस्यों के घेरे में भी रखते।

ओडेशा के राजनयिकों में भारत के अलावा बाकी सारे प्रतिनिधि कम्युनिस्ट राष्ट्रों के थे। पर रूस की सामरिक व आर्थिक सहायता के बिना इन राष्ट्रों के अस्तित्व की कल्पना भी कठिन थी। द्वितीय महायुद्ध के बाद के घटनाक्रम में विश्व में पूर्व पश्चिम, पूंजीवाद व कम्युनिस्टवाद के बीच विभाजन तथा शीत युद्ध, अस्त्र स्पर्धा, छोटे छोटे राष्ट्रों का रूस या अमेरिका पर निर्भर रहना कड़वी वास्तविकता बन चुकी थी। भारत की तरह कुछ ही देश गुट निरपेक्ष नीति अपनाकर थोड़ी बहुत स्वतंत्रता या समन्वय बनाये रखने की कोशिशों में लगे थे। अमेरिका व रूस के द्वारा समग्र विश्व में शत्रु-राष्ट्र के विरुद्ध वृहत्तर सामरिक अभियानों में छोटे छोटे राष्ट्र या तो अपनी मर्जी से या फिर मर्जी के खिलाफ शामिल होने को मजबूर थे। ब्रेजनेव की मौत के बाद एन्द्रोपोव सत्ता पर आसीन हुए पर बीमार हो जाने के कारण ज्यादा कुछ परिवर्त्तन लाने में असफल रहे। चूँकि वे केजीबी के भूतपूर्व प्रमुख रहे, उनके निर्णयों को गुप्त ही रखा गया।

इस तरह बहुत कुछ अनिश्चितता का वातावरण था। डिप्लोमैटिक एजेंट का दफ्तर बीच बीच में राजनयिकों के लिए उस क्षेत्र में कुछ कारखानों का दौरा कार्यक्रम बनाता था। खास तौर से कपड़े, खाद्य सामग्री, शराब के कारखानों के दौरे हम सब ने किये। सभी जगह हमारा बहुत ही शानदार स्वागत सत्कार हुआ। कारखाने के कर्मचारियों के बीच काफी उत्साह व प्रसन्नता का माहौल था। विदेशियों के संपर्क में आना उनके लिए नयी अनुभूति थी। साथ ही कॉनसल जनरलों का वहाँ पर जाना भी सम्मान की बात थी। मुझे भारतीय प्रतिनिधि जानकर खुश करने के लिए जगह जगह पर लोगों ने राज कपूर की 'आवारा' तथा 'श्री 420' फिल्मों के गीत भी गाये। नेहरू, इंदिरा गांधी, राज कपूर, नर्गिस वहाँ बहुत ज्यादा लोकप्रिय रहे। ओडेशा के बाहर भी भारतीय सिने संगीत, खास तौर पर राज कपूर अभिनीत फिल्मों के गीत काफी लोकप्रिय रहे। कुछेक शिक्षा संस्थानों में रूसी लोगों के लिए भारत से परिचय का

माध्यम या तो भारतीय छात्र थे या फिर नियंत्रित संचार माध्यम - टीवी तथा अखबार ही होता था। वहाँ संचार माध्यम सत्ता व कम्युनिस्ट पार्टी के प्रवक्ता की भूमिका में ही था।

ओडेशा में कुछ समय रहने के बाद मैंने कुछ राजनयिक मित्रों को सपरिवार रात्रि भोज पर निमंत्रित किया। क्यूबा, बुलगेरिया, वियतनाम के राजनयिक समय पर पहुंच गये। हमने उन्हें अंदर ले जाकर ड्राइंग रूम में बिठाया। देखा तो वे दुभाषियों को साथ लेकर आये थे। अचरज होने पर भी वास्तविकता को स्वीकार करना पड़ा। फिर बातचीत शुरू हुई। मैंने जो भी कहा उसका अनुवाद क्यूबा के राजनयिक के लिए स्पेनिश में, फिर उसका भाषांतर वियतनाम की भाषा में किया गया। साथ ही बुलगेरिया की भाषा में और आखिर में डिप्लोमैटिक एजेंट के लिए रूसी भाषा में अनुवाद किया गया। जब क्यूबा के प्रतिनिधि ने जवाब दिया तो एक के बाद एक उसका अनुवाद अंग्रेजी, रूसी, बुलगेरिया व वियतनामी भाषायों में हुआ। इस तरह एक वाक्य को सबको समझाने लिऐ चार पांच मिनट का समय लग रहा था। यह पूरा मामला हास्यास्पद तथा कष्टदायक रहा। सबसे मजे की बात तब हुई जब लतीफे या किसी व्यंग्यात्मक बात पर वहाँ हर एक व्यक्ति अपनी भाषा में समझने के बाद ही सबसे अलग हंसने लगते। सबको एक साथ हँसने का अवसर ही न मिला। ऐसे ही एक और रात्रिभोज के दौरान बुलगेरिया के राजनयिक शराब पीने के बाद सोवियत सरकार की तारीफ करते करते वहाँ मौजूद डिप्लोमैटिक एजेंट की प्रशंसा करने लगे। पर उनका गुणगान वहीं खत्म नहीं हुआ। एक एक कर सारे कॉनसल जनरलों की कार्यक्षमता व परोपकारी व्यक्तित्व की प्रशंसा करने लगे। निरुपाय होकर मुझे ही कहना पड़ा कि निश्चित ही उन सबकी सहायता के बिना मेरे रोज के कामकाज में भी न जाने कितनी दिक्कतें आतीं। फिर एक बार तारीफों का एक और दौर चला। बात यहाँ तक पहुँची कि डिप्लोमैटिक एजेंट को मुस्कराते हुए कहना पड़ा कि आप सबकी बातें मेरी मौत के बाद की शोकवार्ता व जीवनी जैसी लग रही हैं - ओबिच्युरी जैसी।

बुलगेरिया के कॉनसल जनरल प्रत्यक्ष राजनीति में लौटना चाहते थे और सोच रखा था कि उन्हें रूसी कम्युनिस्ट पार्टी के समर्थन से सहायता भी मिलेगी। बुलगेरिया के 'वरना' शहर के क्षेत्रों में अपना असर दिखाने के लिए उन्होंने ओडेशा में स्थित राजनयिकों के दौरे का आयोजन किया। हम सब तीन दिनों की सैर के लिए जहाज से 'वरना' रवाना हुए। वहाँ की कम्युनिस्ट पार्टी, सरकारी दफ्तर ने हम

सबका बड़ा ही आदर सत्कार किया तथा मनोरंजन व अन्य सारी सुविधाओं का बड़ा अच्छा आयोजन कर हमारे प्रवास को आराम दायक बनाने का हर संभव खयाल रखा। शराब सभी कार्यक्रमों का प्रमुख आकर्षण रही। 'वरना' का इलाका गुलाब की खेती के लिए मशहूर था। महक, रंग तथा आकार की दृष्टि से ये गुलाब विरले थे। लौटते हुए अपने कॉनसुलेट के बगीचे के लिए कुछ चारा साथ ले आया। फूल खिलने के बाद इसकी सुगंध से पूरा कॉनसुलेट महकने लगा (छुट्टी लेकर ओड़िशा जाते समय बगीचे से कुछ चारा हमने लाकर अपने भुवनेश्वर के निवास में लगाये, पर विदेश प्रवास से वापस आकर देखा तो सारे का सारे चोरी हो चुके थे)। वरना में शाम को घूमते समय गौर किया कि शहर के लोग चौक आदि जगहों पर इकट्ठा होते थे। कई जगहों पर इन लोगों में कुछ अलग चेहरे वाले लोग भी दिखे। बातचीत के दौरान पता चला कि फुटबॉल से संबधित भीड़ थी जिसमें सट्टेबाजी व नीरस जीवन में शराब के जरिये रंग भरने की कोशिश होती थी। कम्युनिस्ट राष्ट्रों के छोटे छोटे शहरों में इस तरह के दृश्य आमतौर पर देखने में आते थे। जिन लोगों के चेहरे अलग थे दरअसल वे तुर्की मूल के निवासी थे। उनकी क्रमश: बढ़ती तादाद, कई पेशों में हिस्सेदारी, बुलगेरिया में स्थानीय निवासियों को सख्त नापसंद थी।

बिना कसरत के अकेलेपन का मैं शिकार बन गया। डॉक्टर ने घर पर आकर देखा तो बताया कि घबराने की कोई बात नहीं। सब ठीक है। शरीर के सारे अंग प्रत्यंग सामान्य रूप से काम कर रहे हैं। लेकिन उन्होंने कसरत की हिदायत दी, कहा पैदल चलना बेहतर होगा। रूस में मौसम कुछ अलग ही होता है। अत्यधिक सर्दी के कारण बाहर लगभग आठ महीनों तक पैदल चल पाना असंभव ही होता है। इस मौसम में आकाश मेघों से घिरा रहता है। सूर्य विरले ही दिखता। भारी बर्फबारी की संभावना हमेशा बनी रहती। एक बार बर्फ पड़ने पर गर्मी के मौसम तक पिघलने का नाम ही नहीं लेती। ऐसे में पैदल चलना खतरे से खाली न था। फिर भी हिम्मत जुटाकर हर शाम को कुछ वक्त के लिए कॉनसुलेट के करीब रास्तों पर चलना शुरू किया। एक शाम हमारे दफ्तर से थोड़ी दूर एक चर्च दिखा। रूस के अधिकतर चर्च रूसी रूढ़ीवादी चर्च संगठन द्वारा संचालित होते थे, पोप व रोम के चर्चों से उनका थोड़ा अलग ही संबंध होता था और अपनी आजादी को काफी हद तक बनाये रखा था। कुतूहल से एक दिन चर्च के अंदर मैं प्रवेश कर गया। देखा तो बड़ा ही सुन्दर, करीनेदार, साफ सुथरा माहौल था तथा काफी लोग चर्च में मोमबत्ती जलाकर उपासना

कर रहे थे और फिर बाहर निकल कर अपने रास्ते चले जा रहे थे। कम्युनिस्ट राष्ट्र में इस प्रकार का दृश्य देखकर बड़ा अचरज हुआ। पता किया तो मुझे बताया गया कि मॉस्को के दूर दराज इलाकों से सामान्य लोग (कम संख्या में सही) थोड़ी मानसिक शांति के लिए चर्च जाते हैं। कम्युनिस्ट पार्टी को इस बात पर विरोध होने पर भी इसे पार्टी अक्सर अनदेखा कर देती है। ऐसी स्थिति मेरी इच्छा हुई कि मैं भी एक बार शहर के नजदीक रूसी चर्च देखने जाऊँ। उसके लिए विदेश विभाग में अनुरोध भेजा गया। पहले तो उन्हें अचंभा हुआ क्योंकि पहले कभी किसी राजनयिक से इस तरह का अनुरोध नहीं मिला था। कुछ बहाना बनाकर उन्होंने टाल दिया। वहाँ दो साल रहने के दौरान उनसे मेरे दोस्ताना संबंध हो गये थे, इस वजह से बाद में चर्च जाने की मंजूरी मिल गयी तथा समुचित प्रबंध भी कर दिया गया।

चर्च के प्रमुख पाद्री मेरी अगवानी कर मुझे कमरे में ले गये। डिप्लोमैटिक एजेंट तथा उनके दफ्तर के अन्य साथियों ने ऐसे मौके को गँवाना ठीक न समझा। वे भी चर्च जाने को व्यग्र थे। चूँकि वे कम्युनिस्ट पार्टी के सदस्य थे, उनके लिए चर्च में जाने की मना ही थी। चर्च के प्रमुख पाद्री ने उनकी मौजूदगी में भी तत्कालीन परिस्थिति के बारे में बेखौफ होकर बताया कि चर्चों को अपनी रीति नीतियों के पालन करने पर हर तरह की पाबंदी है। आम लोगों के साथ संबंध बनाये रखने में विघ्न डाला जाता है जबकि जन सामान्य में चर्चों के प्रति बड़ा आग्रह है। इन सब दिक्कतों, बाधाओं के बावजूद किसी तरह चर्च अपनी प्राचीन परम्पराओं को निभा रहे हैं। मेरे साथ गये कर्मचारियों ने विना किसी आपत्ति के इन बातों को सुना, फिर पाद्री महोदय ने मुझे धर्म व्यवस्था से संबंधित विभागों को स्वयं ले जाकर दिखाया। चर्च में बड़ी प्राचीन पवित्र तस्वीरें, कलाकृतियाँ, मूर्तियां व विग्रह (आइकन) अत्यंत आकर्षक लग रहे थे। इनके कलात्मक मूल्यों का आकलन कठिन था। पाद्री महोदय ने बताया कि वहाँ की कलाकृतियाँ अत्यंत प्राचीन हैं। अंत में चाय आदि से हमारा सत्कार किया तथा ओडेशा से पहली बार किसी राजनयिक के चर्च के प्रति आग्रह दर्शाने पर उन्होंने हमारा धन्यवाद किया। भविष्य में अच्छे संबंध स्थापित करने के आश्वासन के साथ हम लोग लौटे। चर्च छोड़ने से पहले डिप्लोमैटिक एजेंट ने मेरे कानों में फुसफुसाते हुए मेरा धन्यवाद किया क्योंकि मेरी वजह से उन्हें चर्च देखने का मौका मिला वरना कम्युनिस्ट होने के नाते चर्च में जाना उनके लिए वर्जित था। अब मैं उन दिनों का स्मरण करता हूँ तो लगता है कि चूँकि तब तक गोर्बाचेव, कम्युनिस्ट पार्टी की जटिल

व्यवस्था में अपना प्रभाव विस्तार करने में सक्षम हो रहे थे तथा पेरेस्त्रोइका व ग्लासनोस्त के माध्यम से कुछ संस्कार लाने का प्रयास कर रहे थे, इसीलिए शायद हमारा चर्च जाना संभव हो पाया। राजनैतिक वातावरण में उनका आविर्भाव ताजा हवा के झोंके जैसा ही था। पर दुर्भाग्यवश परिस्थिति के दबाव में उन्हें सत्ता से जल्दी ही हटना पड़ा। लेकिन विश्व इतिहास के परिवर्तन में उनकी भूमिका अहम् रही। कभी कभी इन्सान के अच्छे प्रयत्नों से बदलाव की धारा में एक अप्रत्याशित मोड़ आ जाता है।

चेर्नोबिल परमाणु संयंत्र हादसे के वक्त पहली बार पेरेस्त्रोइका का प्रभाव मेरे देखने में आया। इस हादसे के समाचार को दबा देने के काफी प्रयास सोवियत सरकार ने किये पर आज के विज्ञान व तकनीकी युग में ऐसी दुर्घटनाओं के समाचारों को छिपाये रखना आसान नहीं। पश्चिमी यूरोप व अमेरिका में यह समाचार संचार माध्यम में प्रकाशित प्रसारित होने के बावजूद रूस की सामान्य जनता को इसकी कोई खबर न थी। रूस के लोकसंचार माध्यम ने चुप्पी साध रखी थी। यह समाचार सिर्फ प्रभावित इलाकों के मृतक कर्मचारियों के परिवार तक ही सीमित रहा। पर ओडेशा तथा चेर्नोबिल दोनों यूक्रेन का हिस्सा होने से यह खबर शहरों तक तो पहुंची पर गुप्त चर्चाओं तक ही सीमित रही। मुझे हादसे के दो दिन बाद मेरे एक रूसी मित्र से इसका पता चला। उनसे कभी कभार मुझे अन्दरूनी बातों व घटनाओं के बारे में जानकारी मिल जाती थी। एक दिन क्षुब्ध होकर बोले -"चेर्नोबिल की दुर्घटना से आम जनजीवन में भयानक स्थिति बन सकती है। इतना बड़ा हादसा बेकार व पुराने डिजाइन के रिएक्टर तथा उसकी कमजोर सुरक्षा तकनीक से हो गया।" उनके चेहरे पर आशंका का आभास स्पष्ट था। अनदेखे भविष्य की अनिश्चितता उनके मन को आंदोलित कर रही थी। उस दिन उनसे मुझे दुर्घटना की छोटी सी छोटी घटना की पूरी जानकारी मिली। उस दौरान मॉस्को से भारतीय दूतावास के राजीव सिकरी ने ओडेशा आना चाहा। उनके आने के अवसर पर शहर के बुद्धिजीवियों, सरकारी कर्मचारियों, अध्यापकों, लेखकों, डॉक्टरों, इंजीनियरों आदि को भी चाय पर आमंत्रित किया गया। उस समारोह में पहली बार मैंने गौर किया कि स्थानीय अतिथियों में सोवियत संघ की राजनैतिक, आर्थिक व सामाजिक स्थितियों के प्रति गहरा असंतोष व्याप्त था। चेर्नोबिल हादसे में सरकारी उपेक्षा तथा निष्क्रियता की खास तौर पर सभी ने आलोचना की। राजीव सिकरी के सवालों के जवाब में उन्होंने उस अंचल में व्याप्त कुशासन के बारे में अपनी राय बतायी। उन दिनों चल रहे गोर्बाचेव के ग्लासनोस्त का यह प्रारंभिक प्रभाव था। स्वतंत्र राय व्यक्त करने का साहस पहली बार दिखा। गोर्बाचेव के निर्वासन,

नजरबंद, प्रत्यावर्त्तन, परिवर्तन तथा प्रत्याख्यान - सोवियत संघ के विघटन के पहले ये सब हो चुका था। अब भी विश्व के कुछ बुद्धिजीवियों को यह विश्वास है कि गोर्बाचेव की इस अहम् भूमिका को निष्पक्ष इतिहास अवश्य लिपिबद्ध करेगा।

एकदिन शाम को सैर करते समय छोटे वृत्ताकार बटिया (कोब्ल) पत्थरों से बने रास्ते पर अचानक पीछे से कंधे को हाथ से छूकर दो कम उम्र की लड़कियों ने मुझसे टूटी फूटी हिंदी में पूछा - 'इंडियन'! मैंने 'हाँ' कहा। फिर पूछा 'किस जहाज से आये हैं?' मुझे भी थोड़ा मजाक सूझा। मैंने कहा 'आज ही हमारा जहाज ओडेशा बंदरगाह पहुँचा है।' दोनों ने कहा - 'कुछ सामान बेचना है?' मैंने मना किया। उन्होंने जानना चाहा - 'क्या हिंदी फिल्मी गानों का रिकार्ड, टेप है?' मैंने पूछा कि उन्हे किस हिंदी फिल्म के गाने पसंद हैं? एक ने गुनगुनाया - 'इचक दाना, बिचक दाना, दाने ऊपर दाना...' (राज कपूर की फिल्म श्री 420 का गीत)। बड़ा मधुर स्वर था। मुझसे पूछा - 'फिर कब मिलेंगे?' मैंने कहा 'कल मिलते हैं।' पूछा 'कहाँ'? मैंने एक जगह बतायी जहाँ कभी कभी मैं जाया करता था - एक पुराने महल का खंडहर, पर बहुत सुंदर परिवेश था। वे लोग उस जगह से परिचित थे। शहर के शोरगुल से दूर थी वो जगह, शांत मौन। वे तैयार हो गयीं। अगले दिन उस जगह मैं समय से पहुँच गया। दोनों मुझे देखकर खुश हुईं। टूटी फूटी हिंदी में बातचीत हुई। मैं घर से हिंदी गीतों का एक टेप लेकर गया था, उन्हें दे दिया। एक तो अत्यंत खुशी से नाचने लगी। उसने राजस्थानी पोशाक पहन रखी थी। दोनों फिर एक के बाद एक हिंदी गाना सुनाने लगीं। बातचीत के दौरान पता चला कि उनके पिता जहाज में काम करते हैं। बीच बीच में विदेश जाते हैं। पर कुछ पारिवारिक अशांति के कारण दोनों को बाहर रहना पसंद है। भारतीय संगीत, खास कर फिल्मी गीत संगीत, नृत्यों के लिए उनमें बेहद आकर्षण था। मुझसे मेरा भारतीय पता व फोन नम्बर मांगा। मैंने टाल दिया। फिर कभी मुलाकात होगी कहकर वहाँ से चला गया। इसके कुछ महीनों बाद भारतीय गणतंत्र दिवस के उपलक्ष्य में मैत्री संघ की ओर से एक सांस्कृतिक कार्यक्रम का आयोजन शहर के मशहूर प्रेक्षागृह में किया गया था। दर्शकों की खचाखच भीड़ से हॉल भरा था। मैत्री संघ के अध्यक्ष ने गेट पर मेरी अगवानी की। हॉल में मेरे आने की घोषणा की गयी। मैंने उस दिन राष्ट्रीय पोशाक - शेरवानी पहन रखी थी। गणमान्य व्यक्तियों के साथ पहली कतार में बैठा। अचानक पीछे की कतार से दो लड़कियों के परिचित स्वर सुनाई दिये। तब तक मैं थोड़ा बहुत रूसी भाषा बोलने, समझने लगा था। वो दोनों रूसी

में बात कर रही थी - "ये तो वही आदमी लगता है, जहाजवाला, जिससे हम मिली थीं। दूसरी कहने लगी - न, न... वो कैसे होगा ? लाउड स्पीकर से तो कहा था ये भारतीय कॉनसल जनरल हैं।" मैं भावावेश में पीछे मुड़ा, देखा तो वही लड़कियां थीं जिन्होंने मुझे जहाज का खलासी समझ हिंदी गाने सुनाये थे। उन्हें भी भारी अचंभा हो रहा था। विश्वास ही नहीं कर पा रही थीं कि कुछ महीने पहले जिस खलासी से वे मिली थीं वही आज भारतीय कॉनसल जनरल के तौर पर समारोह के मुख्य अतिथि हैं। थोड़ी भाषणबाजी के बाद रंगारंग सांस्कृतिक कार्यक्रम शुरू हो गया। पहली प्रस्तुति थी लोकप्रिय हिंदी गीत 'हँसता हुआ नूरानी चेहरा...' पर आधारित युगल नृत्य। नृत्य करने वाली वही दो लड़कियां थीं भारतीय वेशभूषा में। उन्होंने बहुत ही सुन्दर नृत्य प्रस्तुत किये। नृत्य खत्म होने पर दर्शकों ने तालियों तथा सीटियों से उनका अभिनंदन किया। उस अद्भुत नृत्य प्रस्तुति के पीछे का कारण आनंद था या कोई विषाद, मैं समझ नहीं पाया।

हाँलाकि अंतराष्ट्रीय राजनयिक शिष्टाचार या प्रोटोकोल के तहत राजनयिकों की आवाजाही पर किसी प्रकार का प्रतिबंध नहीं होता पर कम्युनिस्ट रूस इसका अपवाद था। दफ्तर के सामने सुरक्षा के नाम पर चौबीसों घंटे पुलिस का पहरा था। उनका काम था कि दफ्तर में कौन आता है, कौन जाता है उनका रिकार्ड रखना व जरूरत के अनुसार अपने उच्च अधिकारियों को खबर देना। उसी प्रकार कॉनसल जनरल दफ्तर या घर से बाहर कहीं गये तो इसकी सूचना भी उच्च अधिकारियों को देना उनके काम का हिस्सा था। इस तरह हमारी गतिविधियों पर निगरानी रखी जाती थी। शायद शहर के 20 किलोमीटर के अंदर आने जाने पर कोई पाबंदी न थी। उसके बाहर कहीं दूर जाना पड़े तो स्थानीय अधिकारी की मंजूरी आवश्यक थी। एक बार मैं पत्नी के साथ इलिचवस्क बंदरगाह की ओर गाड़ी से निकला। मेरे पास समय था तो मैंने ड्राइवर से इशारे में कहा कि गाड़ी को मुख्य रास्ते से देहातों की ओर मोड़कर ले चले ताकि मैं देहातों की वास्तविक स्थिति से परिचित हो सकूँ। गाड़ी रास्ता मोड़कर तेज गति से बढ़ चली। सड़क के दोनों किनारों पर रूस के गॉवों की शोभा ने मुझे मंत्रमुग्ध किया। वहाँ के घर शहरों से अलग देहाती ढांचे में बने थे। घरों के सामने सुन्दर फूलों के बगीचे। कुछ घरों के ऊपर टीवी के एंटीने। गाँव की औरतों की वेशभूषा सादगी भरी।

कम्युनिस्ट व्यवस्था की यह खासियत है कि मानव की न्यूनतम मौलिक

आवश्यकताओं जैसे रोटी, कपड़ा, मकान, स्वास्थ्य व शिक्षा की सुविधाएं सबको उपलब्ध रहती हैं। कम से कम रोटी, दूध और दही पर आम नागरिकों का अधिकार है। बाकी चीजों की उपलब्धता उनकी आपूर्त्ति पर निर्भर करती है। पर हाँ, इनके अलावे शौकीन चीजें न के बराबर उपलब्ध थीं। रूस में बने सामानों का स्तर भी विकसित राष्ट्रों में बनी चीजों से कमतर था। इस बजह से विदेशी सामानों के प्रति नागरिकों में बहुत अधिक आकर्षण रहता था। परन्तु ऐसी स्थिति केवल आम नागरिकों के साथ थी जबकि कम्युनिस्ट पार्टी के नेताओं को रूस में विशेष दर्जा प्राप्त था। उत्कृष्ट उत्पादों, विदेशों से आयातित शौकीन सामानों से भरी विशेष दुकानें जन सामान्य की पहुंच से बाहर थीं जबकि कम्युनिस्ट पार्टी के उच्च अधिकारी तथा उनके परिवार के लोग वहाँ से सामान खरीदने के हकदार थे। पर मैं काफी दिनों तक इस बात से अनजान रहा। एक बार अचानक मुझे सूट सिलवाना पड़ा। ऑफिसवालों ने एक दर्जी का पता दिया। वहाँ नाप देकर सूट सिलवाया पर पहनने पर सूट मुझे पसंद नहीं आया। जिन अधिकारियों या लोगों से मुझे मिलना जुलना पड़ता था वे बड़े ही भव्य तरीकों से बनी पोशाक पहनते थे। एक और सूट के लिए कपड़ा खरीदा, पर किसी दूसरे दर्जी की तलाश में था। मुझे बताया गया कि मैंने जिससे सिलवाया था वही दर्जी राजनयिकों की पोशाक सिलने के लिए नियत है। मन न माना, बहुत खोजबीन के बाद पता चला कि एक और दर्जी तो है पर वह सिर्फ कम्युनिस्ट पार्टी के नेताओं तथा उच्च सरकारी अधिकारियों के कपड़े सिलता है। उसका पता लेकर मैंने डिप्लोमैटिक एजेंट से पूछा कि उस दर्जी से मेरे कपड़े सिलवाने में कोई हर्ज है क्या ? उन्हें आश्चर्य हुआ और बोले ‘सभी राजनयिकों के लिए एक दर्जी तो तय है। फिर भी मुझे कुछ वक्त दीजिए, मैं आपको बताता हूँ।’ कुछ दिनों के बाद वहाँ से सिलवाने का मौका बिना किसी एतराज के मिल गया। उसी तरह जहाजों को सामान उपलब्ध कराने के लिए निर्दिष्ट शिप सैंडलार की दुकानों से भी राजनयिकों तथा कम्युनिस्ट पार्टी के नेताओं को खरीद की सुविधा प्राप्त थी। वहाँ पर विश्वप्रसिद्ध कैवियर हमें दो तीन डॉलर में मिलते थे जबकि यूरोप में इसकी कीमत तीस डॉलर थी। साथ ही विदेशों से आयातित और भी बहुत सी चीजें वहाँ बिकती थीं।

जिस दिन मैं रास्ता बदलकर रूस के देहाती इलाकों में निकल पड़ा था उस रोज मुझे राजनयिकों की आवाजाही पर लगे प्रतिबंधों की प्रत्यक्ष अनुभूति हो गयी। करीब 20 मिनट बाद देखा तो हमारी गाड़ी के ऊपर हेलीकॉप्टर चक्कर लगा रहा था।

हमें गाड़ी लौटाने का संकेत दे रहा था क्योंकि हमने अनुमति के बिना निषिद्ध इलाके में प्रवेश किया था। याद आ गया कि शहर 20 किलोमिटर से अधिक दूर जाने पर अनुमति की आवश्यकता है। चूँकि हमने इस आदेश का उल्लंघन किया, सतर्क सुरक्षा कर्मियों ने हमें आगे बढ़ने न दिया। अगले दिन ड्राइवर (सासा) को बुलाकर डिप्लोमैटिक एजेंट ने काफी डाँट पिलायी और चेतावनी भी दी।

इतनी कड़ी सुरक्षा व्यवस्था थी कि किसी भी सोवियत नागरिक के लिए सरकारी अनुमति के बगैर दूतावास में प्रवेश कर पाना काफी कठिन कार्य था। 1 नवम्बर 1984 की सुबह दफ्तर तथा घर के आँगन में फूलों के कुछ गुलदस्ते पड़े देखा। पता चला कि तत्कालीन प्रधानमंत्री इंदिरा गांधी के दुखद निधन का समाचार पाकर शहर के इंदिरा प्रेमी लोगों ने श्रद्धांजलि के तौर पर दूर से ही गुलदस्ते फेंक दिये हैं। यह देखकर मैंने अधिकारियों से अनुरोध किया कि सरकारी प्रतिनिधियों के अलावे भी यदि कोई आम नागरिक श्रद्धांजलि देने के लिए आना चाहें तो भी बेरोकटोक प्रवेश की अनुमति दी जाये। उन्होंने प्रचलित नियमों के विपरीत इसकी अनुमति दी थी। उन श्रद्धांजलियों के पीछे निश्छल, स्वाभाविक हार्दिक भावनाएं निहित थीं।

कृष्ण सागर के तटवर्ती सारे इलाके भारतीय कॉनसुलेट जनरल के अधिकार क्षेत्र के अंतर्गत आते थे। इन इलाकों के सभी बंदरगाहों में भारतीय जहाज सामान तथा व्यापारिक उत्पाद लेकर आते थे। यह इलाका तुर्की की सीमा तक फैला था और बातुमी बंदरगाह तुर्की सीमा के करीब था। मैंने वहाँ के दौरे पर जाना तय किया। तय समय पर विमान से मैं तथा मेरी दुभाषिया लेना बातुमी पहुंचे जो एक छोटा सा बंदरगाह था। यहाँ की रूपरेखा, मकानों के स्वरूप, रास्ते गलियाँ आदि रूस के अन्य शहरों से अलग थीं। स्थानीय लोगों के चेहरों, वेश भूषा, बाजार में मिलने वाली खाने पीने की चीजों पर तुर्की सभ्यता की छाप स्पष्ट थी। वहाँ पदस्थ रूसी डिप्लोमैटिक एजेंट मुझसे मिले। वे विदेश सेवा के अधिकारी थे। पर किन्हीं कारणों से दण्ड के तौर पर उन्हें बातुमी में पदस्थ किया गया था। उनकी बातों में खीझ की झलक साफ थी। मुझसे मिलकर वे अपने अकेलेपन की दुखभरी कहानी सुनाने लगे। रूसी विदेश सेवा में फैले भेदभाव तथा अनियमितताओं की बातें भी कीं। मैंने उनकी हिम्मत बढ़ाते हुए कहा 'अन्याय, भेदभाव सभी विदेश सेवाओं में मौजूद हैं। मानव की प्रवृत्ति में परिवर्तन संभव नहीं। सबसे बड़ी चीज है 'व्यक्तिगत मूल्यबोध कि जीवन से उसे क्या चाहिए

और किस तरह वह जीना चाहता है।' गौर किया कि वे ज्ञानी हैं, काफी गहरा अध्ययन है तथा पुस्तकों का भी शौक है। वहाँ के बारे में पता किया तो समझ में आया कि उस इलाके के कुछ लोगों में रूसी शासन के प्रति भरपूर असंतोष व आक्रोश है। ऐतिहासिक जातिगत विद्वेष भी इसका एक कारण था। कॉकसीय अंचल में चाय बागान देखने जब मैं गया तब वहाँ भी कुछ इसी प्रकार का आभास मिला। उस समय अलगाववाद का उग्र रूप उस प्रकार नहीं परिलक्षित हो रहा था जिस तरह आज है। स्थानीय लोगों में उपेक्षा, पक्षपात की शिकायतें थीं। रात्रि भोज पर डिप्लोमैटिक एजेंट आये। खाने से पहले उन्होंने पीना शुरू किया। काफी अर्से के बाद उन्हें किसी राजनयिक से मुलाकात का मौका मिला था। पेग पर पेग चढ़ाने लगे, साथ ही अपनी दुखभरी कहानी भी सुनाने लगे। यहाँ तक कि अपने पारिवारिक व्यथा तक को न छोड़ा। किस तरह से उनकी पत्नी भी उन्हें अक्सर छोड़कर रहना पसंद करती है। बातुमी की सजा वाली पोस्टिंग का कब अंत होगा सोच सोच कर निराश थे। रात के दो बजे तक बातचीत चली। आखिर मुझे जरा तकलीफ महसूस होने लगी तब जाकर मजबूरी में बंद करना पड़ा। कूटनीतिज्ञ अधिकारियों के सामने कभी कभी ऐसी स्थिति भी पैदा होती है जब सौजन्यता की दृष्टि से कठोर सत्य कहना कठिन हो जाता पर लेना ने मामला समझ कर भद्रता की सीमा में ही दृढ़ता से उस दौर का समापन किया। बातुमी से वापसी के रास्ते में जॉर्जिया की राजधानी तिबलिस होकर लौटा। जॉर्जिया का प्राकृतिक सौन्दर्य मनोरम व मनोमुग्धकर था। पहाड़ी से घिरे जॉर्जिया की राजधानी मशहूर शहरों में से एक था। राजधानी के हवाई अड्डे की अवस्थिति बड़ी आकर्षक थी। जॉर्जिया के कम्युनिस्ट नेताओं में से कुछ सोवियत संघ के शीर्ष स्थान तक पहुंच पाये थे जिनमें स्टालिन की भूमिका स्मरणीय रही।

याल्टा, कृष्णसागर की एक मशहूर जगह है। दूसरे महायुद्ध के बाद की राजनीतिक व्यवस्था के बारे में वहाँ शिखर सम्मेलन का आयोजन हुआ था। विश्व इतिहास में इस सम्मेलन का बड़ा महत्वपूर्ण स्थान है। अमेरिका से राष्ट्रपति फ्रेंकलिन रूजवेल्ट, रूस से स्टालिन, इंगलैंड से चर्चिल आदि विश्व प्रसिद्ध नेताओं ने शिखर सम्मेलन में भाग लेकर विश्व के राजनीतिक समीकरण के बारे में चर्चा की थी तथा विश्व शांति के लिए राष्ट्रसंघ की संकल्पना की थी। राजनीति विज्ञान का छात्र होने के नाते याल्टा का महत्व मेरे लिए कुछ भिन्न ही था। जिस प्रासाद में शिखर सम्मेलन का आयोजन हुआ था उसमें कदम रखते ही शरीर में एक कंपकंपी दौड़ गई। प्रत्येक कक्ष

को मैंने गौर से देखा। सम्मेलन में उपयोग में आये टेबल, नेताओं की कुर्सियाँ, सम्मेलन में काम में आयी लेखनी, खाना परोसने वाले चिकने बर्तन, चिनीमिट्टी की क्रॉकरी, पर्दे इतिहास के मूक साक्षी बन जैसे बहुत कुछ कहना चाह रहे हों। भवन के सामने सिंह की मूर्त्तियाँ लगी थीं। आलस्य भाव के साथ ही जीवंत मुद्रा में मूर्त्तियां खड़ी थीं। सामने कृष्ण सागर व प्रासाद की बालकॉनी से सूर्यास्त का दृश्य अत्यंत हृदयस्पर्शी दिख रहा था। प्रासाद की हर एक चीज पर आभिजात्य की छाप स्पष्ट थी। प्रासाद का महत्व इतिहास में शाश्वत रूप से दर्ज हो गया था। वहाँ घूमते समय लगा कि मानो रूजवेल्ट, स्टालिन, चर्चिल जैसे नेतागण वहाँ पर अब भी चर्चाओं में मशगूल हों।

मोल्डाविया सोवियत संघ का एक छोटा सा राज्य था जिसके बहुत से नागरिक रोमानिया के इलाकों से थे। यहाँ का कुछ भूभाग पहले रोमानिया के अधीन था। और प्रांतों के मुकाबले यह राज्य कुछ कम विकसित था जहाँ विकास की रफ्तार धीमी थी। मेरी तैनाती के दौरान एक बार वहाँ के कम्युनिस्ट नेता रूसो से निमंत्रण प्राप्त हुआ। एक विशाल सम्मेलन में अपने लम्बे संबोधन में अपने नेतृत्व में मोल्डाविया की प्रगति के बारे में उन्होंने सम्यक जानकारी दी। कृषि, उद्योग, पर्यटन, उत्पादन व्यवस्था की तुलनात्मक स्थिति प्रस्तुत की। भाषण से पता चला कि उनके शासन की अवधि में मोल्डाविया ने अभूतपूर्व प्रगति हासिल की है। रूसो अन्य प्रांतीय नेताओं से कम उम्र के सौम्य व्यक्तित्व वाले नेता थे। खुद को राष्ट्रीय स्तर पर स्थापित करने का यह शायद उनका एक प्रयास था। मोल्डाविया की वाइन व ब्रैंडी विश्व के किसी भी श्रेष्ठ वाइन व ब्रैंडी के बराबर थी। वहाँ की लोककला, लोकसंगीत, नृत्य व दस्तकारी काफी समृद्ध व मशहूर रही। इन सबको प्रत्यक्ष देखने का अवसर मुझे मिला तथा उनके संगीत से भी मैं काफी हद तक प्रभावित हुआ। वहाँ के नागरिकों से मिलकर मुझे महसूस हुआ कि वहाँ पर रूस-मोल्डाविया के मिश्रण के प्रति ढका छुपा विरोध का भाव लोगों में मौजूद रहा है। वैसे वर्तमान यह एक स्वतंत्र राष्ट्र है।

कृष्णा सागर स्थित सेवास्तोपोल शहर देखने का भी मुझे अचानक मौका मिला। एक दिन मॉस्को के भारतीय दूतावास से फोन पर संदेश आया कि अगली सुबह तक सेवास्तोपोल पहुंच जाऊँ। राजदूत नुरुल हसन ने बताया कि अगली सुबह वे सेवास्तोपोल के आधिकारिक दौरे पर पहुंच रहे हैं जहाँ एक उत्सव में मुझे उनके साथ उपस्थित रहना है। हवाई जहाज का टिकट मिलने में काफी मुश्किलें आयीं। पता चला कि विशेष क्षेत्र होने से यह दिक्कत पेश आ रही थी। ओडेशा के डिप्लोमैटिक

एजेंट व एयरोफ्लोट की शाखा से संपर्क के बाद एक विदेशी राजनयिक होने के नाते अनुमति मिली तथा टिकट भी मिला। प्रोफेसर नुरूल हसन को एक सबमरीन के हस्तांतरण समारोह में भाग लेने के लिए राजदूत की हैसियत से तथा मुझे कॉनसल जनरल की हैसियत से वहाँ उपस्थित रहना पड़ा। रूसी नौसेना का वह प्रमुख बंदरगाह था। सुरक्षा के मद्देनजर रूसी नागरिकों पर भी उस शहर में कई प्रतिबंध थे। विमानतल से अतिथि गृह तक नौसेना के दो अधिकारी मुझे गाड़ी में ले गये। कुछ समय वहाँ रुकने के बाद हम बंदरगाह की ओर निकल पड़े। रास्तों पर लोगों की आवाजाही विरले ही दिखी। चारों ओर रहस्यमय वातावरण पसरा हुआ था। जब हमने नौसेना के प्रधान कार्यालय व बंदरगाह के अंदर प्रवेश किया, हम सभी के पहचान पत्रों की जाँच पड़ताल की गयी। इस जाँच प्रक्रिया से नौसेना प्रमुख व सेवास्तोपोल अंचल के प्रमुख अधिकारियों को भी छूट नहीं दी गयी। उस इलाके में सभी उनसे परिचित थे, फिर भी अनुशासन के दायरे में कोई भेदभाव नहीं था। हमारे देश में इसकी कल्पना भी नहीं की जा सकती। उत्सव में भारत से नौसेना के कई अधिकारी तथा वहाँ पर प्रशिक्षण ले रहे कुछ भारतीय रक्षा अधिकारी भी शामिल हुए। समारोह के वाद एक सादगी भरी पार्टी में सभी उपस्थित रहे। भारत के प्रति रूसी सद्भाव व भारतीय अधिकारियों का उत्साह उस दिन देखने लायक था।

दफ्तर में जरूरत पड़ने पर टेलेक्स, टेलीप्रिंटर के माध्यम से संपर्क व समाचारों का आदान प्रदान सम्भव था। भारतीय अखबार व पत्रिकाओं के मिलने में एक हफ्ता तथा सर्दियों के मौसम में हवाई जहाज की उड़ान में बाधा पहुंचने के फलस्वरूप कभी कभी दो से तीन हफ्तों का वक्त लगता था। ऐसे में टेलीप्रिंटर तथा बी.बी.सी. रेडियो ही बाहरी दुनिया से संपर्क में रहने के साधन के रूप में उपलब्ध थे। उन दिनों कम्पूटर, इण्टरनेट आदि की सुविधा न थी। फोटोकॉपी आदि की सुविधा भी कम्युनिस्ट राष्ट्रों में सबको उपलब्ध न थी। इस तरह से कम्युनिष्ट राष्ट्रों की सरकार ने पूरी व्यवस्था कर रखी थी जिससे मुक्त पूंजीवाद राष्ट्रों की कोई खबर किसी भी तरह वहाँ के नागरिकों तक न पहुंच पाये। इसलिए दूसरे विश्वयुद्ध के बाद पूर्वी यूरोप में कम्युनिस्टवाद के बारे में कहा गया था कि 'लौह पर्दे' का अवसान हुआ। तकनीकी क्षेत्र में प्रगति के फलस्वरूप बाद के दौर में इस तरह के प्रतिबंधों की सारी कोशिशें नाकाम रहीं। नागरिकों को बाहरी दुनिया की घटनाओं, जीवन शैली, प्रगति के बारे में समाचार मिलने लगे तथा उस मुकाबले में अपनी स्थिति की तुलना कर कम्युनिस्टवाद की

वास्तविक जानकारी होने लगी। क्रमशः बढ़ रही वस्तुवादी आकांक्षाओं के साथ साजो सामान जुटाने के प्रति लोग ज्यादा से ज्यादा आकर्षित होने लगे। सरकार को भी परिस्थितियों के दबाव में आकर प्रतिबंधों में कुछ ढील देनी पड़ी। यह भी गोर्बाचेव की 'पेरेस्त्रोइका, ग्लासनोस्त' प्रक्रिया का हिस्सा था।

बीच बीच में मुझे विचार विमर्श, सलाह मशविरे के लिए मॉस्को जाना पड़ता था। विदेशी राजनयिकों के आवागमन पर प्रतिबंध व कड़ी निगरानी के तहत खास तौर पर के.जी.बी. की भूमिका इतनी अहम थी कि टेलीफोन या किसी अन्य माध्यम से आपसी विचार विमर्श करना भी सुरक्षित नहीं जान पड़ता था। हर कहीं केजीबी तथा रूसी सरकार की खुफिया व्यवस्था के तहत जार्ज ऑरवेल द्वारा वर्णित 'बिग ब्रदर' की उपस्थिति की आशंका मन में बनी रहती थी। संयोगवश रूस-भारत द्विपक्षीय वार्ता के लिए मुझे मॉस्को जाना पड़ा। मैंने कार से मॉस्को तथा वहाँ से लेनिनग्राद जाना तय किया। लगभग दो हजार किलोमीटर से भी ज्यादा की दूरी थी। उस वक्त कॉनसुलेट के लिए मर्सडिज बेंज गाड़ी खरीदी गयी थी। इससे पहले तक रूस में निर्मित विलासपूर्ण बड़ी गाड़ी ही खरीदी जाती थी। रखरखाव तथा मरम्मत की दृष्टि से स्थानीय कार की खरीद ही समुचित होती पर रूस में बनी कारें पुराने जमाने की अप्रचलित तकनीक से बनी होने से कुछ ही सालों में बारबार मरम्मत की जरूरत पड़ती। मर्सडीज बेंज लेने के लिए पत्नी व ड्राइवर सासा ने विशेष आग्रह किया था। पर ओडेशा में इसकी मरम्मत की सुविधा उपलब्ध न होने के कारण पहले मेरी इच्छा न थी। लेकिन सासा ने मर्सडीज के पक्ष में दृढ व अकाट्य तर्क दिये। उसकी जानकारी में ओडेशा में भी भी कुछेक मर्सडीज बेंज गाड़ियाँ कम्युनिस्ट पार्टी के शीर्ष नेताओं के पास थीं और उनके लिए विशिष्ट गैरेज भी मौजूद थे। इसलिए मरम्मत में खास दिक्कत न होगी। साथ ही रखरखाव तो स्थानीय अधिकारियों के जिम्मे ही होगी। जर्मनी से गाड़ी खरीद कर लायी गयी। इसी वजह से ओडेशा से मॉस्को होकर लेनिनग्राद जाना तय किया। मॉस्को में दो तीन दिनों के प्रवास के बाद लेनिनग्राद जाने का कार्यक्रम बनाया गया। सोचा कि विश्व के विशाल भूखण्ड वाले रूस के दक्षिण से उत्तर तक की यात्रा कर वहाँ की आंतरिक स्थिति की सम्यक जानकारी प्राप्त करना संभव होगा। एक और इच्छा थी कि ट्रेन से मॉस्को से बेजिंग तक ट्रान्ससाइबेरियन ट्रेन से यात्रा करूँ पर इस इच्छा की पूर्ति न हो पायी।

परिवार के साथ लम्बी यात्रा पर निकलना था सो तय किया कि तड़के ही

यात्रारंभ कर सूर्यास्त के समय किसी शहर में रात बितायेंगे और अगले दिन सुविधानुसार फिर से यात्रा करेंगे। उन दिनों विदेशियों के लिए रूस के जिस किसी स्थान पर रहने की न तो स्वतंत्रता थी और न ही यह सुविधाजनक था। सिर्फ कुछेक निर्दिष्ट शहरों के खास होटलों में ही रहने की अनुमति विदेशियों को थी। पर उसके लिए संबंधित अधिकारियों की अग्रिम मंजूरी की जरूरत थी जिसके बिना किसी विदेशी को रुकने की सुविधा प्रदान करने पर निश्चित ही दण्ड भोगना पड़ता। अत: हमने अपनी यात्रा का सारा बन्दोबस्त उसी के अनुरूप किया।

यात्रा प्रारंभ हुई, कुछ ही घंटों में शहर के रास्ते, मकान, पार्क पीछे छूटते गये। फिर भूभाग के प्राकृतिक दृश्य सामने आये। मीलों तक फैला भूखण्ड दूर क्षितिज को छू रहा था। दूर दूर तक जनमानव नहीं, बस्ती का कहीं कोई नामोनिशान नहीं। चारों ओर सिर्फ खालीपन का आभास। भूखण्ड के बीचोबीच लंबी पक्की सड़क दूर तक निकल गयी थी। अवचेतन मन को अंदर बाहर की समस्त वास्तविकताएं आंदोलित कर रही थीं जैसे कोई पराभौतिक परिवेश हो। इससे मन में शंका, भय के साथ एक उत्साह उत्पन्न हो रहा था। यहाँ के दृश्य भारत से सर्वथा भिन्न व संपूर्ण विषमताओं से भरे थे। मीलों तक न कोई आदमजात न यानवाहन, वृक्ष विहीन भूखण्ड के बाद कहीं कहीं कुछ घर, छोटे छोटे गाँव यदा कदा दिखायी दे जाते थे। परन्तु वहाँ के घर शहरी घरों से अलग थे। घरों के सामने छोटे छोटे बगीचे, फूल व सब्जियों के पौधे थे। कुछ घरों पर टी.वी. के एंटीना देखे। ऐसी ही जगहों पर बीच बीच में रुककर आराम के समय कॉफी पीने के साथ ही बिस्कुट, लहसुनवाली डबल रोटी खाने का अनोखा अनुभव रहा। कहीं कहीं तो डबल रोटी के साथ दही या सूप पीने का भी अविस्मरणीय आनंद मिला। कहीं कहीं रास्ते के दोनों ओर कोहड़ा, खीरा, तरबूज जैसी सब्जियों के दूर तक फैले खेत देखने में आये। कहीं तो पेड़ों से गिरकर रास्ते पर सेब बिखरे पड़े मिले। कम्युनिस्टवाद में संपत्ति के राष्ट्रीयकरण के बाद की समयावधि में कृषि के आधुनिक तरीकों व मशीनीकरण के फलस्वरूप कृषि उत्पादन में बढ़ोतरी तो हुई पर सीमित जनसंख्या तथा कम लोग कृषि कार्य में लगे होने के कारण कृषि उपजों को आम लोगों तक पहुंचाने की व्यवस्था में कमी रही। विपणन तथा परिवहन व्यवस्था में भी काफी दिक्कतें थीं। नतीजतन बाजार तक चीजों को पहुंचाने तथा कृषि उपजों के संरक्षण के पुख्ता इंतजाम नहीं हो पाये थे। इससे इन उत्पादों के नष्ट होने की बड़ी दुखद स्थिति सामने आ रही थी। लौटते हुए सासा ने फल व सब्जियां कार में रखीं।

सुरक्षा के लिए कोई नहीं, पैसे लेने तक के लिए कोई नहीं मिला हाँलाकि रूस के बड़े शहरों में ताजे फल या सब्जियाँ विरले ही मिलती थीं।

हम अंतत: मॉस्को पहुंचे। सरकारी ड्यूटी में दो दिनों की बैठक व बातचीत खत्म करने के बाद कुछ वक्त हमने मॉस्को के दर्शनीय स्थान, संग्रहालय व म्यूजियम देखने में बिताये। पैनोरामा भी देखा जहाँ पर नेपोलियन की सेना तथा रूसी सेना के बीच 1812 में हुए युद्ध का चित्रण किया गया था। युद्ध एक दिन का होते हुए भी रूस के इतिहास में एक यादगार घटना के रूप में दर्ज है। युद्ध के प्रत्येक क्षण को चिरंतन बनाने की कोशिश प्राचीर चित्रों के माध्यम से की गयी थी। शब्द संयोजन की मदद से उस घटना को जीवंत बनाये रखने का सफल प्रयास चित्रकारों, संगीत तथा प्रकाश सज्जा के निर्देशकों द्वारा बखूबी किया गया था। मूजियम में रखे मॉस्को के इतिहास से जुड़े आभूषण - पुराने अस्त्रशस्त्र, विमान आदि सामग्रियों से यह स्थान बहुत ही समृद्ध व दर्शनीय लगा। इसके साथ मॉस्को में और भी बहुत से म्यूजियम तथा संग्रहालय मौजूद हैं। क्रेमलिन भी दर्शनीय रहा।

इससे पहले एक बार मुझे रेड स्क्वायर में अक्तूबर रिवोल्यूशन का वार्षिक परेड देखने का अवसर मिला पर यह बड़ा ही तकलीफदेह अनुभव रहा। अक्तूबर क्रांति के नाम से नामित यह उत्सव 7 नवम्बर को मनाया जाता है। रूसी प्राचीन केलेण्डर की गणना के अनुसार यह घटना नवम्बर माह में घटी थी। मॉस्को में नवम्बर जबरदस्त ठंड का मौसम होता है। वर्फबारी भी शुरू हो जाती है। इस कड़ाके की सर्दी से बचाव के लिए सभी गर्म से गर्म कपड़ों का इस्तेमाल करते हैं। सिर्फ चेहरे को छोड़ बाकी पूरे शरीर को ढककर रखते हैं। इतनी भयंकर सर्दी के बावजूद परेड के मनोरम आकर्षण से लोगों में परेड देखने का चरम उत्साह बना रहता है। अनुशासन, शरीर व मार्च-बैंड के बीच का अद्भुत समन्वय, जिसे सिर्फ देखकर ही विश्वास किया जा सकता है। लम्बे इंतजार के बाद सोवियत संघ के सर्वोच्च पदाधिकारी, राष्ट्र प्रमुख, सरकार के प्रमुख, कम्युनिस्ट पार्टी सेक्रेटरी जनरल, पॉलितब्यूरो के सदस्य अपना अपना स्थान ग्रहण करते हैं। फिर शुरू होता है मार्च-पास्ट जिसमें नेताओं को सलामी दी जाती है।

पुराने मॉस्को के ऐतिहासिक स्थानों व नये कम्युनिस्ट शासन के भवन, इमारतों की पृष्ठभूमि में यह परेड लम्बे समय तक चलता है।

अक्तूबर क्रांति स्थल के बाद हम मोसेलियम देखने गये जहाँ पर सोवियत

संघ के संस्थापक तथा कम्युनिस्ट दर्शन के अग्रणी शिल्पकार लेनिन के मृत शरीर को गुप्त कौशल वाली वैज्ञानिक पद्धति से संरक्षित कर रखा गया है। शव को सड़ने से बचाये रखने का ज्ञान थोड़े से लोगों को ही हैं। बीच बीच में मृत शरीर को क्षय होने से बचाने के लिए कुछ तकनीकों का सहारा लिया जाता है। संरक्षित शरीर के दर्शन के लिए काफी समय तक प्रतीक्षा करनी पड़ती है और कतारों में खड़े रहना पड़ता है। मोसेलियम के अंदर व बाहर कड़ी सुरक्षा व्यवस्था थी जिसकी पैनी नजरों से कोई नहीं बच सकता। इस महत्वपूर्ण कार्य के लिए सबसे दक्ष और विश्वस्त लोगों की तैनाती की जाती है। काफी समय तक कतार में खड़े रहने के बाद हम लेनिन के मृत शरीर तक पहुंचे तो देखा कि शरीर कालांतर में सिकुड़ चुका था, पर 60 सालों के बाद भी लेनिन जीवंत लगे। कोट टाई पहने अनंत शयन में लीन थे। सुना कि परमाणु युद्ध की स्थिति में लेनिन के ताबूत को गुप्त तरीके से भूगर्भ रेल द्वारा बहुत दूर किसी सुरक्षित जगह पर पहुंचाने की व्यवस्था भी की गयी है।

राजीव गांधी जी के दौरे के समय मुझे क्रेमलिन देखने का मौका मिला। मध्ययुगीन स्थापत्य तथा स्थानीय शैली के मिश्रण से बने भवनों के बाहरी हिस्से पर सुनहरे रंग के शिखर से एक अनूठी शैली की पहचान मिलती है। अंदरूनी साजसज्जा की शैली भी अलग है। वर्तमान क्रेमलिन की स्थापना सोलहवीं सदी में हुई थी। क्रेमलिन की अंदरूनी सुन्दरता से आँखें चुंधिया जाती हैं। शहर के रखरखाव तथा साजसज्जा में मध्ययुगीन सौन्दर्यबोध की उत्कृष्टता की झलक स्पष्ट परिलक्षित होती है। कम समय तक देखने का मौका मिला फिर भी ये दृश्य यादगार बन गये। किन्हीं कार्यव्यस्तताओं से प्रधानमंत्री के सम्मानार्थ आयोजित रात्रिभोज में मैं तथा प्रधानमंत्री के शिष्टमंडल के एक उच्च अधिकारी सही वक्त पर नहीं पहुंच पाये। पर बाद में प्रधानमंत्री को कुछ जानकारी देने के लिए बुलावे पर हम दोनों को क्रेमलिन जाना पड़ा, यह अप्रत्याशित यात्रा काफी सुखद रही।

लेनिनग्राद का नाम बदलकर अब 'सेण्ट पिट्सबर्ग' हो गया है। प्राचीन समय में जर्मन प्रभाव से इसका नाम कुछ समय तक पेट्रोग्राड भी था। पर जब लेनिन ने सरकारी मुख्यालय मॉस्को में स्थानान्तरित किया तो इसका नाम लेनिनग्राद हो गया। दूसरे महायुद्ध के दौरान नाजियों ने बर्बरतापूर्ण आक्रमण कर 900 दिनों तक शहर पर कब्जा जमाये रखा था। तीस लाख नागरिकों तथा चार लाख शिशुओं को जमीन के नीचे भूगर्भ में खाना, पानी तथा बिजली के बिना जीवन के लिए संघर्ष करना पड़ा था।

1942 की जनवरी फरवरी के महीनों में कड़ाके की सर्दी व अनाहार से लगभग दो लाख लोग मौत के मुँह में समा गये थे। तीन साल तक चलने वाली इस लड़ाई में 6 लाख से अधिक लोग मौत के घाट उतार दिये गये थे।

हरमिटाज लेनिनग्राद में प्रमुख आकर्षण का केन्द्र था। नेवा नदी के तट पर हरमिटाज में रूसी राजवंश का निवास स्थल है जो शीतकालीन राजभवन के नाम से भी परिचित है। हरमिटाज में शोभायमान सारी कलाकृतियाँ 'पीटर द ग्रेट' के व्यक्तिगत संग्रह से हैं। विदेश के दौरों के समय उन्होंने यूरोप के संभ्रांत परिवारों से ये कृतियाँ खरीदी थीं। 'कैथरीन द ग्रेट' ने इस सिलसिले को और भी आगे बढ़ाया। पैरिस के लुव्र कला संग्रहालय के अतिरिक्त इतनी संख्या में प्रसिद्ध कलाकारों की कृतियाँ एक स्थान पर कहीं और नहीं मिलती। सच कहें तो संपूर्ण म्यूजियम को देखने में सालों लग जायेंगें। यहाँ पर तीस लाख कलाकृतियाँ रखी गयी हैं। माटिस जैसे मशहूर चित्रकारों की बहुत सी कृतियों के साथ ग्रीक, रोमन वस्तुओं की प्रदर्शनी तथा साइबेरिया, मध्य एशियाई कलाओं के प्रतीक भी यहाँ देखने को मिलते हैं। हरमिटाज म्यूजियम को दिन भर देखने में हमारा पूरा परिवार थक गया। अगले दिन आराम करने का सोचा। पहले ही दिन समझ में आ गया था कि हरमिटाज के दृश्यों को देख पाना एक दिन या एक हफ्ते में संभव नहीं। अगले दिन शाम को होटल में अकेले कॉफी पीते समय देखा तो कक्ष पूरा सुनसान था। एक कोने में मोहित कर देने वाली एक सुंदर लड़की बैठी थी। थोड़ी देर बाद उसने आकर पूछा कि मैं पर्यटक हूँ क्या ? जब पता चला कि मैं राजनयिक हूँ तो उसने कहा वह रूसी राजवंश की वंशज है। बातों बातों में मालूम पड़ा कि वह सरकारी खुफिया विभाग की कर्मचारी है। लेनिनग्राद में विदेशी सैलानियों पर निगरानी रखने की जिम्मेदारी उस पर है।

कम्युनिस्ट शासन व्यवस्था की तमाम कमजोरियों, अक्षमताओं के बावजूद एक महाशक्ति बनने के पीछे का प्रमुख कारण वहाँ का अनुशासन व देशप्रेम था। बीच बीच में उभरती अनियंत्रित स्थितियों को सम्भालकर पुन: पटरी पर लाने में रूसी बड़े ही कुशल थे। दूसरे महायुद्ध के दौरान जर्मन सेना से उनका संघर्ष वाक्ई रोमांचक रहा। वैज्ञानिक तरीकों से कुछ समयावधि के लिए मौसम बदलने की क्षमता भी उन्हें प्राप्त है, ऐसा सुनने में आ रहा था। सच है या सिर्फ यह कम्युनिस्टों का प्रचार था कहना मुश्किल है। पर हाँ, जरूरत पड़ने पर सभी सरकारी तंत्र को एक जुट कर असंभव को संभव कर पाने की महारत का उदाहरण एक बार मेरे देखने में आया था।

बात यूँ थी कि एक बार मेरे अनुरोध पर राजदूत प्रो. नुरूल हसन का ओडेशा आने का कार्यक्रम तय हुआ। उनके दफ्तर से संपर्क कर तारीख निर्धारित की गयी। मॉस्को से जॉर्जिया जाकर वहाँ से उनका ओडेशा आना तय हुआ। ओडेशा में रुकने का संपूर्ण कार्यक्रम बनाकर मैंने दूतावास को बता दिया, जिसके अनुसार उन्हें पहले दिन दोपहर बाद तीन बजे ओडेशा में पहुंचना था, शाम को छह बजे उनके सम्मान में भोजन का आयोजन था जिसमें स्थानीय सभी गणमान्य व्यक्तियों को निमंत्रित किया जाना था। कार्यक्रम राजदूत द्वारा अनुमोदित किये जाने के बाद मैंने सारी व्यवस्था की तथा वे कहाँ जायेंगे, किन से मिलेंगे आदि का भी समुचित प्रबंध किया। स्वागत सत्कार के लिए लगभग दो सौ अतिथियों को निमंत्रण भेजा गया था। राजदूत के जॉर्जिया का दौरा कैसे चल रहा है, जानने के लिए अचानक निर्धारित दिन की सुबह मैंने उनके निजी सचिव को फोन किया तथा पूछा ओडेशा में उनके कार्यक्रम की सूचना उन्हें है भी या नहीं? निजी सचिव श्री गेरा ने बताया कि कार्यक्रम की प्रति राजदूत की बहन 'बाजी' को दी गयी है और तदनुसार वे कल ओडेशा पहुंचेंगे तथा दो दिन रुकने के पश्चात मॉस्को लौट जायेंगे। मुझ पर बिजली गिर पड़ी। मैंने फिर पूछा - "कल? पर उन्हें तो आज पहुंचना है और शाम को स्वागत समारोह भी तय है।" यह सुनकर निजी सचिव बड़े परेशान हो गये। कार्यक्रम को फिर से देखा तो गलती नज़र आ गयी। दौरा कार्यक्रम तय करते समय उन्होंने तारीख की यह गलती कर दी थी। पर अब इसे आखिरी घड़ी में बदलना कठिन व असंभव था। खास कर ओडेशा के लिए जॉर्जिया से कोई सीधी उड़ान की सुविधा भी नहीं थी। हफ्ते में सिर्फ एक ही दिन सीधी उड़ान उपलब्ध थी। बाकी दिनों में किसी और शहर से विमान बदलकर आना पड़ता था। हमने समझ लिया कि कुछ ही घंटों में किसी भी सूरत में राजदूत उस दिन ओडेशा नहीं पहुंच पायेंगे। गेरा ने अफसोस जाहिर किया तथा कहा कि वे राजदूत को बता देंगे। ऐसी विकट परिस्थिति से उबरने का कोई समाधान न देख मैंने मेयर तथा डिप्लोमेटिक एजेंट को विश्वास में लेकर इस अप्रिय स्थिति की जानकारी दी। तब दिन के साढ़े ग्यारह बजे थे। सारी बातें सुनकर उन्होंने स्वागत समारोह को रद्द न करने की सलाह दी। मैं खुद विकट अनिश्चितता से परेशान था, असहाय और लाचार। दिन के दो बजे एजेंट ने खबर दी कि परेशान न हों, राजदूत नुरुल हसन दिन के तीन बजे के बदले पाँच बजे तक पहुंचंगे तथा स्वागत समारोह में भी शामिल होंगे। सब कुछ ठीक वैसा ही हुआ। चूँकि अतिथियों के आने का वक्त हो रहा था, हवाई अड्डे

खुद न जाकर मैंने तृप्ति को राजदूत के स्वागत के लिए हवाई अड्डे पर भेज दिया। सही वक्त पर प्रो. नुरुल हसन जॉर्जिया से आ पहुंचे, वे अलग ही व्यक्तित्व वाले थे तथा अतिथियों से मिलकर बड़े प्रसन्न हुए। अपने दो दिनों के प्रवास के दौरान वे मेहमानों का दिल जीतने में सफल रहे। मॉस्को में उनके अतिथि सत्कार व मेहमान नवाजी की खबर फैल गयी। वेसे भी एक ज्ञानी शिक्षाविद् की हैसियत से उनका काफी सम्मान था। लेकिन किस तरकीब से उन्हें जॉर्जिया से ओडेशा में सही वक्त पर लाया गया, वह मेरे लिए अब भी रहस्य बना हुआ है। संभवत: किसी विमान का रास्ता बदलकर ओडेशा की ओर उड़ान भरने का इंतजाम आखिरी घड़ियों में किया गया होगा ताकि राजदूत सही वक्त पर ओडेशा पहुंच पायें। भारत के प्रति सद्भाव तथा रूस-भारत मैत्री का यह स्पष्ट परिचायक था।

किरोवा स्थित हमारा दफ्तर तथा निवास शायद कम्युनिस्ट क्रांति के पहले किसी संभ्रांत खानदानी व्यक्ति का रहा होगा। उसके निर्माण की शैली, नक्शा तथा छत के अंदरूनी हिस्से की ऊँचाई पुराने ढर्रे की थी। इस वजह के उसका रखरखाव भी आसान न था। घर के अंदर वातानुकुलित व्यवस्था से सिर्फ गर्मी का नियंत्रण हो रहा था। वही उन दिनों की तकनीक थी। बहुत अनुरोध तथा नाराजगी जताने के बाद स्थानीय प्रशासन ने सुझाव दिया कि पूरे घर की मरम्मत जरूरी है। इसलिए तय हुआ कि इस अवधि में रूसी सरकार हमारे लिए बैकल्पिक व्यवस्था करेगी। साथ ही मरम्मत का काम एक निर्धारित समयावधि के अंदर पूरा करना तय हुआ। कम्युनिस्ट व्यवस्था में अनुमानित मूल्य अर्थात एस्टिमेट बनाने की प्रक्रिया अनूठी थी। जैसे यदि बाथरूम का नल बदलना है तो पुराने नल को खोलकर नीचे रखने से लेकर बाहर निकाल कर कूड़ेवाले ट्रक में पहुंचाने तक के एक एक खर्च के आधार पर एस्टिमेट बनता था। इस एस्टिमेट को हमारे पास मंजूरी के लिए भेजा गया। पहले तो देखकर हँसी आयी, फिर हमने भारत सरकार को लिखा कि किसी और विकल्प के न होने पर सुरक्षा की दृष्टि से घर की मरम्मत बहुत ही जरूरी है, अत: हमारी सुविधा के लिए एस्टिमेट की आवश्यक रकम की मंजूरी दी जाये। सरकार ने मंजूरी दी तथा अस्थायी तौर पर दिक्कतों के बावजूद हम समुद्र तट पर एक मकान में रहने लगे।

यह सुन्दर मकान समुद्र किनारे कई एकड़ की जमीन पर बना था, जगह बड़ी सुनसान थी। सामने एकड़ों में फैले फूलों के बगीचे तथा चारों ओर फलदार वृक्ष लगे थे। सेब, संतरे, अखरोट, चेरी, स्ट्राबेरी के खेत। पीछे समुद्र का किनारा। यह बहुत से

कमरों वाला मकान था। खेलने के लिए टेनिस कोर्ट, टेबल टेनिस तथा स्क्वैश का हॉल, छोटी एक लायब्रेरी, करीनेदार बार-रूम, आधुनिक उपकरणों से सज्जित रसोई, हरेक कमरे में रोशनी तथा झाड़ फानूस। एक दिन मकान की पूरी बनावट देखने की उत्सुकता से बेसमेंट में उतर कर मैंने देखा तो इसके अंदर भी एक दुमंजिला मकान था जिसमें जिम, व्यायामशाला, स्पा तथा तरणताल बने थे। पानी भी वातानुकुलित था। मुझे जेम्स बॉण्ड की फिल्म में दिखे आरामदायक भव्य बंगले याद आ गये। मेरी दो बेटियों को भी यहां पर एक नया अनुभव प्राप्त हुआ। इतनी विशाल इमारत की सुरक्षा कैसे सुरक्षाकर्मी कर पाते होंगे सोचने पर आश्चर्य हुआ। अपनी दोनों बेटियों को वहाँ पर पिकनिक मनाते भी मैंने देखा। बड़ी बेटी के कई रूसी मित्रों ने कुछ सुरक्षा गार्डों से मिन्नतें कर फलों के बगीचे में खेलने के लिए मनाने की कोशिश की। अस्थायी नौकरानी को मैंने एक सुरक्षा गार्ड के साथ चेरी झाड़ के नीचे प्रेमालाप करते देखा था। उसका शराबी पति हमेशा नशे में धुत्त रहता था जिससे उसकी घरेलू जिन्दगी काफी मुश्किलों में थी। संक्षेप में उस जगह एक संपूर्ण उपन्यास लिखने का मसाला भरपूर था पर मैं अभी तक इस ओर काम नहीं कर पाया था। कुरेद कुरेद कर मैंने जानना चाहा कि एक कम्युनिस्ट राष्ट्र में इतना विशाल मकान क्यों और कैसे बनाया गया ? पता लगा कि यह एक अतिथिशाला है जो सिर्फ कम्युनिस्ट पार्टी के उच्च नेताओं की तफरीह व मौजमस्ती के लिए बना था। ग्रीष्म अवकाश बिताने या स्वास्थ्य लाभ करने के लिए कुछ खास वर्ग के व्यक्तियों को ही अतिथिशाला में आने का अधिकार प्राप्त था। बाद में पता लगा कि हमसे पहले विश्व प्रसिद्ध चेस खिलाड़ी गैरी कैस्पोरोव ने ग्रैंड स्लैम के पहले कुछ दिनों तक यहाँ रहकर अपनी रणनीति बनाने का काम किया था।

कम्युनिस्ट सिस्टम में सारी चीजें सरकारी स्तर से करानी पड़ती थीं। तो हमारे किरोवा स्ट्रीट आवास की मरम्मत भी तयशुदा वक्त में पूरी नहीं हो पायी। हमें उस अतिथिशाला में काफी दिनों तक रुकना पड़ा। जल्दी काम खत्म करने के लिए तगादे की कोई खास जरूरत भी न थी। हम सभी नये घर, नयी अनुभूतियों में रमे रहे। रूसी प्रशासन का भी हम पर मेहरबान होना स्वाभाविक ही था।

ओडेशा के भूतल की सुरंग के बारे में हमने सुन रखा था। यह दुनिया की सबसे लंबी सुरंग है तथा स्थानीय लोग बताते हैं कि इसमें बिछे रास्तों का संजाल 2500 कि.मि. की परिधि में फैला है। एक बार आरकेडिया के तट पर घूमते

समय एक विदेशी सैलानी से पता चला कि सुरंग में आम लोगों के प्रवेश की मनाही थी। सिर्फ कुछ हिस्सों में ही आम जनता जा सकती थी। सुरंग सुरक्षित नहीं है तथा संपूर्ण इलाके का कोई पुख्ता नक्शा नहीं बन पाया है। लोककथाओं के अनुसार सुरंग के अंदर दम घुटने से कई लोगों की जान भी चली गयी थी। कुछ लोग रास्ता न ढूंढ पाकर गुम भी हो चुके थे। इस सुरंग का खास महत्व इसलिए भी है कि द्वितीय महायुद्ध के समय रूस में छिपकर नाजी हमले के खिलाफ कई गुटों ने भीषण संग्राम किया था। यही सुरंग इन संग्रामकर्ताओं की आश्रयस्थली बनी रही। महीनों तक तमाम बाधाओं, विपरीत परिस्थितियों के बावजूद भी लगातार संग्राम जारी रखा था।

उन्नीसवीं सदी में इस सुरंग के बनने का उल्लेख इतिहास में पाया जाता है। संभवत: इस इलाके के चूनापत्थर की खानों से ओडेशा में बहुत से मकान और इमारतों का निर्माण किया गया था। कालांतर में इन परित्यक्त खाली खानों में सुरंगों का निर्माण हुआ जो आज भी उसी हालत में ही हैं। नये सिरे से खुदाई की कोई मंशा शायद कम्युनिस्ट सरकार की नहीं रही। इमारत, मकान बनाने में उपयोग की सामग्री भी बीसवीं सदी में बदल गयी।

गाइड लेकर हमें सुरंग के अंदर जाना पड़ा। काफी हिस्सों में घुटनों के बल रेंगना पड़ा। गाइड मोमबत्ती की रोशनी में हमें रास्ता दिखा रहा था। सुरंग के अंदर छिपकर लड़ाई करने वालों के सोने, रसोई की जगह तथा बाहर निकलने के रास्ते भी हमें गाइड ने दिखाये। रास्ते में दो तीन जहरीले बिच्छुओं से भी पाला पड़ा। गाइड ने बड़ी होशियारी से उन्हें मारकर हमें सुरक्षित निकाला। कुल मिलाकर लगभग तीन घंटों के बाद हम सूर्य की रोशनी में लौटे। बिना गाइड के कोई भी वहाँ खो सकता है। लखनऊ के भूलभुलैया की तरह ही यह सुरंग भी पेचीदा पर रोमांचक लगी।

ओडेशा का सांस्कृतिक माहौल अन्य कई शहरों के भिन्न था। चूँकि शहर मुख्यत: बंदरगाह पर आधारित था, अधिकांश परिवारों के सदस्यों को जहाज से विदेश आना जाना पड़ता था। इससे उनका रहन सहन, वेश भूषा भी अलग थी और वे मौज मस्ती तथा मनोरंजन में विश्वास रखते थे। यहुदियों की आबादी कुछ ज्यादा होने से उनका असर शहर की जीवनशैली पर साफ झलकता था। शाम के वक्त सुन्दर पोशाक पहने स्त्रियां प्रोमेनेड में घूमना पसंद करती थीं। एक सरकारी दुकान भी थी जिसमें पुराने जमाने की चीजों की बिक्री होती थी। (पैसों की तंगी से दो बार मैं

विरल संगमरमर से बनी मूर्त्तियां खरीदने में नाकाम भी हुआ था।) बहुत मशहूर दुकान थी, दूर दराज से लोग आकर वहाँ पर खरीददारी करना पसंद करते थे।

सर्दी के मौसम में मैं ओडेशा से बाहर नहीं जाना चाहता था। एक बार सरकारी काम से मॉस्को जाना पड़ा था और वहाँ से लौटते वक्त एयरपोर्ट पर 72 घंटे बिताने पड़े थे। उड़ान रद्द न कर हर दो दो घंटे में यात्रियों को सूचित करते रहे कि बर्फबारी से उड़ान में देरी हो रही है। इस तरह की समस्या अक्सर सर्दियों में रूस में होती रहती थी। ठंड के मौसम में ओडेशा के ऑपेरा हाऊस (स्थानीय लोगों द्वारा इसे यूरोप के दूसरे नंबर का ऑपेरा हाउस माना जाता था) या फिर प्राचीन जेरिबासोवास्काया स्ट्रीट, ओडेशा रेल स्टेशन या मशहूर पोटेमकिन की सीढ़ियों में मेरा आना जाना होता था। गोलाकार पुराने पत्थरों से बने रास्ते (कोबल) मुझे अत्यधिक आकर्षित करते थे। वसंत ऋतु के आने पर किसलय व सर्दियों में बर्फ से ढके रास्तों, गलियोँ तथा सुनसान आरकेडिया से सागर तट का सन्नाटा और भी बढ़ जाता था।

ओडेशा की दूरी मॉस्को से अधिक होने के कारण किसी भारतीय सांस्कृतिक दल को ओडेशा भेजने की बात कोई सोचता भी न था। फिर भी भारतीय संस्कृति के प्रचार के लिए सोवियत संघ में फेस्टिवल ऑफ इंडिया मनाने की योजना बनायी गयी। इससे पहले ओडेशा में पहली बार 'श्रीराम कल्चरल सेंटर' की श्रीमती पन्ना भरतराम के नेतृत्व में पार्सी संयोजक 'दादी' के आधुनिक कठपुतली नृत्य कार्यक्रम का आयोजन किया गया था। दर्शकों ने भी इसे बेहद पसंद किया क्योंकि यह पारम्परिक कठपुतली नृत्य शैली से अलग था। फेस्टिवल ऑफ इंडिया की जिम्मेदारी आइ.ए.एस. अधिकारी श्री एस.के.मिश्र पर थी जो बाद में प्रधानमंत्री श्री चन्द्रशेखर जी के प्रमुख सचिव भी बने। ओडेशा में सांस्कृतिक कार्यक्रम के आयोजन के सिलसिले में बातचीत के लिए उनका ओडेशा में आना हुआ था। जस्टिस कृष्ण अय्यर भी आँखों के इलाज के लिए ओडेशा आये थे और कुछ दिनों तक रुके थे। उनके आने के बारे में मुझे मॉस्को दूतावास से खबर मिली थी। तब मुझे पता चला कि ओडेशा में यूरोप के बहुत से मशहूर चिकित्सालय मौजूद थे। जस्टिस अय्यर से कई बार घर पर मुलाकात का अवसर मिला था। वे दरिद्रों के हमदर्द तथा वामपंथी विचारधारा से प्रभावित एक अनन्य व्यक्ति थे। इंदिरा गांधी का चुनावी मुकदमा तथा उसका फैसला उनके लिए अप्रत्याशित रहा।

कम्युनिस्ट शासन के दौर में रूसी चित्रकारों, शिल्पकारों, मूर्तिकारों,

लेखकों को अपनी कला कौशल प्रदर्शित करने का मौका कम ही मिलता था। उन सबकी कलाकृतियाँ देश के अंदर ही दम तोड़ देती थीं। पाँच दशकों से भी अधिक समयावधि तक रूसी कलाक्षेत्र के विकास से दुनियावाले अनजान ही रहे। हाँलाकि ओडेशा उस देश का कला केन्द्र न था, फिर भी वहाँ कुछ कलाकार कला को पेशा बनाने के लिए जी-जान से कोशिश कर रहे थे। कम्युनिस्ट विचारधारा तथा प्रचार और दिखावे के माहौल में चित्रांकन केवल इन्हीं विषयों तक सीमित रह गया था। उन्मुक्त रूप से अपनी निजी अनुभूतियों को चित्रों में ढालने का कोई प्रोत्साहन या संरक्षण उपलब्ध न था। विदेशी राजनयिकों से मिलने जुलने में भी डर का माहौल व्याप्त था। इस वजह से एक बार शिपिंग कंपनी के एक विश्वस्त मित्र की सहायता से हम एक चित्रकार के घर बड़े ही गुप्त तरीके से पहुंचे थे। लगभग एक घंटे तक उन्होंने हमारा आवभगत किया। एक के बाद एक अपने अनगिनत चित्रों को दिखाया। अधिकतर चित्र इंप्रेशनिष्ट शैली में बने थे - किन्हीं पलों के दृश्य या आवेग प्रदर्शित करते हुए। सभी तैलचित्र बड़े आकार के थे। पेंटर व उनकी पत्नी ने बड़ी ही सुन्दर वेशभूषा में हमारा स्वागत किया। साथ ही चाय, केक व अन्य खाने पीने की चीजों से हमारा सत्कार किया। किसी विदेशी राजनयिक का उनसे इस तरह आकर मिलना उनका पहला ही अनुभव था। अपने पुराने से घर के कारण थोड़ी हिचक थी उनके मन में। जब मैंने चित्रों के मूल्य पूछे तो वे थोड़े शंकित हो गये। अपने कुछ रूसी मित्रों से बात की। दरअसल उनकी यह समस्या थी कि यदि इन चित्रों को किसी विदेशी को बेचा जाये तो इन्हें वे ले कैसे जायेंगे, साथ ही भुगतान किस मुद्रा में और कैसे किया जायेगा। उन्होंने मुझसे कहा कि वे बाद में बताएंगे। फिर बात आगे नहीं बढ़ी। कलाकारों की आजादी कितनी सीमित रही उन दिनों, इसकी काफी हद तक जानकारी इस घटना से मिलती है।

मेरे तबादले का समाचार 1986 के बीचोबीच मेरे पास पहुंचा। कम्युनिस्ट रूस से एकाएक पूंजीवाद की राजधानी न्यूयार्क में तबादला मेरे लिए अप्रत्याशित व आश्चर्यजनक खबर थी। मुझसे अधिक खुशी ओडेशा के मेरे परिचितों व मित्रों को हुई। उनका सोचना था कि मेरे अच्छे काम से संतुष्ट हो कर पदोन्नति के तौर पर मेरा तबादला न्यूयार्क कर दिया गया। पर इसमें ज्यादा सच्चाई न थी। वास्तव में मेरा तबादला पहले स्विट्जरलैण्ड हुआ था पर किन्हीं कारणों से उसे बदलकर न्यूयार्क

कर दिया गया। पर मैंने भी अपने रूसी मित्रों की दृढ़ धारणा को दूर करने का विशेष प्रयास नहीं किया। विदाई समारोह के अपने भाषण में मैंने ऐतिहासिक दृष्टिकोण से भारत-रूस के मजबूत मैत्री संबंधों की विश्व शांति में अहम् भूमिका तथा स्वतंत्रता के बाद भारत की प्रगति यात्रा में रूसी सहयोग की विस्तार से व्याख्या की। साथ ही साम्राज्यवाद के खिलाफ रूसी संघर्ष तथा द्वितीय महासमर के समय ओडेशावासियों का त्याग, संग्राम की मूक साक्षी बनकर खड़ी शहर की गलियों के बारे में स्मरण कराया तो सभी मंत्रमुग्ध रह गये। अगले दिन डिप्लोमेटिक एजेंट ने मुझे बधाई दी तथा भाषण की एक प्रति मंगवाई ताकि इसे वे मॉस्को विदेश मंत्रालय को भेज सकें। उन्होंने यह भी बताया कि कार्यग्रहण के शुरुआती दिनों में मैंने कम्युनिस्ट पार्टी के शीर्ष नेताओं से मिलने का जो अनुरोध किया था, उनकी प्रथा के विरुद्ध होते हुए भी उसे स्वीकार कर लिया गया है। उसी दिन दोपहर बाद मुलाकात तय हुई।

मेरे रूस प्रवास के दौरान वहाँ अप्रत्याशित, संवेदनशील तथा युगांतकारी राजनैतिक परिवर्त्तन दिखाई दिये। ब्रेजनेव के दीर्घकालीन शासन के बाद पीड़ित आन्द्रेपोव, कमजोर असमर्थ व बीमार चेरन्योंको तथा आखिर में गोर्वाचोव का आविर्भाव रुद्ध कारागार में बड़े दिनों के बाद खुली खिड़की से ताजी हवा के झोंके का प्रवेश जैसा हुआ था।

कॉलम्बस का इंडिया

दिल्ली से एयर इंडिया का विमान चलकर दोपहर को न्यूयार्क के जॉन.एफ.केनेडी हवाई अड्डे पर उतरा। वहाँ उन दिनों गर्मियों का मौसम था। मेरे सहकर्मी तलमिज अहमद (जो कभी यू.ए.इ. तथा सऊदी अरब में भारतीय राजदूत रहे) हमें लेने एयरपोर्ट आये थे। उनसे थोड़ी बातचीत के बाद हम मशहूर फ्लशिंग के वुडनर हाउस के लिए निकल पड़े। वहाँ पर हमारे रहने का प्रबंध किया गया था। फ्लशिंग अंतराष्ट्रीय टेनिस खिलाड़ियों के लिए तीर्थस्थान जैसा ही है। इस बार भारत से मदद के लिए तरसेम सिंह हमारे साथ थे। इसलिए इस तबादले पर सुटकेस खोलने, घर जमाने के तकलीफदेह अनुभव से कुछ राहत मिलने की संभावना दिखी। सभी घर सजाने में लगे थे, जबकि मैं बॉलकनी में खड़ा होकर एक खूबसूरत सूर्यास्त देखने लगा। मैनहैटन सिलहट के साये में पिघलते लौह पिंड सा सूर्य क्षितिज पर डूबता जा रहा था और इसके साथ ही न्यूयार्क शहर लाखों रोशनियों से जगमगाने लगा था - मानो कोई रूपसी सुन्दरी हो। अगले दिन सुबह मैं सेन्ट्रल पार्क के नजदीक 64 नम्बर स्ट्रीट स्थित अपने दफ्तर की ओर चला। हमारा दफ्तर एक भव्य तथा ऐतिहासिक विरासत वाले भवन में था। पहले ही दिन मेरी समझ में आ गया कि मेरा जीवन भी न्यूयार्क जैसा ही तेज रफ्तार वाला होगा। तब तक फेस्टिवल ऑफ इंडिया समापन के करीब था। समापन समारोह का सारा प्रबंध (दफ्तर का संचालन व प्रशासन) तथा अमेरिकी अधिकारियों से समन्वय का जिम्मा मुझ पर आ गया। फेस्टिवल ऑफ इंडिया के लिए खास तौर पर तैनात दीदार सिंह, आइ.ए.एस. का भारत तबादला हो गया था। अतः उनके द्वारा समापन की जिम्मेदारी अब निभा पाना संभव न था। ठीक उसी समय मित्र तलमिज अहमद का भी तबादला हो गया जो बहुत ही निपुणता से भोपाल गैस प्रकरण की देखरेख कर रहे थे। उनके जाने के बाद मुझे उस कार्य की जिम्मेदारी

भी दी गयी। दरअसल मामले की देखरेख तो वांशिंगटन के भारतीय दूतावास द्वारा ही हो रही थी। भोपाल गैस कांड की पृष्ठभूमि तथा तकनीकी पक्ष के कारण मेरे जैसे राजनयिक के लिए पोस्ट ऑफिस की तरह कागजातों के आदान प्रदान करने के अलावा और कोई काम न था। उसी तरह भारत उत्सव के अंतिम कार्यक्रमों में शामिल होना भी असंभव था। भारत के वाणिज्यिक प्रतिनिधि होने के साथ ही समुद्री (मरीन) निर्यात बोर्ड के निदेशक के रूप में मेरा कार्यभार इतना अधिक था कि सामाजिक गतिविधियों में भाग लेने के लिए जरा भी समय निकाल पाना कठिन था।

इस बीच मेरे मित्र गोपाल नंद, आयकर अधिकारी, इंगलैण्ड में प्रशिक्षण ले रहे थे। अमेरिका में कुछ दिनों के सैर सपाटे के लिए उनका न्यूयार्क आना हुआ। मेरी अत्यधिक कार्यव्यस्तता के कारण इच्छा के बावजूद हम कई जगहों पर एक साथ नहीं जा पाये।

कुछ महीनों बाद पहली बार अमेरिका के कुछ ओड़िया परिवारों से मिलने का अवसर वीरेन्द्र पटनायक तथा उनकी पत्नी नवनीता पटनायक के पेनसिलवेनिया के निवास पर मिला। उन दिनों बहुत ही कम तादाद में ओड़िया समुदाय के लोग अमेरिका व कनाड़ा में निवास कर रहे थे। पचास दशक तक एशिया से आप्रवास पर पाबंदियों के कारण अमेरिका में भारतीय आबादी आज के जैसी इतनी अधिक न थी। फिर भारतीयों में नाम मात्र संख्या में ही ओड़िया प्रवासी थे। संख्या में कम होने के बावजूद सभी लोग कुशल पेशेवर रहे। पहली बार पूर्वी अमेरिका के न्यूयार्क, न्यूजर्सी तथा पेनसिलवेनिया में रहनेवाले कुछ भारतीय परिवारों से मुलाकात हुई। उनमें डॉक्टर, गवेषक, शोधकर्ता, कॉनसलटेण्ट, प्रोफेसर आदि पेशे के लोग थे। समूह छोटा था पर सबके अन्दर आगे बढ़ने का उत्साह व भरपूर आग्रह था। अमूमन पहली पीढ़ी के प्रवासियों में इस तरह की इच्छा शक्ति व उद्दीपना दिखायी देती थी। मेरे अमेरिका में प्रवास के दौरान सप्ताह के अंतिम दो दिनों (शनिवार व रविवार की छुट्टी) में मुझे ओड़िया व अन्य भारतीय समुदायों के सामाजिक अनुष्ठानों में जाने का अवसर मिलता था। अंतरंग परिवेश में इन बैठकों में अतीत की भावुक स्मृतियों तथा जन्मभूमि से विछोह की आतुरता स्पष्ट परिलक्षित होती थी। इन बैठकों में मिलने मिलाने की कोई समय सीमा नहीं होती थी। रात के अंतिम प्रहर, भोर तक बैठकें चलती थीं। जहाँ तक मेरी जानकारी है अमेरिका में ओड़िशा से मैं पहला राजनयिक पदस्थ हुआ था। बाद में प्रमथेश रथ तथा आरिफ खान राष्ट्रसंघ के भारतीय मिशन में पदस्थ हुए। कुछ

बर्षों बाद ललित मानसिंह वाशिंगटन दूतावास में नियुक्त हुए। पूर्वी अमेरिका के भारतीय समुदाय से भेंट की मुझे सदैव प्रतीक्षा रहती। अफसोस की बात थी कि भारतीय कॉनसुलेट या दूतावास से उन लोगों का कम ही संपर्क था। स्वतंत्रता दिवस, गणतंत्र दिवस या ऐसे ही सरकारी समारोहों के दौरान विभिन्न शहरों में भारतीय प्रवासियों से मिलने का अवसर मिलता। भारत के विभिन्न प्रांतों से बड़ी संख्या में भारतीय अमेरिका की कंपनियों में काम करते थे। बड़े मेधावी व कुशल कर्मियों के तौर पर उनकी पहचान थी परन्तु तदनुसार पदोन्नतियों में उनकी समुचित हिस्सेदारी नहीं होती थी। पक्षपात की शिकायतें सुनने में आती थीं। कालांतर में अपने कठिन परिश्रम, निष्ठा व उत्तम छवि के बल पर भारतीयों को काफी बड़ी तादाद में नियुक्तियां मिलीं तथा कॉरपोरेट के ऊँचे व शीर्ष पदों तक भी वे पहुंच पाये। मैं अमेरिका के विभिन्न प्रांतों में अपने दौरों में प्रवासी भारतीय समुदाय से मिलने का प्रयास करता था। न्यूयार्क के अलावा न्यूजर्सी, पेनसिलवेनिया, कॉनेक्टिकट, मॉसाच्युसेट्स, टेक्सस, वाशिंगटन, इलिनॉय, क्लेवलैण्ड आदि जगहों पर भारतीय परिवारों से मिलने का मुझे मौका मिला। विदेशों में मातृभाषा व अन्य देशी भाषा कह पाने का तथा देशी व्यंजनों का स्वाद भी अनूठा ही होता है। उस दौरान भारत के ओड़िशा प्रांत में एक सुपर स्पेशियालिटी अस्तपाल बनाने की योजना बनी थी। कुछ ओड़िया डाक्टरों व पेशेवरों ने पूंजी निवेश की इच्छा भी दिखायी। पर ये चर्चाएँ अधिकांशत: तर्क वितर्क में ही समाप्त हो जाती थीं। इसकी वजह थी कि प्रवासी ओड़िया अपने अपने क्षेत्रों में पारंगत तो थे परन्तु कारोबार में जोखिम व अनिश्चितताओं के प्रति सजग न थे। बहुत वाद विवाद के बावजूद काफी वर्षों बाद यह सपना भुवनेश्वर में कलिंग अस्तपाल की स्थापना से साकार हुआ। परन्तु हम लोगों में उद्यमी प्रवृत्ति या उद्यमी बनने की इच्छाशक्ति का घोर अभाव है, इसे तो मानना ही पड़ेगा। अमेरिका के किसी विश्वविद्यालय में ओड़िशा के नाम से एक 'चेयर' स्थापित करने के लिए मैंने एक प्रस्ताव रखा। प्रोफेसर कल्पतरु बाबू के सद्भाव व परिश्रम के फलस्वरूप कॉनेक्टिकट् के ब्रिजपोर्ट विश्वविद्यालय ने इसकी अनुमति भी प्रदान कर दी थी। दस हजार डॉलर के अंशदान से इस चेयर की स्थापना का आश्वासन मिला, शेष रकम विश्वविद्यालय प्रशासन को देना था, पर इस महान कार्य के लिए प्रवासी ओड़िया समुदाय आगे न बढ़ पाया जिससे यह सिर्फ प्रस्ताव तक ही सीमित रह गया। बाद के वर्षों में भारत सरकार ने प्रतिष्ठित 'यपेन' या यूनिवर्सिटी ऑफ पेन्सिलवेनिया में 'भारत' के नाम से 'चेयर' की स्थापना की।

सौभाग्यवश कुछ महीनों बाद केलिफोर्निया में 'ओसा' (ओड़िया सोसायटी ऑफ अमेरिका) का अधिवेशन हुआ। ओड़िया भाषी होने के नाते सम्मानित अतिथि के रूप में मुझे निमंत्रित किया गया। उस अधिवेशन में ओड़िया के प्रख्यात साहित्यिक ज्ञानपीठ से विभूषित पद्मश्री स्व.गोपीनाथ महांति मुख्य अतिथि के रूप में उपस्थित रहे। बीस पच्चीस बर्षों के पहले 'ओसा' का स्वरूप भिन्न था। सिर्फ 300 से 400 प्रवासी ओड़िया लोग इसमें शामिल होते थे। सभी एक शिक्षा संस्थान के छात्रावास व डॉरमिटरी में रुकते थे। साथ खाने पीने का प्रबंध था। ओसा में शामिल होने का प्रमुख आकर्षण मित्रों, साथियों से मिलना जुलना था। कैरियर में या किसी और क्षेत्र में सफलताओं को साझा करने का यह एक बढ़िया मंच प्रदान करता था। महिलाओं के बीच साड़ी, गहनों की नुमाइश भी पीछे न रहती। अधिवेशन में सांस्कृतिक कार्यक्रमों की प्रस्तुति सदस्यों व उनके परिवारजनों के द्वारा की जाती। विविध विषयों पर चर्चा होती कि किस तरह ओड़िया भाषा व संस्कृति को जीवित रख अगली पीढ़ी से इस समृद्ध विरासत का परिचय कराया जाये। अब तक इस मुद्दे ने प्रवासी ओड़िया लोगों को परेशान कर रखा है। भाषणों के दौरान लोगों में खास आग्रह न होने का स्पष्ट भाव भी दिखा। जब समारोह में मुख्य अतिथि व सम्मानित अतिथि भाषण देते तब सम्मेलन कक्ष में आधी से ज्यादा सीटें खाली पड़ती थीं। प्रवासियों के लिए यह अधिवेशन से अधिक शायद कोई धर्मोत्सव या अन्य भारतीय समुदायों से सामाजिक मेल जोल का सिर्फ एक माध्यम ही रहा। सैनफ्रैन्सिसको में 'ओसा' अधिवेशन के बाद मुझे सैन डिएगो के नजदीक डिजनी लैण्ड जाना था। विमान से जाना तय था पर पश्चिमी अमेरिका के प्रवासी भारतीय श्री विवेक सतपथी ने सुझाव दिया कि लॉस एंजेलिस तक उनकी कार से चलूं। सैनफ्रैन्सिसको से लॉस एंजेलिस तक की सड़क यात्रा बेहद अविस्मरणीय रही। प्राकृतिक सौन्दर्य अत्यंत मनमोहक व आकर्षक था। प्रशांत महासागर का गहरा नीला जल व भूभाग के जंगल व विस्तृत पठार की ऊँची भूमि मन के अंदर एक अनूठी अनुभूति पैदा कर रही थी। यात्रा का अंतिम पड़ाव हॉलीवुड व लॉस एंजेलिस शहरों की झिलमिल रोशनियों तक पहुंचने के साथ ही आ गया। अगले दिन डिजनीलैण्ड का दर्शन एक अद्भुत अनुभव रहा। मनोरंजन व मौजमस्ती का खजाना डिजनीलैण्ड बच्चे से बूढ़े तक हर उम्र के लोगों को लुभाता है। मन को जो आकर्षित कर सके, जो शिक्षणीय हो, जो आमोद दायक हो इन सारे उपादानों को दृष्टिगत रखते हुए डिजनीलैण्ड का निर्माण हुआ है। सैन डिएगो में श्री पूर्ण पटनायक

जी के स्वकल्पित आवास स्थल के मनोमुग्धकारी परिवेश व आतिथ्य से हम अभिभूत हुए जो अभी तक यादगार बना हुआ है।

न्यूयार्क स्थित भारतीय कॉनसुलेट जनरल के प्रयासों से बहुत से नामी-गिरामी कलाकारों को निमंत्रित कर कॉनसुलेट के छोटे हॉल में सांस्कृतिक कार्यक्रम आयोजित किया गया। मुझे याद है पंडित रविशंकर, उस्ताद अमजद अली खान, तबला के उस्ताद जाकिर हुसैन, यामिनी कृष्णमूर्त्ति, माधवी मुदगल आदि चोटी के कलाकारों ने अपने कार्यक्रम प्रस्तुत किये थे। प्रवासी भारतीयों के लिए निशुल्क इन कलाकारों की प्रस्तुति देखने का यह सुनहरा अवसर रहा। इसके लिए श्री पी.ए.नजारेथ का धन्यवाद करना पड़ेगा जिन्होंने इतनी मशहूर संगीतज्ञ हस्तियों को एकजुट कराया था।

जब पंडित रविशंकर को अपनी बाईपास सर्जरी के लिए अमेरिका आना पड़ा तब मुझे उनसे पहली बार मुलाकात का मौका मिला। उन्हें एअरपोर्ट से लाने मैं ही गया था। न्यूयार्क के एक अस्पताल में इलाज के लिए उनका दाखिला कराया गया। जाँच परीक्षण के बाद बाईपास का वक्त निर्धारित हुआ। जब स्ट्रेचर पर उन्हें ऑपरेशन कक्ष में ले जाया जा रहा था, उन्होंने नर्स व डाक्टरों से मजाक परिहास करना न छोड़ा जबकि वे सभी इनके इलाज की सफलता के प्रति चिंतित थे। रविशंकर के हास-परिहास से उनका तनाव खत्म हो गया और वे स्वाभाविक रह पाये। सर्जरी के अगले दिन राजनयिक पी.ए.नजारेथ उन्हें देखने पहुंचे। उस वक्त वे होश में आ चुके थे तथा चेहरे पर हँसी झलक रही थी। थोड़े ही दिन उन्हें अस्पताल में रहना पड़ा। भारत के प्रधानमंत्री के निर्देशानुसार उनके स्वास्थ्य पर नजर रख पल पल की खबर रखना व भेजना कनसुलेट जनरल की जिम्मेदारी थी। अस्पताल से छूटने पर एक किराये के फ्लैट में उनके रहने का प्रबंध किया गया। उनकी देखभाल, तीमारदारी के लिए लंदन से गांगुली बाबू उनके साथ रहे।

लगभग रोज ही पंडित जी से मिलना जुलना व बातचीत भी होती रही। बातों से ऐसा लगा कि अतीत से उनका गहरा जुड़ाव था। बड़े चाव से वे बनारस व मैहर में बिताये दौर की अनमोल यादों का बखान किया करते। शिशु अवस्था की सारी बातें विस्तार से याद थीं उन्हें। गुरु व ससुर उस्ताद अल्लाऊद्दीन खान की शिक्षण पद्धति व अनुशासन के वे कायल थे, हमेशा अपने शिष्यों के साथ प्रेम भाव का बारबार उदाहरण देते न थकते थे। मैहर के ग्रामीण जीवन व दिक्कतों से भरे दौर के अंदर

साधना व संघर्ष की कहानी सुनाते समय वे भाव विभोर हो जाया करते व अतीत की यादों में मग्न हो जाते। परन्तु अपनी पत्नी (अल्लाऊद्दीन खान की पुत्री) अन्नपूर्णा खान के बारे में कुछ भी कहने में कुण्ठा थी उन्हें। अक्सर हम सेण्ट्रल पार्क में बैठकर बातें करते। बीमारी के समय अपने परिवार से कोई भी साथ न रहने से वे संभवत: अकेलापन महसूस कर रहे थे। अवचेतन में ये टीस झलक ही जाती थी। एक बार पंडित जी ने बताया कि ऑपरेशन के बाद खाने पीने में पाबंदी के कारण एक सा खाना खाते खाते वे ऊब गये हैं। गाँव में रोगी के लिए 'कऊ' व 'मागुर' मछलियों से बनने वाले पथ्य खाने का उन्होंने जिक्र किया। मैंने कुछ नहीं कहा, पर उस दिन तृप्ति से कहा कि एक दिन उस तरह का खाना बनाकर पंडित जी को घर पर आने का निमंत्रण दिया जाये। पंडित जी आये, पथ्य खाना देखकर अत्यंत आनंदित हुए - सोचा न था कि न्यूयार्क में यह संभव हो सकता है। 'अंधा क्या चाहे, दो आंखें' जैसी बात हो गयी। मागुर मछली की तरी व कच्चे केले से बनी तरकारी का न्यूयार्क में मिलना स्वप्न जैसा ही था।

तबीयत पूरी तरह ठीक होने के बाद पंडित जी ने कुछ वक्त हमारे घर पर बिताया तथा तबला वादक कुमार बोस जी से अगले कार्यक्रमों के बारे में चर्चा भी की। फिर वे भारत लौट गये। काफी समय बातचीत के बीच पंडित जी को गुनगुनाकर गीतों की रचना करते हुए मैंने सुना। अमेरिका के टी.वी. कार्यक्रम उन्हें बहुत पसंद थे। एक बार हिन्दी फिल्म जगत के बारे में हमारी चर्चा के दौरान उन्होंने राजकपूर की संगीत चेतना की प्रशंसा की। पंडित जी के मन में उनकी अनन्य प्रतिभा के प्रति बड़ा सम्मान था। अमेरिका के संगीत जगत में पंडित जी की ख्याति एक प्रतिष्ठित संगीत प्रतिभा के रूप में रही हाँलाकि अस्सी के दशक में उन्हें पहले की तुलना में थोड़ी कम सफलता मिल रही थी। उनके संगीत कार्यक्रमों के टिकट काफी पहले बिक जाते थे। हमारे घर पर वे जब भी आते, आस पड़ोस के लोगों में उन्हें देखने तथा उनसे हाथ मिलाने की लालसा रहती। विदेशों में भारतीय शास्त्रीय संगीत को लोकप्रियता दिलाने में उनकी भूमिका अविस्मरणीय रही। साथ ही उनके मजाकिया व्यक्तित्व व हास परिहास की मनोवृति से स्पष्ट था कि उनके मन के अंदर किशोरावस्था की छाप बरकरार थी।

अमेरिका पहुंचने के दो दिनों के बाद ही मुझे स्व.एम.जी. रामचन्द्रन जी के साथ नाएग्रा जलप्रपात तथा उसके नजदीक कनाड़ा के टोरण्टो तथा कुछ और शहरों

में जाने का मौका मिला। रामचन्द्रन इलाज के लिए अमेरिका आये हुए थे तथा स्वस्थ होकर भारत लौटने से पहले नाएग्रा तथा अन्य दर्शनीय स्थलों की सैर पर जाना चाहते थे। भारतीय राजनीतिक क्षितिज में उनकी अहम् भूमिका के मद्देनजर उनकी हर तरह से सहायता के लिए मुझे निर्देश प्राप्त हुआ था। कनाड़ा की यात्रा से पहले मुझे उनके होटल में जाकर उनसे मिलना पड़ा। होटल के उनके कमरे में प्रवेश किया तो देखा वे सोफे पर बैठे थे। अपनी जगह से थोड़ा उठकर उन्होंने हाथ मिलाया। तब मैंने गौर किया कि रुपहले परदे पर महाशक्तिमान बनकर दुश्मनों का विनाश करने में दक्ष रामचन्द्रन वास्तविक जीवन में आम कद वाले साधारण छोटी काया के व्यक्ति थे। दक्षिण भारत में प्रचलित देशी कमीज, बहुल परिचित काला चश्मा व टोपी पहने रामचन्द्रन जी समूचे तामिलनाडु राजनीति के सर्वोच्च कर्ताधर्ता थे तथा उनके प्रशंसक उनके लिए जान तक लुटाने को तत्पर थे। साथ ही उनके नाम से मंदिर बनाकर उनकी विधिवत पूजार्चना भी की जाती थी। इस अद्भुत आकर्षण वाले व्यक्ति को प्रत्यक्ष देखने पर अचंभा हुआ। हल्की सी मुस्कान के साथ उन्होंने नाएग्रा के कार्यक्रम के बारे में पूछा तथा अपने निजी सचिव से सब कुछ अच्छी तरह समझने के लिए इशारे से बताया। फिर उन्होंने अपने सचिव से लेकर एक उपहार का बक्सा मुझे दिया, जिसमें चंदन की लकड़ी से बना एक हाथी था। एम.जी.रामचन्द्रन से यह मेरी पहली मुलाकात थी जिसमें रुपहले पर्दे से अलग एक व्यक्तित्व से मेरा परिचय हुआ।

राजीव गांधी के पदभार संभालने के बाद भारतीय अर्थनीति में उदारीकरण का मसौदा तैयार हुआ। उदारीकरण के महत्व को समझकर साम्यवाद से प्रभावित सरकारी नियंत्रण से अर्थ व्यवस्था को मुक्त करने के अनेकों प्रयास किये गये। इस वजह से भारत के प्रांतों से मुख्यमंत्रियों तथा नेताओं को हम अमेरिका के दौरे पर बुलाकर भारत में पूंजी निवेश करने के उद्देश्य से विभिन्न कंपनियों के उच्च प्राधिकारियों के साथ बैठकों का आयोजन करवाते थे। श्री शरद पवार तथा स्व. रामकृष्ण हेगड़े इनमें से उल्लेखनीय नाम थे। उनके लिए आयोजित सम्मेलनों में काफी संख्या में प्रवासी भारतीय उपस्थित रहते क्योंकि महाराष्ट्र व कर्नाटक राज्यों को पूंजी निवेश के लिए सर्वथा उपयुक्त माना जा रहा था। साथ ही उन राज्यों के बहुत से लोग आकर अमेरिका में स्थायी रूप से बस गये थे। अपने प्रदेशों से आनेवाले प्रतिनिधियों को सम्मानित करने में उन्हें गर्व महसूस होता। बदलते भारतीय बाजार परिवेश में पूंजी निवेश के लिए उपयुक्त क्षेत्रों के बारे में चर्चाओं के सिलसिले में अमेरिका की

बहुराष्ट्रीय कंपनियों तथा चेम्बर ऑफ कॉमर्स के अधिकारियों से मुलाकातों के समय में कई भारतीय कर्मचारियों से मिला।

राजीव गांधी जी के प्रधानमंत्री रहते समय कई देशों से द्विपाक्षिक संबंधों में सुधार लाने की कोशिश हुई थी। उनके चीन का दौरा ऐतिहासिक रहा। उसी के अनुरूप अमेरिका भी उनकी विदेश नीति की प्राथमिकताओं में रहा।

राजीव गांधी जी कई बार अमेरिका के दौरे पर आये। एक बार उनके दौरे से दस दिन पहले जानकारी मिली कि उन्हें हार्वर्ड यूनिवर्सिटी में अतिथि के तौर पर भाषण देने जाना है। उन दिनों सक्रिय सिख आतंकियों, एल.टीटीई तथा अन्य उग्रवादी गुटों से उनकी जान को खतरा था। राजीव जी की सुरक्षा का खास इंतजाम किया जाता था। इतने कम दिनों में भारतीय व अमेरिकी खुफिया एजेंसियों के लिए मजबूत व अभेद्य सुरक्षा का पुख्ता इंतजाम करना एक बड़ी चुनौती थी। समय की कमी के मद्देनजर हार्वर्ड कार्यक्रम को रद्द करने की सलाह भी आयी पर प्रधानमंत्री इसके लिए काफी इच्छुक थे। किसी भी विदेशी नेता के लिए हार्वर्ड में भाषण देना काफी सम्मान व गर्व की बात थी। अमेरिकी शिक्षा संस्थानों तथा संचार माध्यमों की भूमिका, जनमत और सरकारी नीतियों को प्रभावित करने में अहम् होती थी। अंतत: तय किया गया कि प्रधानमंत्री बोस्टन आयेंगे तथा हार्वर्ड में भाषण देंगे। वहाँ के समस्त कार्यक्रमों के लिए समुचित संवंध बनाकर सफल आयोजन के लिए हर संभव प्रयास करने की जिम्मेदारी मुझे दी गयी। कुल जमा छह दिनों का समय मिला। बोस्टन के हयात होटल में राजीव गांधी तथा उनके सहयोगियों के रहने की व्यवस्था हुई। मैंने भी उसी होटल में अपना डेरा डाला। भारतीय राजदूत पी.के.कौल सुरक्षा अधिकारियों तथा दूतावास के कर्मचारियों के साथ दौरे से पहले ही बोस्टन आ पहुंचे। सुरक्षा अधिकारियों तथा हार्वर्ड विश्वविद्यालय के प्राधिकारियों के बीच चर्चा हुई। मैंने गौर किया कि भारतीय दल के सदस्यों में प्रधानमंत्री के सम्मान में रखे गये भोज में कौन किस टेबल पर बैठेंगे इस बात को लेकर भारी उत्सुकता थी। किसका टेबल प्रधानमंत्री के टेबल के कितना करीब रहेगा उसके लिए सभी व्यग्र थे। सुरक्षा संबंधी चर्चा के दौरान मुझे बातचीत भी सतही लगी। मुझे लगा कि राजीव गांधी जी की जान पर मंडराते खतरे के बावजूद जैसे किसी को इन बातों में विशेष आग्रह न था। दूसरी ओर अमेरिकी सुरक्षा व खुफिया विभाग में काफी दृढ़ता व आत्मविश्वास था। वे अविचलित रूप से भारतीय सलाहकारों को शांतिपूर्वक सुनते रहे पर कोई टिप्पणी करने से हिचके। सिर्फ कहते

कि तैयारी चल रही है। बैठक के बाद मैंने अमेरिकी सुरक्षा संबंधी समन्वयकर्त्ता अधिकारी से कहा कि सब कुछ अधूरा रह गया तो उन्होंने मुझे आश्वस्त किया कि उनकी सुरक्षा समन्वय कमिटि की उसी शाम को बैठक है तथा उसके बाद वे मुझे सुरक्षा व्यवस्था के बारे में सूचित कर देंगे। फिर देर रात को आकर उन्होंने बताया कि आप न घबराएँ, सारी व्यवस्था कर ली गयी है यद्यपि विस्तार से बता पाना उचित न होगा। भारतीय दल के लिए विभिन्न स्थानों, विभिन्न समय तथा सभी कार्यक्रमों के लिए अलग अलग रंगों के पहचान पत्र जारी किये जायेंगे ताकि पहचान में सुविधा हो। प्रधानमंत्री के संपूर्ण दौरे से संबंधित नक्शा भी दिया तथा कहा कि कभी भी रास्तों में बदलाव हो सकता है। इसके बारे में अंतिम फैसला वाहन व जुलूस आदि के लिए जिम्मेदार अमेरिकी अधिकारी के आदेशानुसार लिया जायेगा। गाड़ियों की संख्या तथा एक एक गाड़ी में कौन कौन बैठेंगे ये सारे मामले राष्ट्र या सरकार प्रमुखों के दौरे से पहले ही निर्धारित कर लिये जाते हैं। जुलूस की सूची लेते समय मैंने पूछा, प्रधानमंत्री तथा उनके साथ राजदूत व कौन कौन किस गाड़ी में बैठेंगे? अधिकारी ने मुस्कराते हुए कहा "गाड़ियों व जुलूसों की सूची मैंने दी है। बस समझ लें कि प्रधानमंत्री एक खास गाड़ी में बैठेंगे। आखिरी क्षणों में उसमें भी बदलाव हो सकता है, रास्ता भी बदल सकता है।" मैंने पूछा - 'यह कैसे संभव है?' उन्होंने उत्तर दिया - 'सब कुछ संभव है।' प्रधानमंत्री हमारे मेहमान हैं, उनकी सुरक्षा हमारी जिम्मेदारी है। भारतीय सुरक्षा अधिकारियों ने हमें सुझाव दिये हैं, पर इस बारे में हमारी रणनीति कुछ अलग ही है।

प्रधानमंत्री हवाई अड्डे पर यथा समय पहुंच गये। उसके बाद हर एक कार्यक्रम निर्धारित व्यवस्था के अनुसार चलने लगा। राजीव गांधी जी के भाषण की प्रति मेरे पास थी जिसे उन्हें हार्वर्ड विश्वविद्यालय में सौंपना था। काम के दबाव के कारण मैंने यह कार्य एक और अधिकारी पर डाला था। हार्वर्ड में आसन ग्रहण करने के पूर्व भाषण उन्हें नहीं दिया जा पाया। हम सब परेशान थे कि किस तरह यह उन्हें दिया जाये। इस बीच भाषण का समय भी आ पहुंचा। प्रधानमंत्री खड़े होकर अपने पास रखी प्रतिलिपि निकालकर भाषण करने लगे। हमें राहत महसूस हुई, एक लज्जाजनक स्थिति से बाल बाल बच गये। शायद प्रधानमंत्री के दल के किसी सदस्य ने अपनी प्रति उन्हें दे दी होगी। बोस्टन में सिर्फ कुछ ही घंटों तक रुके प्रधानमंत्री। सभा व भोजन संपन्न करने के बाद सीधे हवाई अड्डे की ओर सभी निकल पड़े। प्रधानमंत्री के साथ

उनके कुछ मित्रों तथा संचार माध्यम के प्रतिनिधियों ने भाषण की प्रतिलिपि चाही। (इन्हें उन दिनों 'बाबा लोग' कहा जाता था।) संचार माध्यम का दायित्व युवा अधिकारी विवेक काट्जु पर था पर वे ऐसी स्थिति का अनुमान नहीं लगा पाये थे। संचार माध्यम वालों ने नाराजगी जताते हुए कहा कि यदि उन्हें तुरंत प्रति न मिली तो वे भारत में प्रकाशन के लिए यह समाचार भेज नहीं पायेंगे। प्रधानमंत्री से इसकी शिकायत करने की भी धमकी दी। बेचारे काट्जु निरुपाय खड़े रहे। होटल कर्मचारियों के सहयोग से प्रतिलिपियाँ प्राप्त कर एयरपोर्ट पहुंचाने के लिए मैंने एक अधिकारी को जिम्मेदारी देकर खुद एयरपोर्ट की ओर चला। वहाँ पर सुरक्षा जांच के पहले पहले भाषण की प्रतियां अधिकारी लेकर पहुंचे तथा सभी सदस्यों को एक एक प्रति दे दी गयी। यह तकनीकी कमाल का परिणाम था। संचार माध्यम को सरकारी तंत्र की अक्षमता के बारे में जहर उगलने का एक और मौका मिलते मिलते रह गया।

बोस्टन में प्रधानमंत्री के पहुंचने से कुछ ही समय पहले एक उच्च अधिकारी ने बताया कि राजीव गांधी जी को चॉकलेट बहुत पसंद है, सो अगर कोई बंदोबस्त हो सके तो अच्छा हो। होटल के प्रबंधन अधिकारी से कुछ अच्छे चॉकलेट उनके कमरे में रखवाने का अनुरोध किया गया। प्रधानमंत्री तथा उनके दल को एयरपोर्ट पर विदा किया गया। लौटने के बाद कमरे में आराम करते वक्त होटल के कर्मचारी ने बताया कि प्रधानमंत्री के कमरे में अच्छे कीमती चॉकलेट कई जगहों पर रखे गये थे पर अब वो खाली हैं।

हार्वर्ड सभा से पहले राजीव गांधी प्रोफेसर गॉलब्रेथ से मुलाकात करने उनके आवास पर गये। प्रो. गॉलब्रेथ के नेहरू जी से काफी नजदीकी रिश्ते थे तथा राजीव जी के प्रति भी उनका स्नेह भाव था। (गॉलब्रेथ भारत में अमेरिका के राजदूत रह चुके थे तथा कई मशहूर पुस्तकों के रचयिता भी थे।) काफी आदर व सम्मान के साथ प्रो. गॉलब्रेथ ने प्रधान मंत्री का स्वागत किया तथा अमेरिकी विश्वविद्यालयों में प्रवेश की नयी पद्धति से विदेशी छात्रों के दाखिले में भेदभाव की संभावना के प्रति अपने विचार प्रकट किये। अमेरिकी अर्थव्यवस्था की विसंगतियों व त्रुटियों के बारे में भी उन्होंने प्रधान मंत्री को बताया। प्रधान मंत्री के साथ विदेश मंत्री नटवर सिंह, राजदूत पी.के.कौल के साथ मैं भी था। विदाई के समय अचानक न जाने क्यों गॉलब्रेथ ने मुझसे पूछा कि मैं भारत के किस प्रांत से हूँ। मुझसे ओड़िशा सुनकर उन्होंने कहा, "वहाँ से बहुत कम लोग यहाँ पर हैं।" आखिर तक वे खुद को भारत के मित्र व हितैषी मानते रहे और जो उचित लगा उन्होंने खुलकर कहा भी।

राजीव गांधी के प्रधान मंत्रित्व काल में प्रवासी भारतीयों द्वारा राष्ट्र के उत्थान में नयी व बदलती भूमिका के आयामों पर काफी विचार विमर्श हुए। उनके अमेरिका के दौरे के वक्त कई लोगों ने सुझाव दिया कि प्रवासी भारतीयों व भारतीय वंशजों का एक विश्व सम्मेलन आयोजित किया जाये तथा ज्यादा अहमियत व मान्यता-प्रदान करने के लिए इसका आयोजन न्यूयार्क में करना सर्वथा उचित रहेगा। भारत सरकार ने इसे अपनी मंजूरी दी व सहायता का आश्वासन भी दिया। सम्मेलन का उद्घाटन प्रधान मंत्री द्वारा करवाने पर सहमति हुई। अमेरिका तथा यूरोप के साथ ही कैरेबियन, फिजी आदि भारतीय वंशज बहुल देशों से भी प्रतिनिधियों को भी आमंत्रित किया गया। तब तक मेरे स्थानांतर का आदेश आ चुका था। भारत सरकार ने सम्मेलन की सफलता के लिए आयोजकों से समन्वय की जिम्मेदारी मुझे सौंपी। उस कारण से मेरा तबादला तीन महीनों तक स्थगित कर दिया गया। परन्तु प्रवासी भारतीयों में एकता के अभाव से तथा आपसी गुटबाजी के कारण सम्मेलन को आशा के अनुरूप सफलता नहीं मिल पायी हाँलाकि छेदि जगन जैसे कई कद्दावर भारतवंशी नेताओं ने सम्मेलन में भाग लिया। राजीव गांधी के बदले माधव राव सिंधिया जी ने भारत सरकार के प्रतिनिधि की हैसियत से सम्मेलन में भाग लिया तथा अपना संबोधन रखा। प्रवासी भारतीयों में आपसी कलह तथा तत्कालीन बोफोर्स कांड के कारण प्रधान मंत्री की लोकप्रियता में कमी, राजनैतिक अनिश्चितता व कांग्रेस पार्टी में आसन्न विभाजन की आशंका ने उस सम्मेलन को प्रभावित किया। फिर भी यह संभवत: भारतीयों की दक्षता, महारत तथा क्षमता प्रदर्शन का प्रथम प्रयास रहा। राजीव गांधी की इस पहल ने बाद में प्रवासी भारतीयों को भारत के साथ जुड़ने में काफी प्रेरणा प्रदान की।

एक घटना आज तक रहस्यों के घेरे में है। भारत सरकार के वाणिज्यिक प्रतिनिधि की हैसियत से मुझे विभिन्न चेम्बर आफ कॉमर्स तथा बहुराष्ट्रीय कंपनियों के मंचों पर भारतीय आर्थिक परिदृश्य पर संबोधित करने का मौका मिला। अमेरिका में इस तरह के कार्यक्रमों के लिए थोड़ी सी तैयारी की आवश्यकता रहती थी क्योंकि भाग लेने वाले श्रोतागण वक्ता से अपने प्रश्नों पर स्पष्टीकरण चाहते थे। एक दो बार 'न्यूयार्क टाइम्स' में मेरी टिप्पणियाँ प्रकाशित हो चुकी थीं। भारतीय खाद्य, मसालों, हस्तशिल्प, चमड़े के उत्पादों के प्रचार प्रसार के लिए अमेरिका के व्यावसायिक संगठनों से संपर्क बनाए रखने का काम मैं करता था। जे.सी.पेनी जैसे मशहूर डिपार्टमेंटल स्टोर के साथ भारतीय उत्पादों की प्रदर्शनी के लिए ट्रेड फेयर अथॉरिटी ऑफ इंडिया

का अनुबंध हुआ। भारत से व्यापारिक शिष्टमंडलों का अमेरिका में व्यावसायिक संगठनों से बातचीत करने के लिए तांता लगा रहा। वाणिज्यिक प्रदर्शनियों, खास तौर पर न्यूयार्क में आयोजित प्रदर्शनियों में अधिक से अधिक योगदान करने के लिए हमारा कार्यालय भारतीय संगठनों की सहायता कर रहा था।

उन दिनों नैना लाल किदवई (एच.एस.बी.सी.) तथा मेस्को से रीता सिंह जैसे उद्यमी न्यूयार्क में अपनी प्रतिष्ठा के लिए प्रयासरत थे। मरीन प्रोडक्टस अथॉरिटी के न्यूयार्क कार्यालय का कार्यभार कुछ दिनों के लिए मुझ पर रहा। भारतीय सरकार द्वारा प्रायोजित इस संस्था के एक शिष्ट मंडल का अमेरिका दौरा संपन्न हो चुका था।

एक दिन अचानक एक अमेरिकी सज्जन का ऑफिस में फोन आया। उन्होंने बताया कि वे एक प्रतिष्ठित व्यापारी हैं तथा अपने कारोबार के विस्तार के लिए भारतीय समुद्री मछलियों, खास कर झींगा मछलियों का आयात करना चाहते हैं जिसके लिए वे पूंजी निवेश को भी तैयार हैं। चूँकि एक अमेरिकी ने भारत से कारोबार में अपनी ओर से पूंजी लगाने की पहल की है, मैंने पूछा कि वे बदले में क्या चाहते हैं। उन्होंने कहा मुझसे मिलकर वे सारी बाते बतायेंगे। अगली शाम को कार्यालय में मिलना तय हुआ। अगली शाम को ठीक छह बजे रिसेप्शन मेज से फोन कर कहा कि "यदि आपको कोई और काम न हो तो चलिए किसी रेस्तराँ में बैठकर चाय पर बात करते हैं।" अमेरिका व जापान में ऐसी बातें आम थीं। मैंने रिसेप्शन पर आकर देखा तो एक लम्बे कद के लगभग पचास की उम्र वाले कीमती सूट पहने गोरे से अमेरिकी सज्जन मेरी प्रतीक्षा कर रहे थे। तेज नजरों वाले अमेरिकी ने मुझसे हाथ मिलाया, और मुझे बाहर खड़ी अपनी लिमोजिन तक ले गये। गाड़ी में बैठकर ड्राइवर से स्टार्ट करने को कहा। मैंने देखा कि गाड़ी के अंदर शराब और खाने पीने का भरपूर इंतजाम था। उन्होंने अपनी कंपनी के बारे में कुछ कहने के बजाय अपने सपनों की बातें कीं कि भविष्य में किस तरह भारत से कारोबार बढ़ाने की पर्याप्त संभावनाएं मौजूद हैं। उनका कारोबार युरोप, जापान, दक्षिणी अमेरिका व अफ्रीका में फैला हुआ है पर भारत कारोबार की दृष्टि से श्रेष्ठ स्थान है। भारत से वस्त्र, चमड़ा, हस्तशिल्प, चावल, समुद्री झींगा जैसे उत्पादों के आयात की उनकी योजना है। 'स्टार ऑफ इंडिया' का ब्रैंड नाम रहेगा। भारत विश्व वाणिज्य का स्टार बनेगा। बातचीत के बीच गाड़ी मैनहैटन की एक जगह पर रुकी। हम लोग सामने वाले रेस्तराँ में गये। अंदर लोगों का जमघट था। सभी आपसी बातचीत में मशगूल थे। शोर शराबे के बीच एक

कोने में संगीत चल रहा था। परिचारिकाएँ खाना पीना परोस रही थीं। मुझे एक टेबल तक ले गये जिस पर 'आरक्षित' की तख्ती लगी थी। हम दोनों बैठे। दो परिचारिकाएँ ऑर्डर लेने आ गयीं। अमेरिकी सज्जन ने कहा कि यहाँ का इटेलियन व्यंजन बहुत अच्छा है। उन्होंने सर्वोत्तम रेड वाइन व कुछ खाने का ऑर्डर दिया। फिर चालू हुआ 'स्टार ऑफ इंडिया' के बारे में अनर्गल भाषण का दौर। अपने प्रोजेक्ट में उन्होंने मेरी सहायता चाही। भारत के बारे में कई सूचनाएं मांगीं। पहले दिन उनसे इतना जबरदस्त आग्रह, अत्यधिक उत्साह देखकर मुझे बड़ा आश्चर्य हुआ। सामान्यत: विकसित देशों के प्रतिष्ठित कारोबारी सभी पहलुओं का अध्ययन करने में समय लगाते हैं और फिर किसी देश से व्यापार करने के लिए कदम आगे बढ़ाते हैं। पर ये सज्जन अपवाद लगे। जब मैंने उनकी कंपनी के बारे में जानना चाहा तो चालाकी से टाल गये। बातचीत के पूरे समय मेरी ओर गौर से देखकर अनुमान लगाते रहे। अपने प्रोजेक्ट में मेरी सहायता की अपनी प्रबल इच्छा जतायी। उस स्थल का आकर्षक परिवेश, बढ़िया खाना पीना व सुन्दर परिचारिकाओं की संगत में अभिभूत हो जाने के बदले मैं सावधानी बरत रहा था। सलाह के तौर पर मैंने कहा कि कोई भी कारोबार शुरू करने से पहले उसके लिए भारत जाकर वहाँ के व्यापारियों से व्यक्तिगत मुलाकात कर अपनी योजना के बारे में चर्चा करना उचित रहेगा। आशावादी स्वर में मुझसे अगली मुलाकात कब होगी पूछा। मैंने कहा - 'देखता हूँ, अपनी व्यस्तताओं के बीच कब वक्त मिलता है।' रेस्तराँ छोड़ते समय मैंने देखा कि रेस्तराँ में काफी लोग उन्हें जानते थे। सभी उनका अभिवादन कर रहे थे। रेस्तराँ से निकलकर उन्होंने मुझे कार तक छोड़ा। बाद में फिर कभी मुझसे उन्होंने कोई संपर्क नहीं किया। एक बार एक प्रवासी हीरे के व्यापारी को मैंने उस रेस्तराँ में निमंत्रित किया, क्योंकि वहाँ का खाना पीना वाकई बहुत ही उम्दा लगा था। एक शाम को हम वहाँ पहुंचकर उस इटेलियन रेस्तराँ को ढूढने लगे। पर आस पास के दुकानदार नहीं बता पाये। अंतत: वहाँ के एक मात्र इटेलियन रेस्तराँ में हम गये। अंदर की साज सज्जा अलग थी। न एक भी ग्राहक था और न ही कोई संगीत। जगह भी अलग थी। थोड़ी देर में ही हम बाहर आ गये। भारतीय कारोबारी ने कहा, बड़ी ही नीरस जगह है, आप पहले इसी रेस्तराँ में ही आये थे ? मैंने कहा "जगह तो पूरी अलग लग रही है। यदि मशहूर जगह होती तो निश्चित भीड़भाड़ होती।" फिर हम एक और रेस्तराँ में गये। जाते वक्त उन्होंने कहा, लगता है कि उस दिन वाले सज्जन शायद कोई कारोबारी थे ही नहीं। हो सकता है कि वे

किसी एजेंसी से होंगे या खुफिया विभाग के भी हो सकते हैं। उनके लिए ऐसे आमोद प्रमोद के स्थल रहते हैं। शायद आपकी जाँच पड़ताल कर रहे होंगे कि उनकी योजना पूरी हो सकती है या नहीं। तब तक मैंने इस संभावना के बारे में तनिक भी नहीं सोचा था।

एक और असमंजस भरा पल मुझे याद आ रहा है। प्रिन्सटन विश्व विद्यालय के एक परिचर्चा सत्र में मुझे भारत के बारे में कुछ कहने को आमंत्रित किया गया था। मैंने अपने भाषण में भारत के बारे में थोड़ा विस्तार से बताया। बाद में उद्घोषणा हुई कि अब भारत के राजदूत श्री आबिद हुसैन अपना वक्तव्य प्रस्तुत करेंगे जिसकी कोई जानकारी मेरे पास नहीं थी। बहुत ही सौम्य व कुशल ढंग से अपना संबोधन प्रारंभ करते हुए उन्होंने कहा, "मैं जो भाषण तैयार कर लाया था उसके अनुसार यदि मैं कहूं तो वह मेरी पहले वक्ता जो कह गये हैं उसकी मात्र पुनरावृत्ति ही होगी।" फिर उन्होंने अपना अत्यंत सुलझा हुआ भाषण दिया था। परिचर्चाओं के दौरान आम तौर पर प्राय: ऐसा हो जाता है। पहले वक्ता को इस प्रकार का अवसर प्राप्त हो जाता है।

विश्वस्तरीय प्रवासी भारतीय सम्मेलन के बाद मुझे भारत लौटना था। पर बाद में फ्रांस में कॉनसल जनरल के पद पर मेरी पदस्थी का समाचार आया। बच्चों की पढ़ाई में आ रहे व्यवधान से (वे अंग्रेजी माध्यम से पढ़ रहे थे) मैंने मंत्रालय को अपनी दिक्कत बतायी कि इस वजह से मैं भारत लौटने को इच्छुक था। तब तक पत्नी व बेटियाँ भारत लौट भी गयी थीं। बड़ी बेटी का दाखिला देहरादून के मशहूर वेलहाम स्कूल में हो चुका था। एक साथी को अस्पताल में देखने गया था जहाँ पर मुझे खबर दी गयी कि मेरा तबादला श्रीलंका कर दिया गया है। तब श्रीलंका धधक रहा था। भारतीय शांति रक्षक सेना श्रीलंका के पूर्वोत्तर क्षेत्र में तैनात थी। युद्ध का नतीजा उत्साहवर्धक न था। प्रभाकरन के नेतृत्व में एल.टी.टी.ई. के दुर्धर्ष गुरिला (छापामार) आतंकवादी गुट से मुकाबला चल रहा था। सिंहल के स्वदेश प्रेमी गुट जे.वी.पी. को द्वीप के समग्र इलाकों में सिंहली जातीय भावनाएं लोगों के मन में जागृत कराने में सफलता मिल चुकी थी। सारे देश में भारत विरोधी मनोभाव मुखर था। राजीव गांधी के श्रीलंका दौरे के वक्त सुरक्षा वाहिनी द्वारा स्वागत समारोह के बीच एक सैनिक ने उन पर हमला भी कर दिया था। वास्तव में कहा जाए तो श्रीलंका के एक बड़े इलाके पर श्रीलंका सरकार का कोई नियंत्रण नहीं रह गया था। लोगों को आतंकित करने के लिए जे.वी.पी. हिंसा का मार्ग अपना रही थी। प्रतिदिन श्रीलंका के तटीय व मध्यवर्त्ती

भाग में बड़ी संख्या में लोगों की हत्याएँ की जा रही थीं। बहुत से मासूम लोगों को संदेह के आधार पर मारा जा रहा था। जे.वी.पी. अपने सारे मंसूबों को बहुत ही चालाकी व निर्ममता से अंजाम दे रही थी। सरकार स्थिति पर नियंत्रण रखने में पूरी तरह नाकाम थी। जयवर्धने के बाद प्रेमदासा के राष्ट्रपति बनने के साथ ही भारत श्रीलंका के बीच आपसी संबंधों में तेजी से गिरावट परिलक्षित हो रही थी। आइ.पी.के.एफ. की श्रीलंका में उपस्थिति पर प्रेमदासा के घोर विरोध की बात सर्वविदित थी। वास्तव में देश के पूर्वोत्तर की समस्यायों के समाधान में भारत की मध्यस्थता तथा आइ.पी.के.एफ. की भूमिका के विरोध में अपनी स्पष्ट राय व्यक्त करने में संकोच नहीं करते थे। उनके अनुसार आइ.पी.के.एफ. की उपस्थिति उनके देश के सार्वभौम अधिकार के हनन के बराबर थी। गृह युद्ध में उनकी भूमिका भी संदेहजनक रही। संक्षेप में श्रीलंका में अनिश्चितता, अस्थिरता, अविश्वास पूर्ण वातावरण व्याप्त था। भारतीय राजनयिकों के लिए उस दौरान श्रीलंका में कार्य करना खतरे से खाली न था। विदा होते समय मैंने अपने वरिष्ठ श्री चिन्मय गारेखान (जो राष्ट्रसंघ में भारत के स्थायी प्रतिनिधि रहे) से मुलाकात की। उन्होंने पूछा - "आप सचमुच श्रीलंका जा रहे हैं?" मैंने उत्तर दिया - "मैं विवश हूँ।" सामान्यत: एक देश से दूसरे देश में स्थानांतर के दौरान भारत में रहने के लिए कुछ दिनों की छुट्टी मिलती थी। पर विदेश मंत्रालय के आदेशानुसार मुझे फौरन श्रीलंका जाकर कार्यभार ग्रहण करना था। श्रीलंका में व्याप्त अस्थिरता से जान पर खतरा था अत: ऐसी स्थिति में विदेश सेवा से कोई भी वहाँ पर कार्य नहीं करना चाहता था।

■

श्रीलंका का संघर्ष

जिस दिन मैं इंडियन एयरलाइन्स की उड़ान से कोलंबो पहुंचा, वहाँ की परिस्थिति मुझे बड़ी अस्वाभाविक लगी। गहमा गहमी के बदले वहाँ सन्नाटा व वीरानी छायी हुई थी। आधुनिक हवाई अड्डे पर उपलब्ध सारी सुविधाएं वहाँ मौजूद थीं पर लगा कि उनका कम ही उपयोग हो रहा था। कम से कम समय में आप्रवासन, कस्टम आदि सारी औपचारिकताओं से गुजर कर निकला तो बाहर स्वागत के लिए दूतावास के राजनयिक सुरक्षा कर्मियों के साथ खड़े मिले। मर्सडिज बेंज के आगे एक जीप थी जिसमें चार बंदूकधारी सुरक्षा कर्मी बैठे थे। ड्राइवर से कांडी के लिए रवाना होने को कहा गया। लगभग 125 कि.मी. की दूरी तय करनी थी। पहाड़ काटकर बनाए गये टेढ़े मेढ़े रास्तों से होकर गाड़ी चली। दोनों तरफ फैली हरियाली, जंगल, टाइल वाले छोटे छोटे मकान, फलों के पेड़, झरने आदि मिले। मन को थोड़ी ताजगी मिली। कुछ दूरी पर श्रीलंका के सुरक्षाकर्मियों ने गाड़ी रोककर कुछ ही मिनटों में जाने दिया। रास्ते के बीचोबीच एक पुरुष का मस्तक विहीन शव पड़ा था। शव को रास्ते से हटाने के बाद हमें आगे बढ़ने दिया गया। पन्द्रह मिनट के बाद फिर गाड़ी धीमी हो गयी। एक पेड़ पर लाश झूल रही थी। मैंने पूछा रास्ते पर इतने शव क्यों हैं। ड्राइवर ने उत्तर दिया कि जरा भी संदेह होने पर जे.वी.पी. द्वारा नृशंसता से लोगों को मारा जा रहा है। कुछ महीनों से श्रीलंका में ऐसी हत्याएं हो रही हैं। किसी भी विरोधी, और पुलिस मुखबिरों के संदेह पर हत्याएं हो रही हैं। बहुत से मासूम, निर्दोष लोग आपसी दुश्मनी से भी मारे जा रहे हैं। गाड़ी कांडी की ओर बढ़ रही थी। रास्ते में एक जलाशय आया, जहाँ पर दो शव पड़े थे। तुरंत हुई हत्या के कारण ताजे रक्त से बना जलस्रोत वीभत्स दृश्य प्रस्तुत कर रहा था। शहर के बीच पहुंच कर देखा तो एक टैंक वहाँ खड़ा था। वीरान रास्ते, दूकान बाजार बंद, एक भूतहा शहर जैसा लग रहा था। आवास पर पहुंचा। गेट

पर दो सुरक्षा कर्मी। आवास की सुरक्षा के लिए कुछ और सशस्त्र प्रहरी चारों ओर। वे सभी भारतीय थे। ड्राइवर से शीघ्र कार्यालय की ओर चलने को कहा। कार्यालय में देखा तो वहाँ कोई भी न था। सिर्फ भारतीय सेना के जवान वहाँ पहरा दे रहे थे। घर लौट आया। एक भारतीय सुरक्षा कर्मी से चाय की प्याली लेकर सोफे पर बैठ गया। अब समझ पा रहा था कि वहाँ की परिस्थिति कितनी गंभीर थी और कोई भारतीय विदेश सेवा के अधिकारी क्यों श्रीलंका नहीं आना चाहते थे। कोलंबो में तब दो और ओड़िया राजनयिक प्रमथेश रथ तथा मनमोहन आचार्य पदस्थ थे। ऐसा लगा कि श्रीलंका सरकार का नियंत्रण सिर्फ कोलंबो शहर की सीमाओं तक ही सीमित रह गया था। मुझे बताया गया कि कुछ महीने पहले कांडी दफ्तर के सामने बम विस्फोट हुआ था जिसके अपराधियों को पकड़ पाने में सरकार असफल रही।

यातायत में बाधा विघ्न व जान के प्रति खतरे के कारण आवाजाही पर पाबंदी थी। भारत सरकार ने भी ऐसी अस्वाभाविक परिस्थिति में अपने राजनयिकों को सावधानी बरतने की हिदायत दी थी। दूतावास के कर्मचारियों के लिए कार्यालय समय में ढिलाई के साथ साथ काफी उदार रवैया अपनाया जा रहा था। भारतीय कर्मचारियों के घर से कार्यालय तक आने जाने के लिए गाड़ी व सुरक्षा की व्यवस्था की गयी थी।

कांडी मे भारत सरकार का कार्यालय भारत का सबसे पुराना विदेश कार्यालय है। पिछली सदी के बीसवें दशक में स्थापित इस कार्यालय का प्रमुख कार्य भारत से श्रीलंका के चायबागानों में काम करने के लिए करार पर आये तमिल श्रमिकों की देखभाल करना था। कार्यालय के पहले सरकारी एजेंट भारत के सुप्रसिद्ध कूटनीतिज्ञ श्री के.पी.एस.मेनन थे। कुछ दिनों तक पश्चिम बंगाल के पूर्व राज्यपाल श्री गोपाल गांधी भी कार्यालय प्रमुख के रूप में पदस्थ हुए थे। बदली हुई परिस्थिति में पचास के दशक तथा उसके बाद की अवधि में श्रीलंका सरकार की “सिर्फ सिंहली” नीति के तहत तामिल समुदाय को सांप्रदायिक भेदभाव व विद्वेष का शिकार होना पड़ा। ये तमिल श्रमिक प्राथमिकता वाले गुट से उपेक्षित समुदाय की स्थिति में आ गये। इसके फलस्वरूप बंदरनायक व शास्त्री समझौते के तहत श्रीलंका के मध्यवर्ती क्षेत्र में स्थित चाय बागानों से भारतीय श्रमिकों के लौटने के करार पर हस्ताक्षर हुआ। बहुत से श्रमिक तमाम दिक्कतों के बावजूद आखिरी समय में भारत लौटने को राजी नहीं हुए। दरअसल उनके लिए भारत विदेश ही था। जो लोग पहले भारत चले गये थे उनसे

वहाँ की दुर्दशा की कहानियों ने भी हतोत्साहित किया। साथ ही सिंहली चाय कंपनियों तथा सरकार को भी समझ में आ गया कि भारतीय श्रमिकों के बिना चाय बागानों की कार्यकुशलता घट जायेगी। इस बजह से कुछ सालों बाद श्रीलंका से भारत लौटने के लिए पंजीकृत श्रमिकों के लौटने की आशा खत्म सी होती गयी।

कांडी बौद्ध धर्म के थेरेवाद का केन्द्रस्थल था जहाँ मलवाते और आसगिरिया धार्मिक समुदाय के शाखा प्रमुख तथा प्रधान पूजक का निवास भी था। श्रीलंका की राजनीति में बौद्ध सन्यासियों का बहुत ही जबरदस्त असर होता है, यह सर्वविदित है। राजनीति में उनकी अहम् भूमिका रहती, साथ ही राजनीतिज्ञ भी उनसे आशीर्वाद लेना कभी न भूलते। उन दिनों इस धर्मसंस्था के दोनों प्रमुख भारत विरोधी रहे। उनके अनुसार श्रीलंका में भारतीय सेना की उपस्थिति विदेशी सेना द्वारा श्रीलंका पर कब्जे के बराबर ही था।

बौद्ध सन्यासियों को भारत की श्रीलंका नीति के बारे में सही परिप्रेक्ष्य में अवगत कराने की मैंने कोशिश की। पहले मैंने मलवाते समुदाय के प्रमुख से मुलाकात का अनुरोध कार्यालय के माध्यम से भिजवाया, पर प्रमुख की अचानक मौत हो गयी और नये प्रमुख की नियुक्ति में कुछ समय लगा। अंततः आसगिरिया के प्रमुख से मेरी मुलाकात हुई। वे विज्ञ, चतुर व प्रचण्ड जातीयतावादी व्यक्ति थे। पहली मुलाकात में हमारे बीच थेरेवाद बौद्धधर्म की महत्ता व इतिहास के बारे में चर्चा हुई, पहले दिन से ही सौहार्दपूर्ण बातचीत संभव हुई। इसका कोई निर्दिष्ट कारण नहीं ढूंढा जा सकता। कभी कभी दो इन्सानों के बीच उचित समन्वय मित्रता में सहायक होता है। आसगिरिया के महानायक का बाहरी व्यक्तित्व क्रोधी, दृढमना होते हुए भी अन्दर से वे बहुत स्नेही स्वभाव के थे। मेरी स्पष्टवादिता उन्हें पसंद आ गयी। उस दौर की राजनीतिक परिस्थितियों व अस्थिरता के वातावरण से वे काफी चिंतित लगे। बार बार उनसे संदेश मिलता था और हमारी बातचीत होती थी। एक वक्त आया जब उन्होंने मेरे घर आने की इच्छा जाहिर की, मैंने भी बातों बातों में उन्हें अपने घर आने का निमंत्रण दिया। महानायक ने सहर्ष निमंत्रण स्वीकार कर लिया। पर बात आगे बढ़े, उससे पहले समस्या खड़ी हो गयी। महानायक ने हमारे दफ्तर में कार्यरत अपने परिचित व विश्वस्त धर्मराजा के माध्यम से कहलवाया कि किसी राजनयिक के घर पर महानायक के जाने की कोई परम्परा अतीत में कभी नहीं रही। खास कर तत्कालीन भारत विरोधी माहौल में महानायक द्वारा भारतीय राजनयिक के घर पर जाना श्रीलंका के आम आदमी,

सरकार तथा बौद्ध धर्म के अनुयायियों को मंजूर न होगा। इसलिए इस बात को यथासंभव गोपनीय रखना पड़ेगा। मैंने सुझाव दिया कि वे चूँकि अपने आश्रम निवास से हमारी गाड़ी में आयेंगे तो इसकी जानकारी उनके शिष्यों व आश्रम वासियों को नहीं लग पायेगी। वैसा ही हुआ, महानायक हमारी गाड़ी में सीधे हमारे घर आये। खाना परोसे जाने से पहले उन्होंने बताया कि श्रीलंका अपने सबसे कठिन दौर से गुजर रहा है। इतिहास में इस तरह की राष्ट्र विध्वंसक परिस्थिति का सामना कभी नहीं करना पड़ा था। अत्यंत क्षुब्ध होकर कहा कि बौद्ध सन्यासियों का जीवन भी सुरक्षित नहीं है। बातों बातों में उन्होंने राष्ट्रपति की विश्वसनीयता पर भी सन्देह व्यक्त किया। कहने लगे प्रेमदासा एल.टी.टी.ई. का भारत के विरोध में इस्तेमाल भी कर सकते हैं। उनके अनुसार एल.टी.टी.ई. एक दुर्धर्ष आतंकवादी गुट है पर उनके स्वतंत्र तमिल राष्ट्र का सपना कभी सफल न होगा। वे भारतीय शांति सेना के पक्ष में तो न थे फिर भी तमिल उग्रवादियों के दमन में उनकी भूमिका को अलग नजरिये से देखते थे। बातचीत के दौरान कहा कि राजीव गांधी एक सरल व्यक्ति हैं पर उनके सलाहकारों को श्रीलंका की मूल आत्मा की जानकारी नहीं हैं। वे संपूर्ण अनभिज्ञ हैं। जयवर्धने जैसे चतुर राजनीतिज्ञ के कौशल को राजीव गांधी नहीं समझ पाये। भारतीय सेना दो दो अवांछनीय विकल्पों से जूझ रही है - पराजय असंभव पर विजय की आशा भी क्षीण। अंत में कहा कि उन्हें विश्वस्त सूत्रों से जानकारी है कि प्रभाकरन भारत से छल व विश्वासघात कर रहा है। साथ ही उन्होंने भारतीय सेना की गतिविधियों पर अपना असंतोष जताया तथा बताया कि सेना के बहुत से अधिकारी व सैनिक जवान युद्ध करने के बदले स्थिति का फायदा उठाकर अपनी आयवृद्धि में लगे हुए हैं। उनकी बातों पर विश्वास न भी हो पर उनमें कुछ हद तक सच्चाई तो अवश्य ही थी। जाफना क्षेत्र में कार्यरत कुछ ईसाई पाद्रियों से एल.टी.टी.ई. की खास खास बातें - जीवन शैली, रणकौशल, सख्ती, निष्ठुरता व विश्वासघातकता के बारे में कुछ आभास मुझे मिल रहा था। मुझे महानायक की सांप्रतिक राजनीति व राजनीतिज्ञों पर गहरी सुझबूझ व बेबाकी से व्यक्त राय पर आश्चर्य हुआ। उसके बाद से हमारे बीच घनिष्ठ संपर्क स्थापित हो गया। उनसे मैंने जाना कि यद्यपि बौद्ध धर्म में जातिप्रथा जैसी कोई बात नहीं थी, फिर भी श्रीलंका के बौद्ध समाज में ऐसी प्रथा व्याप्त थी। प्रेमदासा के प्रति उच्च जाति वालों की घृणा व अनादर का भाव उसी जाति व्यवस्था का ही प्रतिफलन था।

खाना परोसे जाने के बाद भी उन्होंने बहुत सी बातें बतायीं। विशेष रूप से

बौद्ध सन्यासियों में अनुशासनहीनता, आर्थिक संकट पर भी बोले। खाने के बाद हमने पान पेश किया। हमारे द्वारा खाने पीने में परंपरा के प्रति सम्मान प्रदर्शन से वे अभिभूत हुए। सेंट्रल प्रॉविन्स के गवर्नर इम्बुलाना भी अक्सर खबर देकर हमारे घर पर आते रहे। सक्रिय राजनीति में भाग लेने की इच्छा के बावजूद परिस्थिति के दबाव से उन्हें गवर्नर बनना पड़ा था। कोलंबो के नेताओं के विरोध में गाहे बगाहे जहर उगल कर अपनी विफलताओं को कुछ हद तक शांत करने की चेष्टा करते रहे। पर सेंट्रल प्रॉविन्स के मुख्यमंत्री दिसानायके का व्यवहार सर्वथा अलग था। भारतीय दूतावास से दूर रहना उन्हें पसंद था। दूतावास से घनिष्ठता के कारण गलतफहमियों की संभावना से वे भली भांति अवगत थे। अत: वे इन मामलों में काफी सावधानी बरतते थे। बाद में पता लगा कि राजनीति में आने से पहले वे सरकारी कर्मचारी थे। जाहिर है कि सरकारी नौकरी में सफल होने के लिए सावधानी ही पहली सीढ़ी होती है। वहाँ मेरे प्रवास के दौरान हमारे घर पर उनका एक या दो बार ही आना हुआ।

राष्ट्रपति प्रेमदासा का कांडी दौरा अक्सर होता था। दालादा मलिगावा (जहाँ गौतम बुद्ध के दांत संरक्षित हैं) में पूजार्चना के बाद ही वे सभा, समिति के कार्यक्रमों में जाते थे। इन अवसरों पर उनसे मिलना संभव होता था। एक चीज मैंने गौर की कि निहायत मजबूरी न होने पर वे भारतीय राजनयिकों के साथ फोटो खिंचवाना टाल जाते थे। एक दिन किसी बौद्ध पुस्तकालय व विश्रामगृह के उद्घाटन के अवसर पर मुझसे मिले तो कहा "मैं महात्मा गांधी का प्रशंसक हूँ पर उनके द्वारा लिखित पुस्तकों को पढ़ने का अवसर नहीं मिला है। विशेष रूप से उनकी जीवनी के बारे में कुछ पढ़ने की इच्छा है।" मैंने शीघ्र उन्हें कुछ पुस्तकें भिजवाने का आश्वासन दिया। प्रेमदासा का राजनैतिक जीवन संघर्षपूर्ण था। कोलंबो की गली-मोहल्लों की राजनीति से उठकर उन्होंने श्रीलंका के सर्वोच्च पद पर पहुंचने में सफलता अर्जित की थी। परन्तु भारतीय सेना की वहाँ तैनाती पर उनका सख्त विरोध सबको पता था। उनके शासन काल में कोई राजनीतिज्ञ यदि भारत के प्रति सद्भाव या सौहार्द का भाव दिखाते तो वे प्रेमदासा के संदेह के घेरे में आ जाते थे। ऐसे राजनीतिज्ञों को मंत्रिमंडल में शामिल तो करते ही न थे वरन् उन्हें राजनीति में नीचा दिखाने का हर संभव कदम उठाते थे। शत्रु-संहार में वे निपुण रहे। ऐसे ही गामिनी दिशानायक भी एक और राजनीतिज्ञ थे। वे शिक्षित आधुनिक मनोभाव तथा विज्ञान उन्मुखी विचारधारा वाले थे तथा उनका सौम्य व सुन्दर चेहरा था। प्रेमदासा से पहले वे अत्यंत प्रभावशाली राजनेता रहे तथा कयास

लगाया जाता था कि एक दिन वे श्रीलंका के राष्ट्रपति बनेंगे। भारतीय नेताओं से उनके घनिष्ठ व सौहार्दपूर्ण संबंध थे। बदलते परिवेश में उनका दम घुटने लगा। वैसे मेरे घर पर उनका कई बार आना हुआ था, पर एक दिन किसी मित्र के द्वारा खबर भिजवायी कि वे मुझसे नुरूवलिया चाय बागान के गेस्ट हाउस में अकेले मिलना चाहते हैं।

नुरूवलिया श्रीलंका के मध्यभाग का एक चाय प्रदेश है। श्रीलंका में कुल चाय का अधिकांश उत्पादन इसी प्रदेश में होता है। वहाँ के चाय बागानों में लगभग सभी श्रमिक तमिल भाषी थे। उन्नीसवीं सदी में अनुबंधित श्रमिकों के तौर पर ब्रिटिश चाय बागानों में काम करने के लिए ये लोग लाये गये थे। तब से अब तक उनके जीवन में कोई बिशेष प्रगति नहीं हो पाई थी। पीढ़ी दर पीढ़ी से वे चाय बागानों की छोटी छोटी श्रमिक बस्तियों में अपना गुजर बसर कर रहे थे। यह पर्वतीय क्षेत्र चाय बागानों, प्राकृतिक झरणाओं व आकर्षक स्थलों से भरपूर था। यहाँ का मौसम भी काफी स्वास्थ्यवर्धक था। शहर के बीचोबीच ब्रिटिश जमाने का एक होटल तथा क्लब चल रहा था साथ ही एक गॉल्फ कोर्स भी था वहाँ।

इस क्षेत्र में बार बार दौरे पर जाना मुझे पसंद था। इस बार मुझे गामिनी दिशानायक के बुलावे पर जाना पड़ा। चाय बागान में सजीले खूबसूरत गेस्ट हाउस में हमारी मुलाकात हुई। वहाँ और कोई न था। बाद में पता चला कि उस चाय बागान में दिशानायक का आर्थिक निवेश था। पूर्वाह्न में बातचीत शुरू हुई। गामिनी दिशानायक ने विस्तार से अपनी योजना के बारे में बताया जिसका सार यह था कि भारत श्रीलंका मैत्री को सुदृढ़ बनाया जायेगा तथा अंत में एल.टी.टी.ई. को मुख्य धारा में लाया जायेगा। इस रणकौशल की विस्तृत जानकारी उन्होंने मुझे दी। हर एक कदम व उसके प्रारूप के बारे में बताया। मैंने पूछा - यह वे कोलंबो में क्यों नहीं कहते ? उन्होंने उत्तर दिया कि कोलंबो में उनकी जान को खतरा है। कोलंबो में उनके आने जाने पर कड़ी निगरानी रखी गयी है। बाद में मुझे पता चला कि ऐसा सुझाव वे पहले ही कोलंबो में दे चुके थे। कालांतर में बड़ी रहस्यमय स्थिति में उनकी हत्या कर दी गयी।

नुरूवलिया के भारतीय श्रमिकों के अप्रतिद्वन्द्वी नेता थे थोंडामन। ट्रेड यूनियन के नेता के रूप में उनकी अच्छी प्रतिष्ठा थी। श्रीलंका के कई मंत्रिमंडलों में वे मंत्री पद का दायित्व भी निभा चुके थे। उस क्षेत्र में थोंडामन को एक किंबदंती नायक का दर्जा प्राप्त था। यद्यपि वे एक चतुर व जमीन से जुड़े नेता रहे पर किन्हीं कारणों से प्रेमदासा के कार्यालय में उनकी भूमिका संदेह के घेरे में आ चुकी थी। सत्ता में बने रहने के लिए

समझौता करने पर तथा भारतीय दूतावास व नेताओं से मित्रता रखने जैसी दुखद स्थितियां उन्हें विचलित कर रही थीं। कई बार वे हमारे घर पर आ चुके थे तथा मैं भी दो बार उनके आवास पर न्योता पाकर गया था। मुझे उन्होंने चाय बागानों में एल.टी.टी.ई. के प्रवेश व उनके बढ़ते बर्चस्व से भविष्य से खतरों के बारे में बढ़ाचढ़ाकर तथ्य प्रस्तुत किया ताकि मैं भारतीय नेताओं को ये सब बता सकूं। पर अंदरूनी छानबीन करने पर पता चला कि यह उनके प्रतिद्वन्द्वी (जिनका संबंध एल.टी.टी.ई. के कई अग्रणी नेताओं से था) को भारतीय नेताओं की नजरों में गिराने व बदनाम करने की एक और साजिश थी। ईर्ष्यावश किसी नये व्यक्ति के स्थानीय भारत वंशियों के नेता बन जाने के वे घोर विरोधी थे तथा हर संभव बाधा पहुंचाने में पीछे न रहते थे।

वासगोमुवा संरक्षित वन श्रीलंका के मध्यभाग में स्थित है पर पर्यटन की दृष्टि से अव्यवहृत, उपेक्षित व अपहुंच होने के कारण यह स्थान मुख्यधारा से पूरी तरह कटा हुआ था। मेरे मित्र राजन व कीर्त्ति के उकसाने पर तय हुआ कि एक छुट्टी के दिन हम पाँच छह परिवारों के लोग वासगोमुवा की सैर को जाएंगे। राजपथ से जैसे ही संरक्षित वन की ओर रास्ता मुड़ा ऐसा लगा कि हम एक अलग ही दुनिया में प्रवेश कर रहे हैं। दूर दूर तक फैली खुली खुली जगह और दोनों तरफ घने जंगल। जंगली रास्ते पर गाड़ी चलाना एक बड़ी चुनौती थी। पशु पक्षियों की पहचान की हमारी कोशिशें नाकाम रहीं। आखिरकार हमने एक जलाशय के पास दोपहर का खाना खाया, थोड़ा आराम कर लौटना तय किया। सूर्य अस्ताचल में जाने की तैयारी में थे, तभी दो तीन हिरणों का झुंड इस ओर से उस ओर छलांग लगाकर झाड़ियों में खो गया। देखा तो थोड़ी दूरी पर जंगली भैंसों का झुंड घास चर रहा था। सामने कुछ जंगली बारहे रास्ता रोके खड़े थे। थोड़े से फासले पर ही गाड़ी बंद कर सीटों की अदला बदला की ताकि थोड़ा उबाऊपन व थकान दूर हो सके। बहुत ही खूबसूरत दृश्य था। बीच में रास्ता और दोनों किनारों पर कमल व कुमुद फूलों की कतारें, दोनों ओर फैले घने-जंगल। सूर्यदेव अपनी किरणें समेटे आन बान शान से आकाश में विदा हो रहे थे। हम सब बस्तियों से काफी दूर, प्रकृति की गोद में चारों ओर के शांत व आध्यात्मिक परिवेश के अंदर सृष्टि के निरालेपन को आत्मसात कर रहे थे। तभी हमें हाथी की चिंघाड़ सुनायी पड़ी, जैसे उन्होंने अपनी मौजूदगी का एहसास कराया हो। हम अवाक् चारों दिशाओं में देखने लगे। मन में आशंका थी कि हाथियों के आवास स्थल में मनुष्यों का प्रवेश कभी कभी महंगा पड़ सकता था। अचानक वृष्टिवन के ऊँचे दरख्तों के पीछे दो

हाथियों को राजकीय मुद्रा में खड़े देखा। उनकी निगाहें हम पर स्थिर थीं और आकार हमारी कल्पना से परे था। इस आकार की तुलना और जगहों पर देखे हाथियों के आकार से की ही नहीं जा सकती। पुस्तकों या चिड़िया घरों, सर्कसों में देखे हाथियों से बिल्कुल अलग। कद था जंगली सागवान पेड़ों सा ऊँचा। हाथी की पीठ पेड़ों की फुनगी तक पहुंच रही थी, ऊँचाई लगभग 30-35 फुट रही होगी। विशालकाय दोनों पशुओं की निगाहें हम पर बड़े खौफनाक तरीके सी टिकी थीं। कुछ पल किंकर्त्तव्यविमूढ़ स्थिति में रहने के बाद हम ने तुरंत अक्ल का इस्तेमाल कर कार के शीशे चढ़ाये और चुपचाप बैठे रहे। सौभाग्य से दोनों हाथी अचानक जंगल की ओर पलट कर जाने लगे। यूँ लगा मानो वे दोनों हमें अलौकिक दर्शन देने के लिए ही आये थे। मेरे मित्र कीर्त्ति वन्य प्राणियों के विशारद थे। करीब तीन दशकों से श्रीलंका के जंगलों की खाक छान कर कई किस्मों के पशु पक्षियों का सामना किया था। पर उस प्रजाति के हाथी से पहले कभी उनका भी पाला नहीं पड़ा था। हमारे लिए यह एक आकस्मिक अनुभूति रही। प्रकृति की गोद में इस तरह के अद्‌भुत दर्शन की आगे कोई संभावना नहीं थी। हम कांप रहे थे। घर पहुंचने तक आपस में बात करने तक की हिम्मत नहीं जुटा पाये।

पोलोनारूवा तथा अनुराधापुर श्रीलंका के प्रमुख पर्यटन स्थल हैं। ग्यारहवीं सदी में पोलोनुरूवा श्रीलंका की राजधानी रही। अनुराधापुर में 2500 वर्ष पुराना बोधिद्रुम विद्यमान है। इस द्रुम का चारा पौधा सम्राट अशोक की संतानों संघमित्रा व महेन्द्र ने शांति व बौद्ध धर्म, तथा संघ के संदेश के रूप में लाकर सिंहल के राज परिवार को प्रदान किया था। दुर्भाग्यवश ये दोनों क्षेत्र उन दिनों एल.टी.टी.ई. के आधिपत्य वाले इलाके के अंदर आते थे। उन क्षेत्रों में आवागमन सुरक्षित न था। खास कर भारतीय दूतावास के प्रतिनिधियों के लिए ये क्षेत्र वर्जित थे, वहाँ जाने की मनाही थी। पर हाई कमिशनर श्री झा एवं मैं वहाँ जाना चाहते थे। संयोग से उन दिनों लेफ्टनंट जनरल कोबेकादुआ उस क्षेत्र के एरिया कमांडर थे। वे एक निडर, दक्ष व कुशल सामरिक अधिकारी थे। श्रीलंका के जनसंचार माध्यम में जाफना क्षेत्र की मुक्ति के लिए श्रीलंका की अंतिम आशा के रूप में उनका उल्लेख हो रहा था। उनके भरोसे पर हम उनसे अनुराधापुर में मिले जहाँ उन्होंने हमारी विशेष सुरक्षा का आश्वासन दिया। अनुराधापुर में दोपहर के भोजन के वक्त मैंने गौर किया ले.जनरल कोबेकादुआ एक भद्र, विनम्र व खुश मिजाज व्यक्ति थे। बातचीत के दौरान उन्होंने बताया कि

श्रीलंकाई सेना की विफलता के मुख्य कारण वास्तविक सूचना पाने में बाधा एवं दुर्धर्ष एल.टी.टी.ई. के निर्मम आतंक के साये में जी रहे वहाँ के स्थानीय निवासियों का असहयोग ही है।

हमें पोलनारुवा पहुंचने में काफी देर हो गयी। रास्ता संकटपूर्ण था। किसी भी पल अप्रत्याशित दुर्घटना व अचानक आक्रमण का खतरा था। साथ में भारतीय ब्लैक कमांडो तथा श्रीलंकाई सुरक्षा वाहिनी के जांबाज जवान चल रहे थे। पोलनारुवा दर्शनीय स्थल था पर हमें थोड़े ही समय के लिए उसे देखने का मौका मिला। हमने वहाँ गौतम बुद्ध की तीन विरल व विशाल मूर्तियाँ देखीं। संभवत: ग्रैनाइट की वैसी मूर्ति संसार में कहीं नहीं मिलती। पहली वाली बुद्ध की मूर्ति 23 फुट ऊँची थी। कुछ लोगों की राय थी वह बुद्ध के शिष्य आनंद की प्रतिमूर्ति थी पर कालांतर में इसे बुद्ध की मूर्ति मान ली गयी। सुप्त मुत वाली बुद्ध की दूसरी मूर्ति 46 फीट लंबी थी। इसके अलावे दो और बुद्ध मूर्तियां भी थीं वहाँ। कलात्मकता की दृष्टि से ये विरल व अप्रतिम मूर्तियाँ थीं।

पोलनारुवा में भी शिव की मूर्तियाँ विद्यमान थीं। हिन्दू धर्म तथा राज्य विस्तार के प्रतीकों में पोलनारुवा में मेरे लिए सर्वाधिक आकर्षण का स्थल निशंक मल्ल के प्रासाद के भग्नावशेष रहे। निशंक मल्ल कलिंग राजवंश से थे जिन्होंने श्रीलंका के सिंहासन पर आरूढ़ होकर कुछ वक्त तक शासन चलाया था। प्रासाद के अंदर हमने स्नानगृह, सभा कक्ष के कुछ हिस्से देखे। मंत्रियों के नाम स्तंभों पर खुदे हुए मिले।

सूर्यास्त से पहले हमें लौटना पड़ा। पोलनारुवा में स्थित कलिंग की और कीर्तियों के अवशेषों के बारे में जानने का वक्त नहीं मिला। बहुत सावधानी से हम अनुराधापुर होकर कांडी लौट आये। कांडी पहुंचकर हमने चैन की सांस ली। श्रीलंका के कलिंग से ऐतिहासिक संबंधों के बारे में मुझे अधिक जानकारी नहीं थी। मालवाते व आसगिरिया संप्रदाय प्रमुखों से परिचय के बाद दालादा मालिगवा के मनोनीत निलमे के नाम से मुख्य शासक एक बार मुझे दालादा मालिगवा के विभिन्न स्थलों की सैर को ले गये। धर्मपीठ का इतिहास बताते वक्त पता चला कि श्रीलंका की प्रसिद्ध पंजिका (कालानुक्रम से लिखित व्यौरे) में महावंश तथा चूलवंश के अनुसार कलिंग की राजकुमारी हेमा माली ने चोरी से बुद्धदेव का एक दांत अपनी केश सज्जा में छिपाकर पति के साथ यात्रा कर श्रीलंका के राजा कीर्त्ति श्री मेघवाम को प्रदान किया था। हेमा माली के पिता गुहशिव काफी अर्से तक संरक्षक के रूप में इस दांत को रखे हुए थे।

पर दुश्मन के हाथों पड़ने से पहले उन्होंने इसे सुरक्षित श्रीलंका पहुंचाने के लिए अपने परिवार के किसी सदस्य के हाथों भेजना तय किया था। अभी तक श्रीलंका में यह धारणा व्याप्त है कि बुद्धदेव का पवित्र दांत जिस किसी के पास होगा वही व्यक्ति श्रीलंका का शासक बन सकता है। बुद्धदेव के उस दांत की पूजा अभी तक दालादा मालिगावा में की जाती है। पर कलिंग से श्रीलंका का संबंध बस यहीं तक सीमित नहीं है। किंवदंती के अनुसार श्रीलंका के राजा विजय बाहु-1 से कलिंग सम्राट की राजकुमारी त्रिलोकसुन्दरी का विवाह हुआ था। कलिंग राज परिवार के गोप राजा के दो पुत्र निशंक मल्ल व साहस मल्ल सन 1200 ईस्वी में श्रीलंका के शासक बने थे। निशंक मल्ल के निधन के पश्चात काफी संघर्ष व उपद्रवों के बाद उनकी विधवा पत्नी कलावती ने छह वर्षों तक श्रीलंका का शासन भार संभाला था। कालांतर में कलिंग राजकुमार माघ ने श्रीलंका के शासन का निर्वाह इक्कीस वर्षों तक किया। श्रीलंका के इतिहास में सन् 1184 से 1235 तक का कालखंड कलिंग राजवंश के राजत्व काल के रूप में दर्ज है।

मलवाते संप्रदाय प्रमुख की नियुक्ति के बाद उनसे मुलाकात का अवसर मिला। उनके बैठने के स्थान की ओर नजर पड़ी तो देखा कि उनका आसन औरों से थोड़ी ऊँचाई पर था। अतिथियों के बैठने के लिए आम कुर्सियाँ तो थीं पर उनसे कम ऊँची। थोड़ा खटका लगा। बाद में पता लगा कि मलवाते संप्रदाय के प्रमुख को परंपरा के अनुसार औरों से ऊँचा माना जाता है। इसीलिए उनका आसन औरों से ऊँचा तथा सुन्दर होता है। यह कितना सच है पता नहीं परन्तु कुछ तो सच्चाई अवश्य ही होगी। पहली मुलाकात में हमारी बातचीत बहुत संक्षिप्त रही, जैसे उन्हें किसी विषय में जानने की बहुत रूचि न हो। भारतीय शांति सेना की तैनाती से वे क्षुब्ध थे। कुछ और मुलाकातों के बाद पता चला कि उन्होंने अभी तक बोधगया का दर्शन नहीं किया है। किसी बौद्धभिक्षु के लिए भारत में तीर्थाटन विशेषत: बोधगया का दर्शन जीवन का सबसे पवित्र कार्य माना जाता है। मलवाते संप्रदाय में भी यही मान्यता थी। उन दिनों कोलम्बो के दूतावास से राजनयिक कांडी क्षेत्र में जाने से घबराते थे। जे.वी.पी. तथा कानून व्यवस्था की बिगड़ी स्थिति ने एक भयावह वातावरण का निर्माण किया था। मैंने हाई कमशिनर लखन मेहरोत्रा जी को वहाँ आने का न्यौता दिया। पहले तो वे तैयार नहीं हुए पर बाद में राजी हो गए हाँलाकि उनके मन में सुरक्षा के प्रति अनिश्चितता बनी हुई थी। उनके दौरे के कार्यक्रम के बारे में मैंने स्थानीय डी.आइ.जी राजपक्षे से

विस्तार से चर्चा की। तब तक उनकी हिम्मत तथा अकेले ही सभी आतंकवादियों से मुकाबला करने की दक्षता व शौर्य के कारण उन्हें किंवदंती पुरुष की मान्यता मिली हुई थी। देश विदेश के संचार माध्यमों में उनकी बहादुरी की चर्चाएं आये दिन होती रहती थीं। डीआइजी भारतीय हाई कमशिनर के वहाँ के दौरे के कार्यक्रम से बड़े खुश हुए। उनके अनुसार इससे जनसाधारण के बीच एक अच्छा और सकारात्मक संदेश जायेगा। उनके पूर्व हाई कमिशनर जे.एन.दीक्षित का परिचय जनमानस के बीच वाइसरॉय या गवर्नर जनरल के रूप में फैला था। डीआइजी ने अपनी देख रेख में व्यक्तिगत स्तर पर सुरक्षा का बन्दोबस्त किया यद्यपि भारत सरकार की ओर से एन.एस.जी. ब्लैक कमांडो पर सुरक्षा की जिम्मेदारी थी। सेंट्रल प्रॉविन्स की सीमा पर उनका स्वागत किया गया। श्रीलंका की सुरक्षा वाहिनी, सशस्त्र वाहनों तथा दोनों ओर मोटर साइकिलों पर बारह सशस्त्र पुलिस के काफिले द्वारा सम्मान पूर्वक उन्हें होटल तक पहुंचाया गया। यह जुलूस बड़ा ही राजकीय व चित्ताकर्षक रहा। उनके बाद जितने भी हाई कमिशनर हुए, सभी ने इस सम्मान से अभिभूत होकर बारबार वहाँ आना चाहा। राजनयिक के जीवन काल में इस प्रकार का सम्मान विरले ही प्राप्त होता है। हाई कमिशनर का सुरक्षा दस्ता, मेरी सुरक्षा में तैनात सशस्त्र बल तथा अंत में श्रीलंका सुरक्षा की मिली जुली उपस्थिति में कई बार कांडी जैसे शहर में ट्रैफिक बंद होने की नौबत आती रही। हाई कमिशनर का मलवते के प्रमुख से मिलने का कार्यक्रम था। मैंने उन्हें सचेत किया कि वे राजनैतिक विषय पर चर्चा करना पसंद करेंगे। मेरी सलाह अन्य राजनयिकों से अलग थी। वे लोग समझते थे कि बौद्धभिक्षुओं से राजनीति पर वार्तालाप संभव नहीं। बहरहाल मुलाकात के दौरान उनका पहला प्रश्न था कि भारतीय सेना की वापसी श्रीलंका से कब तक होगी ? उन्होंने बताया कि भारतीय सेना की उपस्थिति से ही श्रीलंका में समस्त अस्थिरताएं उत्पन्न हुईं। हाँलाकि हाई कमिशनर ऐसे प्रश्नों के लिए तैयार न थे, फिर भी हाजिर जवाबी से बड़ा अच्छा उत्तर दिया - "भारतीय सेना श्रीलंका के बुलावे पर समझौते के अनुसार ही श्रीलंका में आयी है। हजारों की तादाद में सैनिकों की मौत श्रीलंका की अखंडता की रक्षा के लिए हो रही है, भारत के लिए नहीं। इस बात को श्रीलंका व खास तौर पर राजनैतिक दलों व बौद्ध धर्म के अनुयायियों को अच्छी तरह समझ लेना चाहिए।" दौरे के बाद मैंने मलवाते प्रमुख से भारत व विशेषकर बोधगया जाने का आग्रह किया। मैंने कहा यदि वे चाहें तो भारत सरकार उन्हें निमंत्रण भी भेज सकती है। वे कुछ दुविधा में पड़ गये।

तीर्थाटन का आकर्षण तो था पर अपने अनुयायियों के समक्ष अपनी छवि धूमिल होने की संभावना भी थी जिससे उनके मन में दुविधा का भाव था। अंततः अपने सलाहकारों से बार बार विचार विमर्श के बाद उन्होंने भारत भ्रमण की इच्छा जतायी। तदनुसार मेरी सिफारिश पर भारत सरकार ने उन्हें तथा उनके कुछ साथियों को भारत जाने का न्यौता भेजा। इसके बाद भारत के प्रति उनके मनोभाव में कुछ परिवर्त्तन परिलक्षित हुआ।

क्रमशः भारतीय सेना के सामने कठिन स्थितियाँ खड़ी होती गयीं जिससे मामला उनके संभाले नहीं संभल रहा था। वहाँ पर अनिश्चित काल तक रह पाना तथा पूरी तरह विजय प्राप्त करना या एल.टी.टी.ई. का दमन करना अब कठिन लगने लगा। भारत के अंदर भी दबाव बढ़ने लगा। अंततः श्रीलंका से आंतरिक सहयोग के अभाव से भारतीय शांति सेना को श्रीलंका छोड़ना पड़ा। संवैधानिक प्रयोग का नतीजा आशा के अनुरूप नहीं रहा। सत्ता के विकेन्द्रीकरण, प्रांतीय सरकार के गठन को जनसामान्य का समर्थन नहीं मिला। जिस दिन भारतीय सेना की अंतिम टुकड़ी ने श्रीलंका छोड़ा उस विदाई समारोह में भारतीय हाई कमिशनर श्री मेहरोत्रा मौजूद रहे। मुझे समाचार भिजवाया कि वापसी के रास्ते वे नुरूवालिया में एक दिन रुकेंगे। हेलीकॉप्टर से उतरते समय उनके स्वागत के लिए मैं वहाँ मौजूद था। उनके चेहरे पर अवसाद व पराजय की छाप स्पष्ट दिख रही थी। मुझसे हिन्दी में कहा कि वो दिन उनके जीवन का सबसे अधिक अंधकारमय दिन था। किसी भी राष्ट्र के लिए रणभूमि में विफलता से अधिक अपमान का विषय भला और क्या हो सकता है?

उन्होंने गॉल्फ खेलने की इच्छा जताई और गॉल्फ कोर्स जाकर हम खेलने लगे। तभी अचानक आकाश पर घने बादल छा गये। थोड़ी देर के बाद जबरदस्त बारिश से शहर के रास्ते, गलियाँ तथा गॉल्फ कोर्स भी पानी में डूब गये। चारों ओर धुँध सा छा गया, यहाँ तक कि साथी खिलाड़ियों को देख पाना भी मुश्किल हो गया। बहुत समय तक वहाँ रुकना पड़ा, फिर हम क्लब हाउस लौट आये। प्रकृति का दृश्य मन की अवस्था से जैसे एकाकार हो रहा था।

श्रीलंका में अपनी तैनाती के दौरान सुप्रसिद्ध सर्जन क्रिश्चेन बर्नाड़ के आतिथ्य का अवसर मिला। उनके पास सीमित समय था, सो मैंने उन्हें आसपास के दर्शनीय स्थलों को दिखाने के साथ दोपहर के भोजन के लिए आमंत्रित किया। सिर्फ दो तीन स्थानीय अतिथियों को बुलाया था। क्रिश्चेन बर्नाड ने पूरे विश्व में हलचल मचायी थी।

कुछ दशक पहले पहली बार हृदय प्रत्यारोपण करने में उन्हें सफलता मिली थी। यह उनकी अनुपम उपलब्धि रही। निराश हृदय रोगियों के लिए वे आशा की किरण लेकर आये। चिकित्सा की दुनिया में इस प्रकार की सर्जरी को उन्होंने असंभव से संभव बनाया। इस मायने में वे युगप्रवर्तक रहे। पर जब मेरे निवास पर आये तो बेहद सीधे सादे बिना किसी आडंबर के लगे। अपने साथ एक छरहरी खूबसूरत युवती को लेकर आये थे। दोनों की उम्र में लगभग 30 साल का फर्क था। विश्व के किसी भी प्रसिद्ध मॉडल से उस युवती का शारीरिक सौष्ठव व सौन्दर्य कम न था। डाक्टर बर्नाड ने परिचय कराया कि वे उनकी पत्नी हैं। मुझे संभलने में कुछ वक्त लगा। एक वरिष्ठ नागरिक व सुप्रसिद्ध डाक्टर की इतनी जवान पत्नी। इसे हृदयंगम कर पाने में थोड़ा समय लगा। दोनों अच्छी अंग्रेजी बोल रहे थे। श्रीमती बर्नाड श्रीलंका के बारे में जानने को खास तौर से इच्छुक थीं। कुछ पेय लेकर उन्होंने मेरे साथ बाहर लॉन में फूलों का बगीचा देखना चाहा। डाक्टर बर्नाड अन्दर बैठकर जाम के साथ मेहमानों से बातचीत करने में व्यस्त थे। बातों बातों में श्रीमती बर्नाड से मैंने दक्षिण अफ्रीका में उनकी जीवन शैली के बारे में जानना चाहा। उन्होंने बताया कि वहाँ पर उनका रैंच या बड़ा फार्म है जहाँ पशुपालन, खेती तथा ऐसे ही छोटे बड़े कई काम होते हैं। रैंच की देखभाल डा. बर्नाड को पसंद है। श्रीमती बर्नाड के लिए बाकी समय पढ़ने, टी.वी. देखने में व्यतीत करने के सिवाय ज्यादा कुछ करने को नहीं है। ऐसा लगा कि वे कुछ एकाकी जीवन बीता रही थीं। उनकी उम्र में जिस तरह के उन्माद, उमंग से जीवन बिताने का उल्लास होना चाहिए, संभवत: उसमें कभी आ चुकी है, सब कुछ फीका पड़ चुका है। वे सिर्फ पति की सफलता, प्रतिष्ठा व समृद्धि से सुरक्षित हैं। मैंने उनसे पति के पेशे के बारे में जानना चाहा तो, उन्होंने कहा कि वे उससे बहुत दूर हैं। इसलिए जब भी मौका मिले वे दोनों विदेश की यात्रा करते हैं। डा. बर्नाड को विभिन्न देशों से भाषण के लिए बहुत से न्यौते मिलते रहते हैं। बस उसी सिलसिले में उनका श्रीलंका आना हुआ था। आर्थर क्लार्क से अपनी अचानक मुलाकात की बात बतायी। विज्ञान को सरल बनाकर लोकप्रिय बनाने में विश्व के प्रति उनके अहम् अवदान के बारे में सबको कमोबेश जानकारी थी। पर श्रीमती बर्नाड की इस प्रकार की बातों में कम रुचि के बारे में उस दिन पता चला जबकि उनकी चालचलन, स्वल्पभाषी स्वभाव से उनके आभिजात्य की झलक मिल रही थी। इस बीच डा. बर्नाड एक दो बार आकर पूछ चुके थे - "डार्लिंग भूख लगे तो कहना।" अंतत: हम खाने की मेज

पर बैठे। खाते समय मैंने गौर किया कि डा.बर्नाड के कांटा, चम्मच पकड़ने का ढंग जरा अलग था। बाद में पता चला कि पेशे के अंतर्गत बहुत सी सर्जरियां करनी पड़ती हैं तथा प्रत्यारोपण के मामले में त्रुटिहीन निपुणता की आवश्यकता या फिर गठिया वात से उनकी कुछ उंगलियों की मांसपेशियाँ खिंच गयी थीं। विधि की विड़ंबना। पति पत्नी दोनों ने बड़े चाव से भोजन किया तथा संतोष जाहिर किया। लौटने से पहले हमें दक्षिण अफ्रीका आने का न्यौता देना भी न भूले। उनके जाने के बाद मैंने उनकी उम्र में फर्क व उनके दाम्पत्य जीवन के बारे में सोचा। दोनों वास्तविकता को समझकर अपने में खुश लगे। सचमुच सबकुछ खुद के नजरिये पर निर्भर है। प्रसिद्धि के शिखर पर वरिष्ठ नागरिक यश, गौरव, ख्याति, धन संपत्ति की प्राप्ति के बाद सामाजिक प्रतिष्ठा व अपना वर्चस्व साबित करने के लिए किसी आकर्षक स्त्री को अपने साथ रखकर अपनी महत्वाकांक्षा की पूर्त्ति कर पाता है। दूसरी ओर हमेशा थोड़ी असुरक्षा की भावना से ग्रसित स्त्री को भोगविलास, संभोग के साथ आर्थिक सुरक्षा तथा सामाजिक प्रतिष्ठा के लिए किसी वरिष्ठ नागरिक की विश्वसनीयता व भरोसा भी चाहिए। इन्हीं के आधार पर जीवन की वास्तविकता को मानकर समझौता करना पड़ता है।

मुझे सलाह मशविरे के लिए बार बार कोलम्बो जाना पड़ता था। एक बार की यात्रा के दौरान पता चला कि चाय बागानों में काम करने वाले श्रमिकों की संतानों को शिक्षा की ओर प्रोत्साहित करने के लिए भारतीय दूतावास के तत्वावधान में एक ट्रस्ट बनाया गया था। वास्तव में श्रीलंका के राष्ट्रीय स्तर की तुलना में चाय बागानों के श्रमिकों की शिक्षा का स्तर बहुत नीचा था। केरल प्रांत के जैसे श्रीलंका में शिक्षा को बहुत महत्व दिया जाता है, अशिक्षा न के बराबर थी। इस ओर यहाँ की सरकार और समाज से भी काफी सहयोग प्राप्त होता था। पर इसके विपरीत चाय बागान के श्रमिकों में शिक्षा के प्रति कोई खास जागरूकता न थी। उनमें किस्मत के सहारे किसी तरह परिस्थितियों से समझौता करने की प्रवृत्ति थी। आगे बढ़ने का उनमें कोई उत्साह ही न था। साथ ही उनकी आर्थिक व सामाजिक स्थिति तथा गरीबी के कारण उनमें शिक्षा के प्रति अनादर का भाव था। उनमें उच्च शिक्षितों की संख्या बेहद कम थी। पर हाँ, जाफना के तमिलों की बात और थी। उनमें शिक्षा व परिश्रम के प्रति काफी आदर भाव था। इस वजह से श्रीलंका के विभिन्न क्षेत्रों में उनकी मौजूदगी का एहसास होता था। वे काफी उच्च पदों पर आसीन भी थे। एक बार की बैठक में इस मुद्दे पर चर्चा हुई। हाई कमिशनर ने बताया कि पैसों की कमी से ही चाय बागानों के श्रमिकों के

बच्चों को आर्थिक सहायता देने में असमर्थ हो रहे हैं। भारत सरकार तथा ट्रस्ट के पैसों से खास कोई योजना हाथ में लेना संभव नहीं। जो भी सीमित सहायता दी जा रही है उससे थोड़े से ही छात्रों को लाभ पहुंच पा रहा है। साथ ही छात्रवृत्ति की रकम कम होने से वे उच्च शिक्षा के अवसरों से वंचित होते हैं। चाय बागान के क्षेत्रों से आकर कोलंबो तथा अन्य शहरों में काफी संख्या में लोग कारोबार में लगे थे। उनमें से कइयों ने तो व्यापार में प्रतिष्ठा अर्जित कर प्रसिद्धि भी पायी थी। पर उनमें भी अपने क्षेत्रों के बच्चों के लिए कुछ करने का आग्रह न था। अगली शाम को मैंने कांडी में अपने परिचित भारतीय वंशज व्यापारियों को चाय पर बुलाया। संक्षेप में मैंने बताया कि शुरू से लेकर अब तक चाय बागान के श्रमिकों की तरक्की के लिए कोई कदम नहीं उठाया गया है। उनकी स्थिति में कोई सुधार नहीं आया है और आज भी वे सौ वर्षों की पहली वाली स्थिति में ही जी रहे हैं। साफ सफाई से लेकर शिक्षा तक सभी मामलों में श्रीलंका के अन्य निवासियों की तुलना में बहुत अधिक पिछड़े हैं। श्रीलंका की अर्थव्यवस्था में पर्यटन तथा चाय के निर्यात का अच्छा खासा योगदान था। मैंने उन व्यापारियों से अपील की कि वे भी उसी पृष्ठभूमि से उठकर आये हैं तथा अपने श्रम, अध्यवसाय, उद्यमिता व ईश्वर के आशीर्वाद से आज जीवन में प्रतिष्ठा व सम्मान अर्जित कर पाये हैं। अतः उन्हें समाज सुधार में अपना योगदान कर समाज के प्रति अपने नैतिक कर्त्तव्यों का पालन करना चाहिए। पिछड़े व उपेक्षित इलाकों के सफल प्रतिनिधियों की हैसियत से उन्हें वहाँ पर शिक्षा के प्रसार के लिए आगे बढ़ने की जरूरत है। मेरी अपील ने वहाँ मौजूद सभी व्यापारियों पर गहरा असर डाला। एक सुप्त तान को छेड़कर मैंने जैसे झंकृत कर दिया था। कुछ सेकण्डों की चुप्पी के बाद कांडी के एक मशहूर व्यापारी राजन ने कहा वाकई, इसमें काफी सच्चाई है। उनके स्वर्गीय पिता ने इस क्षेत्र में कुछ काम किया था। उन्होंने अपनी ओर से एक लाख रुपयों का आश्वासन दिया। इसका तुरंत प्रभाव बिजली की तेजी से औरों पर भी पड़ा। सभी ने बढ़ चढ़ कर अपनी ओर से योगदान की घोषणा कर दी। उन्होंने यह भी बताया कि इस महान कार्य में कोलम्बो के कई व्यापारी भी सहायता को आगे आयेंगे। उनकी कोशिशों से कुछ ही दिनों में कोलम्बो में भी इस तरह की बैठकें की गयीं। चाय बागान के क्षेत्रों से आये वहाँ के व्यापारी वर्ग ने भी यथासंभव योगदान का आश्वासन दिया। ट्रस्ट की दयनीय आर्थिक स्थिति में तत्काल सुधार आया। छात्रवृत्ति की रकम तथा संख्या में बढ़ोतरी तथा उच्चशिक्षा को प्राथमिकता देने का निश्चय किया गया। इस निर्णय ने चाय श्रमिकों

के समाज में नयी जागृति फैला दी। जिन्होंने पैसों की कमी से पढ़ाई अधूरी छोड़ी थी उनमें आगे की पढ़ाई के लिए साहस का संचार हुआ। कई बार तो ऐसी स्थिति सामने आयी कि छात्रवृति पाने की न्यूनतम योग्यता पूरी करने वाले छात्र मिलने में कठिनाई आयी। इन व्यापारियों में एक नाराजगी थी कि उन्हें हमेशा से दूतावास ने उपेक्षित रखा है। मेरी सलाह के अनुसार यह तय हुआ कि उनमें से प्रतिनिधि व्यापारियों को कम से कम दूतावास के आम कार्यक्रमों में आमंत्रित करने की शुरुआत की जाये। सांस्कृतिक कार्यक्रमों जैसे स्वतंत्रता या गणतंत्र दिवस समारोहों में उनमें से कई लोगों को निमंत्रित करने के लिए एक सूची बनायी गयी।

इस योजना में राजन की खास सहायता मिली जो एक शिक्षित इंजीनियर तो थे पर अपना कारोबार शुरु कर कुछ ही अवधि में कांडी में अपनी साख व प्रतिष्ठा स्थापित कर ली थी। सामान्यत: सिंहल व तमिल निवासियों के बीच सामाजिक संपर्क में बहुत कमी थी। खास कर कांडी क्षेत्र में बसे तमिलों में शिक्षा की कमी के कारण आपस में मिलने जुलने में उन्हें काफी दिक्कतें आती थीं। परन्तु राजन इसके अपवाद थे। उनके दोस्तों में तमिलों के मुकाबले सिंहलियों की संख्या अधिक थी। इसका एक और कारण था कि राजन ईसाई थे जबकि अधिकांश तमिल हिंदू। वे आधुनिक व खुले दिमाग वाले थे जबकि तमिल रूढ़ीवादी व पुराने ढर्रे के व्यापारी थे। उनसे कई बार सिंहल-तमिल विद्वेष, पूर्वोत्तर में चल रहे एल.टी.टी.ई. के विद्रोह, श्रीलंका में भारतीय चाय श्रमिकों के भविष्य को लेकर मेरी चर्चा हुई। इस बातचीत के दौरान मेरे संज्ञान में आया कि भारतीय श्रमिकों की दुर्दशाओं के बारे में कोई गंभीर और संवेदशील अध्ययन अभी तक नहीं किया गया है।

चाय बागान के क्षेत्रों के प्राकृतिक सौन्दर्य ने हमेशा मुझे बेहद आकर्षित किया। जब भी मौका मिलता मैं उन इलाकों के दौरे पर निकल जाता। ऐसी ही एक यात्रा के दौरान मुझे वहाँ पर एक छोटे से मंदिर के प्रतिष्ठा उत्सव में शामिल होना था। पूजापाठ संपन्न हुआ। लगभग सैकड़ों की संख्या में भक्तों का समागम हुआ। पहाड़ों की हरियाली से घिरे वातावरण में इस मंदिर के निर्माण से आस पास के क्षेत्रों के लोगों में अपूर्व आनंद की लहर दौड़ गयी थी। प्रसाद सेवन के लिए हम लोग कतारों में बैठ गये। सामने पत्तल व पानी का गिलास रखा गया। देखा तो रसोई घर के किवाड़ के पीछे से एक छोटी सी लड़की मेरी ओर देख रही थी। सुन्दर सुडौल चेहरा, हल्दी में दूध मिले रंग सा उसका शरीर, मासूम आँखें, पर जिज्ञासा से भरी। जब मेरी निगाह

उस पर पड़ी तो तुरंत किवाड़ की ओट में छिप गयी। कुछ पलों के बाद फिर मैंने गौर किया वो मेरी ओर देख रही है।मुझसे नजरें मिलते ही फिर छिप गयी। कुछ समय बीतने के बाद देखा तो औरों के साथ वह खाना परोसने में लगी है। मुझे परोसते वक्त मैंने देखा तो तेरह-चौदह की उम्र होगी, शरीर की आकृति जैसे मंदिरों में उकेरी गयी नारी की प्रतिमूर्ति सी, आँखों में अनगिनत सवाल और चेहरे पर मासूमियत। परोसने के बीच वो बार बार दरवाजे की ओट से देखती जा रही थी जैसे कयास लगा रही हो कि मुझे कुछ और तो नहीं चाहिए। समारोह के बाद मैंने उसे बुला भेजा। उसे तमिल के अलावा कोई भाषा मालूम न थी। पता लगा कि वह एक श्रमिक की बेटी है, भरत नाट्यम सीखने की उसकी प्रबल इच्छा थी, पर शिक्षक व वाद्ययंत्रों के अभाव में प्रारंभिक शिक्षा के बाद भरतनाट्यम में आगे बढ़ने की सभी आशाएँ मुरझा गयीं। अगर भरत नाट्यम में आगे बढना है तो फिर उसे कोलंबो या चेन्नई जाना पड़ेगा या फिर कांडी में किसी गुरु से सीखना पड़ेगा। आर्थिक तंगी से उसका परिवार बेटी को भरत नाट्यम सिखाने की हिम्मत नहीं कर पाया। पता चला कि भारतीय संगीत, नृत्य में बच्चों की रुचि होते हुए भी वहाँ पर इसकी कोई सुविधा उपलब्ध न थी। ऐसी सुविधा वहाँ उपलब्ध करवा कर इस मुश्किल भरी स्थिति से उन्हें उबारने का मैंने प्रयत्न किया ताकि भारतीय वंशजों को सांस्कृतिक कार्यक्रमों के माध्यम से अपनी संस्कृति से जुड़े रहने का अवसर मिले। अपने कार्यालय के साथियों से चर्चा कर यह तय किया कि तमिल भाषी इलाकों के स्कूलों में कुछ भारतीय पुस्तकें, भारतीय वाद्ययंत्र जैसे मृदंग, तबला, सितार, सांरगी आदि प्रदान करने के लिए भारत सरकार को लिखा जाये। साथ ही विदेश विभाग के अधीनस्थ इंडियन कौंसिल ऑफ कल्चरल रिलेशन्स के जरिये भारतीय नृत्य की शिक्षा के लिए भारतीय वंशजों के बच्चों को कुछ छात्रवृत्तियां भी मंजूर की जायें। कुछ स्कूल प्रबंधनों से भी बातचीत की, उन्होंने बताया कि ऐसे कदमों का वे स्वागत करते हैं और पाठ्यक्रम में नृत्य को शामिल कर जो छात्र चाहेंगे उन्हें संगीत व नृत्य की शिक्षा प्रदान करना वे सुनिश्चित करेंगे। बहुत से स्कूलों में इसके लिए भले ही उपयुक्त शिक्षक नहीं थे फिर भी किसी तरह काम चलाने का आश्वासन सभी ने दिया। यह महत्वपूर्ण उपलब्धि थी कि सबका इस ओर उत्साह व आग्रह प्राप्त हुआ। पुस्तकें व वाद्ययंत्र आदि विभिन्न स्कूलों को मुहैया कराये गये। संचार माध्यमों में भी इसके बारे में छपा। स्थानीय लोगों ने भी उसकी भूरी भूरी प्रशंसा की। श्रीलंका के प्रधानमंत्री विजयतुंगे ने भी कांडी के निकट अपने पैतृक

निवास में बातों बातों में बताया कि अपने चुनाव क्षेत्र के कई स्कूलों में भी वे इस प्रकार का उत्साह लोगों में जगाएंगे। यथासंभव योगदान से स्थानीय भारतीय लोगों में उनके प्रति सद्भावना और उज्ज्वल छवि फैलने लगी जिससे उन्हें आगे चलकर सहायता मिली। तमलिनाडु के कलाक्षेत्र में शिक्षा प्राप्त करने के लिए दो छात्रवृत्तियां मंजूर की गयीं। सरकारी तंत्र के अंदर इस प्रस्ताव को कार्यान्वित करने में थोड़ा समय लगा पर अंतिम परिणाम संतोषजनक रहा। परन्तु यह विड़म्बना ही रही कि जब तक भरत नाट्यम की दो छात्रवृत्तियों की मंजूरी की खबर मिली तब तक पहाड़ों से घिरे उस मंदिर के समारोह में मिली किशोरी का विवाह हो चुका था और वह दूसरे शहर में जा बसी थी। उसके सीखने की आशा पर पूर्णविराम लग गया। पल भर को मैं आवेग से भर गया, ऐसा लगा कि इतनी कोशिशों के बाद सफलता तो मिली पर सब कुछ जैसे व्यर्थ हो गया।

इस प्रयास से उत्साह प्राप्त कर तृप्ति और मैंने तय किया कि स्थानीय कलाकारों को लेकर निजी प्रयासों से एक नृत्यनाटिका का प्रदर्शन किया जाये। नृत्य निर्देशक के रूप में तृप्ति को थोड़ा बहुत अनुभव था। टैगोर की नृत्य नाटिकाओं में भाग लेकर प्रमुख नर्त्तकी की भूमिका निभा चुकी थी जिसकी काफी सराहना भी हुई थी।

इस प्रयास की सफलता से प्रेरित होकर भारत-श्रीलंका मैत्री के उद्देश्य के एक संगठन बनाने का सुझाव मैंने राजन के समक्ष रखा। इस सुझाव को कार्यान्वित कराने की दिशा में राजन ही उपयुक्त व्यक्ति थे। तमिल व सिंहली प्रतिष्ठित नागरिकों की संस्था 'कल्याण' गठित हुई। उस समय भारत-श्रीलंका के बीच मित्रता को एक घृणित व अभिशप्त विषय माना जाता था। कोलंबो में ऐसी एक संस्था आखिरी सांस ले रही थी। अत: उन दिनों हमारा यह एक साहसिक प्रयास था। इस संस्था के सदस्यों में सम्माननीय राजनीतिज्ञ, कलाकार, उच्च अधिकारी, वैज्ञानिक, लेखक, व्यवसायी, बुद्धिजीवि जैसे और भी लोग शामिल थे। हमारे बीच लगातार चर्चाएं होती थीं कि किस तरह दोनों देशों के बीच आपसी कटुता के बजाय सद्भावना का वातावरण बने तथा कालांतर में आपसी गलतफहमियाँ दूर हो सकें। विभिन्न कार्यक्रमों, हिन्दू सिंहली त्यौहारों का आयोजन प्रारंभ हुआ। स्वतंत्रता दिवस व गणतंत्र दिवस के अवसरों पर दूतावास द्वारा आयोजित सत्कार समारोहों में अधिक से अधिक स्थानीय लोगों का योगदान बढ़ने लगा।

शांति निकेतन के नृत्य विशारदों से तृप्ति ने शिक्षा तो पायी थी पर चिंता का विषय यह था कि स्थानीय लोग रवीन्द्र शैली के नृत्य से अनजान ही थे। श्रीलंका की

पारम्परिक नृत्य शैली या भरत नाट्यम के साथ रवीन्द्र शैली की कोई समानता न थी। रवीन्द्र नृत्य नाटिका में संगीत की अहम् भूमिका होती है। बंगला गाना गाने की जानकारी वहाँ पर किसी को न थी। यह भी बड़ी चुनौती रही। फिर भी तृप्ति ने इस ओर हिम्मत से कदम बढ़ाया। अत: इसका श्रेय उनको जाता है। सभी पहलुओं पर विचार कर टैगोर द्वारा रचित 'श्यामा' नृत्यनाटिका के प्रदर्शन का निर्णय लिया गया। भाव व विषयवस्तु की दृष्टि से विदेशी लोगों में इसका बड़ा आकर्षण रहता है। टैगोर के अप्रतिम व्यक्तित्व के बारे में श्रीलंका के लोगों को जानकारी थी। उनकी रचनाओं के प्रति यहाँ के बुद्धिजीवियों में बड़ा आदर था पर किसी नृत्य नाटिका के प्रदर्शन को देखने का मौका उन्हें नहीं मिला था। इस ओर तैयारी प्रारंभ हुई। भरत नाट्यम की शिक्षिका वसंत कुमारी के सहयोग से पारम्परिक श्रीलंकाई नृत्य व भरत नाट्यम सीख रहे कुछ छात्र छात्राओं, मेरी दोनों बेटियों व राजन की बेटी तथा उनके साथ पढ़ रहे लड़के, लड़कियों को लेकर रिहर्सल आरंभ हुआ। नेपथ्य से गाना गानेवाले भी स्थानीय लोगों से लिये गये। बंगला में लिखी रचनाओं को अंगरेजी-रोमन लिपि में लिखकर सही उच्चारण करने पर जोर डाला गया। यह टेढ़ी खीर थी। महीनों की मेहनत के बाद गायक गायिकाओं ने बंगला भाषा के उच्चारण में कामयाबी पायी। एक और समस्या खड़ी हो गयी कि किस तरह से नृत्य व ध्वनि में तालमेल बिठाया जाये तथा तबला वादक कहाँ से ढूंढे। राजन तथा उनकी पत्नी जीवा की मदद से एक तबला वादक की खबर मिली। उन्हें ट्रेनिंग देनी पड़ी ताकि इस नृत्य शैली से वे तालमेल बिठा सकें। प्रदर्शन की सारी तैयारियाँ पूरी हुईं तो पता चला कि इस तरह की नृत्यनाटिका के प्रदर्शन के लिए कोई उपयुक्त ऑडिटोरियम वहाँ नहीं था। 'श्यामा' नृत्यनाटिका में कुछ ऐसे स्थल हैं जिनमें एक से ज्यादा नर्तकियाँ का समावेश होता है। अंत में सोचा गया कि संभवत: कोलंबो में प्रदर्शन उचित रहेगा। पर तत्कालीन वातावरण में कोलंबो इस तरह के आयोजन के लिए उचित स्थान न था। अंतत: कांडी के एक चर्च के हॉल में 'श्यामा' का प्रदर्शन एक शुभ दिन किया गया। उस अवसर पर एक स्मारिका का प्रकाशन किया गया। वहाँ उस दिन उत्सव का माहौल लगा रहा। दर्शकों से हॉल खचाखच भरा था। शहर के सभी गणमान्य व्यक्ति भी उपस्थित रहे। नृत्यनाटिका बहुत ही चित्ताकर्षक रही। प्रदर्शन के अंत में सभी दर्शक खड़े हो गये तथा तालियों की गड़गड़ाहट से कलाकारों का अभिनंदन किया। बस यह हमारी एकमात्र तथा अंतिम कोशिश रही। इसके बाद मेरा तबादला खाड़ी के यू.ए.ई. में हो गया।

जाने से पहले परम्परा के मुताबिक राजदूत या कॉनसल जनरल को विदाई भोज देना पड़ता है। मैंने कांडी की पहाड़ी पर स्थित टोपेज होटल में विदाई समारोह का आयोजन किया। मैंने हाई कमिशनर श्री झा को (जो बाद में पांडिचेरी के गवर्नर के पद पर भी पदस्थ हुए) भी आमंत्रित किया। पर श्री झा ने कहा कि वे मेरे सम्मान मे विदाई भोज आयोजित करेंगे - पहले कांडी में, फिर कोलंबो में। टोपेज होटल के बैक्वेंट हॉल से रात के वक्त शहर का बड़ा ही खूबसूरत नजारा देखने में आता है। अनेक शुभेच्छुओं तथा हिताकांक्षियों ने भोज में योगदान किया। मंत्री, विधायक, गवर्नर, वाचस्पति, सरकारी उच्च अधिकारी, बुद्धिजीवि, प्रोफेसर, गवेषक, लेखक, पत्रकार, वैज्ञानिक - समाज के प्रत्येक वर्ग के लोग उपस्थित रहे। देर रात को श्री झा के प्रस्थान के बाद सभी अतिथि जब विदा हुए तो मैंने बैक्वेंट हॉल से नीचे की ओर झांका। कांडी शहर निस्तब्ध, सन्नाटे में सोया पड़ा था। मुझे अपना पहला दिन याद आ गया - शहर का वातावरण निस्तब्ध, जनशून्य। पर इस बीच बहुत कुछ बदल चुका था।

■

उप सागर की उपकथा

मुंबई से अबूधाबी की विमान यात्रा मुझे विदेश यात्रा की तरह नहीं लगी। लगभग शत प्रतिशत यात्री भारतीय थे। ऐसा लगा जैसे भारत में ही एक जगह से किसी और जगह की यात्रा हो। एयर इंडिया का अतिथि सत्कार तथा खानपान का स्तर कुछ अलग ही था। निश्चित ही अमेरिका या यूरोप की यात्राओं के मुकाबले जरा निचले स्तर का था। पर भारतीय राजनयिक होने के नाते हमसे विमान कर्मियों का व्यवहार कुछ अलग ही रहा। श्रीलंका में हमारे परिवार में एक नये सदस्य पमेरियन ब्राउनी की बढ़ोतरी हुई थी। भूरे सुनहरे रंग की सुन्दरी। श्रीलंका में हमारे कार्यालय परिसर के मालिक ने हमें एक क्रिसमस के दिन उसे उपहार में दिया था। मेरी छोटी बेटी एक कुत्ता पालने की जिद बड़े दिनों से कर रही थी, सो हमने उसे अपना लिया। श्रीलंका में तत्कालीन चिंताजनक हालातों के बीच ब्राउनी ने हमारे परिवार को बेहद खुशी दी थी। कुत्ते को विमान के कैबिन में अपने साथ लेकर यात्रा करने में कड़े नियमों का पालन करना पड़ता था। कुत्ता या कोई पालतू जानवर विमान में जाएगा या नहीं इसका अंतिम निर्णय विमान के मुख्य पायलट पर होता है। मुख्य पायलट यात्रा प्रारंभ करने के कुछ समय पूर्व कुत्ते की जांच पड़ताल करते और पूरी तरह संतुष्ट होने के बाद निर्णय लेते जिससे अन्य यात्रियों को कोई दिक्कत न आये। कुत्ते को एक मुखौटा पहनाया जाता है तथा ट्रैंकुलाइजर देकर निस्तेज करते हैं जिससे विमान यात्रा की नयी अनुभूति से विचलित होकर कहीं कुत्ता हिंसक न हो जाये। यदि आखिरी पलों में मुख्य पायलट अनुमति न दें तो भारी दिक्कतों का सामना करना पड़ता है। अनुमति न मिलने पर कुत्ते को विमान में सामान के साथ उठाया जाता है। पर उसके लिए भी उपयुक्त खांचे या बक्से की जरूरत पड़ती है। पायलट को विमान के हर हिस्से में दबाव का संतुलन बनाये रखना पड़ता है। वर्ना जानवर का दम घुट सकता है। परिवार आखिरी घड़ी

तक सांसत में था। सौभाग्य से मुख्य पायलट ने ब्राउनी को देखा तो काफी खुश हुए तथा तुरंत उसे साथ ले जाने की मंजूरी दे दी। पर हमें सतर्क भी कराया कि बहुत से इस्लामी राष्ट्रों में कुत्तों का प्रवेश कानूनन वर्जित है। यू.ए.ई. में क्या स्थिति है, उन्हें इसकी जानकारी न थी। सो हमें चेतावनी दी कि यदि वहाँ पर प्रवेश में पाबंदी हो तो ब्राउनी को लौटते विमान से भारत वापस भेजना पड़ेगा। इस तरह उनकी अनुमति के साथ चेतावनी ज्वार में भाटा जैसी थी। पूरी यात्रा के दौरान ब्राउनी को विशिष्ट अतिथि की सारी सुविधाएं मिलीं, खास खाना, आराम के लिए तकिया, ब्राउनी की खास पसंद - दही आइसक्रीम आदि उपलब्ध कराये गये। एक बार तो पायलट कॉकपिट से ब्राउनी का हालचाल पूछने के लिए बाहर भी निकल आये। विमान कुछ समय के लिए फुजियारा हवाई अड्डे पर उतरा। कुछ यात्री उतर गये। जैसे ही विमान का मुख्य द्वार खुला, गर्म हवा का झोंका तेजी से विमान के अंदर घुस आया। चेहरे व शरीर पर जैसे किसी ने जलते अग्निपिंड का लेप लगा दिया हो। पहली बार खाड़ी की गर्मी व ताप का अनुभव हुआ। विमान ने फिर से उड़ान भरी तो तत्काल ब्राउनी को बर्फ डालकर पानी पिलाया गया। कुछ देर बाद विमान अबूधाबी हवाई अड्डे पर उतरा। अत्याधुनिक एयरपोर्ट में लोगों की हलचल कम ही दिखी। मेरी चिंता ब्राउनी को लेकर थी। आप्रवासन की मंजूरी से कस्टम्स काउंटर तक पहुंचा तो दूतावास के अधिकारी ने आश्वस्त किया कि चिंता की कोई बात नहीं क्योंकि यू.ए.ई. का राजपरिवार काफी उदार व प्रगतिशील स्वभाव का है। वैसे भी एक राजनयिक की हैसियत से कुछ विशेष सुविधाएं भी प्राप्त हैं। बिना किसी दिक्कत के हम ब्राउनी को साथ लेकर एयरपोर्ट से बाहर निकले। यू.ए.ई. के एयरपोर्ट के कर्मचारियों ने ब्राउनी की सुन्दरता से काफी खुशी जतायी और उसे छेड़ते हुए पूछा कि यह कुत्ता है या लोमड़ी ? यदि मंजूरी न मिलती तो ब्राउनी को भारत वापस भेजने तथा वहाँ पर देखभाल के लिए किसी के न होने पर कैसी तमाम दिक्कतों का सामना करना पड़ता, सोच भी नहीं सकते थे। हाँ, एक विकल्प खुला था कि या तो ब्राउनी को छोड़ देते या प्रशासन उसे गोली मार देता।

अबूधाबी के रास्ते, मकान, दुकान, बाजार, गाड़ियाँ सब कुछ अत्याधुनिक लगे। हाँलाकि यह यू.ए.ई. की राजधानी है पर मुख्य व्यवसायिक केन्द्र दुबई ही है। पेट्रोल के उत्पादन में विश्व के अग्रणी देशों में यू.ए.ई. का विशेष स्थान है। संधि से जुड़े एमिरेट समूह के देशों में अपनी स्वतंत्रता के बावजूद सभी ने अबूधाबी के नेतृत्व

को स्वीकार किया है क्योंकि ये सारे देश आर्थिक दृष्टिकोण से अबूधाबी पर आश्रित हैं। यहाँ की अस्सी प्रतिशत आबादी विदेशियों की थी जिसमें से अधिकांश भारत से तथा खासकर केरल प्रांत से थे। भारतीयों के साथ पाकिस्तानी, वांगलादेशी. फिलिपीनी, श्रीलंका के निवासी भी बहुतायत से वहाँ पर काम करते थे। एक अनूठी अनुभूति का एहसास हुआ। लगा जैसे भारत में ही भारतीय राजनयिक काम कर रहा हो। स्थानीय मूल निवासियों से भेंट मुश्किल थी। सरकारी कार्यों के लिए निर्धारित व्यक्तियों के माध्यम से ही उनसे बातचीत का मौका मिलता था। नीतियाँ बनाने वालों में तब अंग्रेजी भाषा के जानकार जरुरत से कम ही थे। इसलिए ऐसे ही कुछ लोगों से हम विचार विमर्श कर सकते थे। विदेश मंत्रालय में भी विभाग का कार्य प्रोटोकोल विभाग के माध्यम से करवाना पड़ता था।

अबूधाबी तथा दुबई के बाजार व व्यवसाय अधिकतर भारतीय व्यपारियों के नियंत्रण में था। हर तरह के कारोबार में भारतीयों का वर्चस्व था। नियमानुसार किसी भी कारोबार में स्थानीय लोगों को साझेदार के रूप में रखना पडता था, पर वास्तव में संपूर्ण कारोबार दक्षिण एशिया, खासकर भारतीय व पाकिस्तानी कारोबारियों के नियंत्रण में रहा। समझौते के अनुसार लाभांश के बंटवारे की प्रथा चली आ रही थी। दुबई से भारत का संबंध काफी पुराना है। उदारीकरण के पूर्व दुबई से काफी मात्रा में विदेशी चीजें व सोना तस्करी के जरिए भारत के बाजारों तक पहुंचते थे। हाजी मस्तान, दाऊद इब्राहिम आदि तस्करी में लिप्त कारोबारियों के लिए दुबई स्वर्ग बना रहा। बरसों से भारत व पाकिस्तान के बहुत से लोग दुबई में अपना कारोबार चला रहे थे। दुबई अपनी भौगोलिक स्थिति व बन्दरगाह की सुविधा की वजह से सिंगापुर व लंदन के बीच एक व्यापारिक केन्द्र के रूप में उभरा था। एशिया, अफ्रीका तथा युरोप के देशों से आयात निर्यात के लिए दुबई एक माकूल बंदरगाह है। साथ ही यू.ए.ई. की टैक्स नीति की उदारता से भी यह कारोबारियों को अपनी ओर खींचता है। अबूधाबी व दुबई में व्यापारियों की जीवनशैली सामान्य ही थी। यू.ए.ई. में कारोबारी संस्थाएं व्यापार के लिए सुबह खुल जातीं पर अत्यधिक गर्मी के कारण दोपहर के वक्त दुकान, बाजार बन्द रहते। फिर ये शाम चार पांच बजे से रात के नौ बजे तक खुले रहते। व्यापारी दुकान बाजार दफ्तर बंद कर मौज मस्ती के लिए यहाँ वहाँ या किसी व्यापारी के घर पर इकट्ठा होते। रात के दस बजे के बाद पार्टी शुरू होती। शराब के दौर

आधी राज तक चलते। रात एक बजे डिनर और फिर दो या तीन बजे तक पार्टी खत्म होती। भारतीय दूतावास के राजनयिकों को लगभग हर शाम को न्यौते मिलते। पर इस हालात से निपटने के लिए हाजमे का मजबूत होना बहुत जरूरी था। इसके अलावा भारतीयों के अलग अलग गुटों के सांस्कृतिक कार्यक्रमों में भी जाने की जिम्मेदारी का भी निर्वाह करना पड़ता था। रस्मी तौर पर इन कार्यक्रमों में भाग लेना राजनयिकों की नैतिक मजबूरी थी। कहीं चूक हुई कि विधान सभा, संसद को दूतावासों की उदासीनता और गैर-जिम्मेदारियों की शिकायतें मिल जातीं। दिन, महीनों, सालों तक एक तरह की उबाऊ जीवनशैली में भारतीय राजनयिक अत्यधिक शारीरिक व मानसिक दबाव में रहते।

भारत में उदारीकरण की शुरुआत होने से व्यवसाय बढ़ाने के कई प्रारंभिक कदमों के साथ साथ दूतावास ने भी अपनी कोशिश जारी रखी जिसके तहत अबूधाबी में बिजनेस व प्रोफेसनल ग्रुप बनाये गये। इनके सदस्य अलआइन, हिलटन तथा ऐसे और होटलों में नियमित रूप से बैठकों के जरिये दोनों देशों के बीच व्यापार के विभिन्न आयामों पर चर्चा करते।

भारत से बहुत से व्यापारिक शिष्ट मण्डल यू.ए.ई. आने लगे। मंत्रियों के दौरे व शापिंग भी आम बात हो चुकी थी। सबसे दिलचस्प बात तब हुई जब महिलाओं का एक व्यापारिक शिष्ट मण्डल का दुबई आने का कार्यक्रम बना। मुझे यह प्रस्ताव बड़ा अच्छा लगा। वैसे भी तब भारत में महिलाओं द्वारा अपने दम पर कारोबार करने की मिसाल कम ही थी। तिस पर शिष्ट मण्डल के सभी सदस्य महिलाएं थीं और पश्चिमी एशिया व खाड़ी के पुरुष प्रधान समाज में कारोबार के उद्देश्य से दौरे पर आ रही थीं - यह हम से ज्यादा स्थानीय अरबों के लिए एक नयी बात थी। उस मंडल का नेतृत्व कलकत्ते की अलका बांगुर कर रही थी। बांगुर परिवार कलकत्ता तथा पूरे भारत में जाना पहचाना महशूर व्यावसायिक परिवार था। दल के अधिकांश सदस्य विवाहित तथा कारोबारी परिवार से थीं पर थीं कम उम्र की। मैंने उन्हें दूतावास की ओर से हर तरह के सहयोग व प्रोत्साहन का आश्वासन दिया। उस शिष्ट मण्डल के दौरे से संचार माध्यम का ध्यान आकर्षित हुआ, और उत्साहजनक सुर्खियाँ प्रकाशित हुईं। व्यावसायिक कामयाबी भले ही आशा के अनुरूप न रही हो पर उस दल के सदस्यों को एक नयी अनुभूति प्राप्त हुई। अंतिम दिन दल के सम्मान में एक रात्रि भोज का आयोजन किया गया जिससे अभिभूत होकर उन्होंने दूतावास का आभार व्यक्त किया। उन्होंने बताया

कि आम जन मानस में दूतावास के प्रति जो धारणा बनी है उन्हें उसके बिलकुल विपरीत स्थिति का अनुभव हुआ है।

यू.ए.ई. का एक और प्रमुख आकर्षण वहाँ पर बॉलीवुड के सितारों के आना तथा साल भर महफिलों, शो आदि का आयोजन होना था। इसमें से अधिकतर कार्यक्रम दुबई में आयोजित होते थे पर उसकी स्पर्धा के तौर पर अबूधाबी में भी ऐसे कार्यक्रम होते थे। मेरे परिवार के लिए यह प्रमुख आकर्षण की बात थी। हाँलाकि सभी कार्यक्रमों में जाना संभव न था पर मशहूर बालीवुड सितारों को बिल्कुल नजदीक से देखने तथा उनसे बातचीत करने के मौके मिलते ही रहते। 'रूप की रानी चोरों का राजा' के ऑडियो कैसेट का रिलीज दुबई में हुआ जिसमें शामिल होने का मौका मुझे पहली बार मिला। दुबई आइस स्केटिंग रिंक की बर्फीली रिंक में शो का आयोजन हुआ। मंच पर जब अनिल कपूर के साथ श्रीदेवी का प्रवेश हुआ तो उनके एक प्रशंसक के रूप में मेरा उल्लास स्वाभाविक ही था। साथ में नयी अभिनेत्री मनीषा कोइराला भी थी। वो एक सुन्दर गुड़िया सी लगी। फिर जूही चावला, रवीना टंडन, ममता कुलकर्णी, अमिताभ बच्चन, सलमान खान से लेकर आमिर खान, शाहरुख खान, अनूप जलोटा, पंकज उधास तथा लता मंगेशकर जैसे फिल्म जगत के मशहूर सितारों से मिलने का मौका मिला।

लेकिन इनमें से एक वाक्या कुछ अलग ही रहा। एक दिन तड़के मुझे अबूधाबी के प्रसिद्ध व्यापारी वी.आर.शेट्टी जी से जरूरी मदद के लिए फोन आया। वो शुक्रवार अर्थात छुट्टी का दिन था। उन्होंने बताया कि प्रख्यात फिल्मी सितारे आमिर खान का शो अबूधाबी में था। शो खत्म होने के बाद होटल लौटकर देखा तो उनका पासपोर्ट खो गया था। लाख ढूंढने पर भी नहीं मिला। हो सकता है कि किसी प्रसंशक ने चुरा लिया हो। पर मुद्दा यह था कि उसी शाम को ओमान के मस्कत में एक विशाल शो का आयोजन तय था। सो अगर वे दोपहर बाद तक मस्कत न पहुंचे तो शो नहीं हो पायेगा, साथ ही हंगामा जो होगा सो अलग। शाम के पहले की आखिरी उड़ान दिन के बारह बजे थी। मैंने शेट्टी साहब से कहा कि छुट्टी का दिन है, सो मुझे पहले कॉनसुलर सेक्शन के कर्मचारियों से संपर्क करना पड़ेगा। अगर वे कहीं बाहर न गये हों तो ही उनकी मदद मिल पायेगी। साथ ही नये पासपोर्ट की बुकलेट जिसके पास रहती है उसकी सहायता भी जरूरी है। मैंने फोन रखते हुए उनसे एक बार आठ बजे याद दिलाने को कहा। मेरी दो बेटियाँ मेरी बातचीत सुन रही थीं। आमिर खान की

प्रशंसिकाओं के मन की आतुर दशा मैं समझ पाया। दोनों ने पूछा, 'क्या आमिर से मिलना संभव होगा?' मैंने कहा, 'पता नहीं, पर यह मामला अपने तक ही रखना।' फिर मैंने कॉनसुलर दफ्तर के अधिकारी धोड़ी से संपर्क किया। उन्होंने पहले तो आम तरीके से कर्मचारियों के मिल पाने में शंका जतायी। मैंने हिम्मत बंधायी कि हर तरह से कोशिश करने पड़ेगी वर्ना अगर दूतावास सफल न हो पाया तो संचार माध्यमों में नकरात्मक खबरें छपने की अधिक संभावना बनेगी। खैर, आधे घंटे बाद उनका फोन आया कि दूतावास के संबंधित कर्मचारी सुबह नौ बजे दफ्तर पहुंच जायेंगे और वे खुद भी उपस्थित रहेंगे।

ठीक आठ बजे श्री शेट्टी ने परेशान होकर फोन किया। मैंने कहा "डन, काम हो गया, आप जरा भी परेशान न हों। आप आमिर खान को लेकर साढ़े नौ बजे दूतावास पहुंच जायें। हमारे लोग होंगे, जो आपकी मदद करेंगे।" मेरी दोनों बेटियों ने भी मुझे सुना। उन्होंने भी जिद पकड़ी कि वे भी आमिर खान से मिलने दूतावास जायेंगी। मजबूरी में मैं परिवार को साथ लेकर करीब सवा नौ बजे दूतावास पहुंच गया। सोचा था कि एक दो कर्मचारियों के अलावा कोई और नहीं होगा। पर वहाँ पहुंचकर देखा तो मामला कुछ और ही था। दूतावास के भारतीय स्थानीय कर्मचारी अपने परिवारों के साथ वहाँ मौजूद थे। उनमें से कुछ मेरी बेटियों के स्कूल की साथी भी रहीं। पता चला कि यह समाचार गोपनीय नहीं रही, सबको जानकारी हो चुकी थी। पर छुट्टी का दिन होने से सुबह के वक्त प्रशंसकों की संख्या सीमित व नियंत्रण में थी। ठीक साढ़े नौ बजे आमिर खान तथा वी.आर.शेट्टी दूतावास के मेन गेट पर पहुंच गये। फिर वे मेरे कमरे में आये। मैंने उनका स्वागत करते हुए कहा - 'खुशी की बात है कि छुट्टी के बावजूद कर्मचारी मिल गये और आमिर खान की मदद के लिए प्रशंसक कोई भी तकलीफ झेलने को तैयार हैं।' फिर उनके चेहरे की ओर देखकर नजरें मिलाते हुए कहा - 'आमिर साहब, यह आपात कालीन सेवा मुफ्त में नहीं मिल सकती, इसकी शर्तें हैं।" आमिर व शेट्टी जी ने एक साथ कहा - 'हम सभी शुल्क तथा फाइन देने को तैयार हैं।' मैंने कहा - 'नहीं सिर्फ यही नहीं, हमें तो कुछ ज्यादा ही चाहिए।' आमिर खान ने अपनी स्वाभाविक रहस्यमयी हंसी के साथ पूछा - 'क्या चाहिए आपको?' मैंने कहा - 'दूतावास के जितने कर्मचारी सज धज कर अपने परिवार के साथ यहाँ आये हैं, उनके साथ जी भरकर फोटो खिंचवायेंगे बिना शर्त के। आमिर छूटते ही ठठाकर हँस पड़े और कहा 'बिलकुल बिना शर्त के।' पासपोर्ट बन

रहा था, उस दरम्यान उनके साथ फोटो खिंचवाने का दौर चलता रहा। अंत में उन्हें पासपोर्ट दिया गया। आमिर खान ने विदाई के समय अपनी मासूम हँसी के साथ कहा - 'थैंक यू, मैं आपकी मदद कभी नहीं भूल सकता।' उस दिन आमिर खान के साथ दोनों बेटियों ने जो फोटो खिंचवायी थी, वह आज भी मेरे घर पर सजी हुई है।

टी.वी. के लोकप्रिय मनोरंजक कार्यक्रम 'अंताक्षरी' के प्रस्तुतकर्ता या एंकर अन्नू कपूर से अबूधाबी में अचानक मुलाकात हुई थी। उन दिनों 'अंताक्षरी' कार्यक्रम दर्शकों के बीच बेहद लोकप्रिय बन चुका था। इसके निर्माता विदेशों में इसके प्रचार प्रसार की कोशिश कर रहे थे। इसी क्रम में यू.ए.ई. उनका पहला पड़ाव था। यहाँ पर प्रतिभावान कलाकारों का चयन कर कार्यक्रम में शामिल करने के लिए दुबई व अबूधाबी में ऑडिशन टेस्ट एक होटल में किया जा रहा था। मुझे वहाँ उपस्थित रहने का न्यौता मिला। मुझे वैसे इस कार्यक्रम की ज्यादा जानकारी नहीं थी पर अन्नू कपूर की प्रस्तुति की शैली व दक्षता से मैं मुग्ध हुआ। अगले दिन दोपहर के खाने पर मैंने उन्हें अपने घर बुलाया। साथ ही कुछ भारतीय व बांग्लादेशी मित्रों को भी बुलाया। अन्नू कपूर सभी अतिथियों से बड़े प्यार व आराम से मिले। उन्हें बहुत सी भाषाओं का ज्ञान है। बातचीत से उनके ज्ञान व सृजनशीलता का परिचय मिला। खुद भी अच्छा गाते हैं। हमारे घर पर पियानो देखकर उन्होंने पियानो बजाकर भी सुनाया। इतने गुणी कलाकार होने के बावजूद उनमें अहम् का आभास तक न था। बड़े विनम्र व मिलनसार व्यक्ति लगे। भारतीय तथा बांग्लादेशी मित्रों का अपने गीतों व पियानो वादन से मनोरंजन करने पर मैंने उन्हें धन्यवाद दिया। साथ ही जी टी.वी. के 'अंताक्षरी' कार्यक्रम की सफलता के लिए हर संभव सहयोग का आश्वासन दिया। उन जैसे गुणी, सृजनशील कलाकार के अवदान के फलस्वरूप 'अंताक्षरी' जैसे एक पुराने पारंपरिक स्पर्धात्मक कार्यक्रम को भारत तथा विदेशी इलेक्ट्रोनिक संचार माध्यमों में दर्शकों की भरपूर सराहना प्राप्त हुई थी।

ऐश्वर्या राय ने मिस् यूनिवर्स प्रतियोगिता जीतकर भारत लौटते हुए अबूधाबी में कुछ वक्त बिताया था। वी.आर.शेट्टी जी पर इस दौरे का जिम्मा था। दोनों ही मैंगलोर अंचल के होने से दोनों परिवारों में पहले से ही जान पहचान थी। अबूधाबी में उनके दो कार्यक्रम तय थे। एक कार्यक्रम में संगीत के साथ मॉडल के रूप में अंत में आकर उत्कंठा व आवेग से भरे आमंत्रित व्यक्तियों का हाथ हिलाते हुए अभिवादन किया। उस समय उनकी उम्र कम थी व विश्व सुन्दरी का दर्जा प्राप्त करने के समस्त

गुण उनमें विद्यमान थे। शरीर का सौष्ठव, चमकते चेहरे पर सदा स्मित हास्य, आत्म विश्वास तथा अपने सौन्दर्य के प्रति सचेतनता ने उन्हें विश्व सुन्दरी प्रतियोगिता के शिखर पर पहुंचाया था। दूसरे कार्यक्रम में भारतीय असोसियेशन द्वारा उनका सम्मान सत्कार किया जाना था। उनके साथ फोटो खिंचवाने के लिए सभी व्याकुल थे। कइयों में उन्हें छू लेने की होड़ सी लगी हुई थी। हम विशिष्ट व्यक्तियों की गैलरी में बैठे थे। ऐश्वर्या अपनी कुर्सी पर बैठी थी, उनके पास ही वी.आर.शेट्टी बैठे थे। कुछ समय बाद शेट्टी साहब ने ऐश्वर्या के साथ फोटो के लिए इशारे से बुलाया। मुझे थोड़ा संकोच हुआ और मैं फोटो के लिए मन की व्यग्रता को दबाकर वहीं बैठा रहा। सोचा बचपना होगा। समारोह के बाद ऐश्वर्या ने अपने दस्तखत कर अपनी फोटो मुझे दी। उस तरह विश्व सुन्दरी को इतने करीब से देखने व हाथ मिलाने का अवसर अब कल्पना से परे लगता है। भारतीय मशहूर शख्सियतों का संचार माध्यम इतना ज्यादा प्रचार करता था कि आम कार्यक्रमों में बिना पैसे लिए उनका शामिल होना असंभव हो गया था।

दक्षिण एशिया, खास कर भारत व पाकिस्तान के लिए शारजाह में आयोजित क्रिकेट मैच सबसे बड़ी आकर्षण के रूप में उभर चुके थे। अगर मुकाबला भारत व पाकिस्तान के बीच हो तो दोनों देशों के लोग सारे काम छोड़कर उत्कंठा के साथ मैच परिणाम की ओर ध्यान लगाये रहते थे। करोड़ों रुपयों का कारोबार सट्टा बाजार में होता था। युद्ध में जय, पराजय की तरह लोग इसे मानते थे। एक ओर चरम उत्तेजना से आनंद, उल्लास का माहौल तो दूसरी ओर विषाद, अवसाद व हताशा की छाप। भारत से बहुत सी फिल्मी हस्तियां व अन्य मशहूर शख्स भी मैच देखने आते थे। प्रतिष्ठित उद्योगपतियों, काला बाजारियों, नेताओं तथा पत्रकारों से गैलरी खचाखच भरी रहती। दाऊद इब्राहिम अपने गुर्गों, संगी, साथियों के साथ दिखते थे। शारजाह मैच के लिए पास जुगाड़ करना बहुत ही कठिन कार्य था। लेकिन दुबई के भारतीय कॉनसुलेट के हवाले से हर साल कुछ पासों की व्यवस्था हो जाती थी। भारत-पाकिस्तान मैच के लिए दर्शकों में जुनून व दीवानगी वर्ल्डकप फुटबॉल से भी तीव्र थी। राष्ट्रीय ध्वज के साथ रंग बिरंगी वेश भूषा में क्रिकेट प्रेमी, क्रिकेट की पेचीदगियों से अनजान अनगिनत भारतीय व पाकिस्तानी स्टेडियम में शोर शराबे व चीखों से दोनों दलों को समर्थन जताते थे। पर बाद में कई कारणों से शारजाह में आयोजित क्रिकेट का वह महाकुंभ तथा क्रिकेट पागल जुनूनी लोगों की भीड़ बीते दौर की बात हो गयी। इस तरह के एक मैच के दौरान शाहरुख खान के साथ बैठने का अवसर मुझे

मिला था। पर तब तक शाहरुख खान इतने मशहूर व लोकप्रिय सितारे नहीं बने थे। मुझे याद है, पूरे मैच के दौरान शाहरुख कुछ न कुछ खाने की चीजें मंगाते जा रहे थे।

कई वर्षों तक भारत को अपनी जरूरतों के लिए विदेशों से अस्त्र शस्त्र व सैनिक साजो सामान मंगाना पड़ता था। वर्तमान भी हम विदेशी कंपनियों पर निर्भर हैं। कुछ अर्सा पहले बोफोर्स भ्रष्टाचार के मामले ने राजनैतिक अस्थिरता फैला दी थी। इस भ्रष्टाचार के मामले पर बहुत सी बातें संचार माध्यम में प्रकाशित हुईं तथा संसद में कई बार बहस भी हुई। पर स्थिति में अब तक कोई सुधार नहीं आया है। हमेशा अस्त्र शस्त्रों के मामले में आत्मनिर्भर होने की बात कही जाती है पर जब ठोस कदम उठाने की बारी आती तो सभी उदासीनता दिखाते। वैसे ब्रिटिश जमाने से सरकारी क्षेत्र में अस्त्र शस्त्र बनाये जा रहे हैं पर उनमें तकनीकी सुधार व अत्याधुनिक बनाने की दिशा में कोई अनुसंधान नहीं हुआ कि इनकी कोई मांग विश्व बाजार में है या नहीं। यू.ए.ई. के राष्ट्रप्रमुख के सुपुत्र व वर्तमान राजकुमार (Crown Prince) मोहम्मद के उद्यम से अबूधाबी में अंतराष्ट्रीय सुरक्षा प्रदर्शनी का आयोजन किया गया। भारतीय रक्षा निर्यात संस्था की ओर से द्विपाक्षिक संबंधों के मद्दे नजर इस आयोजन में भाग लेना तय किया गया। प्रदर्शनी में अत्याधुनिक अस्त्र शस्त्रों के निर्माता जैसे रूस, दक्षिण अफ्रीका, फ्रांस, चेकोस्लोवेकिया आदि देशों ने भाग लिया। मध्य पूर्व में सदैव अस्थिरता, अशांति, गृह युद्ध की स्थिति बनी रहने के कारण तथा पेट्रोल की संरक्षा व अस्त्र शस्त्रों की मांग की दृष्टि से सारे राष्ट्र उपसागर के बाजार में अपना वजूद बनाये रखना चाहते थे। सारी कोशिशों व बार बार सचेत करने के बावजूद भारत से नमूने पहुंचने में काफी विलंब हुआ। प्रदर्शनी के उद्‌घाटन से एक दिन पहले ये सब बमुश्किल पहुंच पाये। स्टॉल की जमावट व साजसज्जा में सभी रात भर लगे रहे तब कहीं जाकर उद्‌घाटन के समय तक कुछ सैन्य सामानों के नमूनों को प्रदर्शनी के लिए तैयार करने में भारतीय दल सक्षम हुआ। पर हमारे साजो सामान अन्य राष्ट्रों के अस्त्र शस्त्रों के मुकाबले निम्न स्तर के थे तथा प्रदर्शन का स्तर भी घटिया था। प्रतिनिधि दल के अनभिज्ञ व थोड़े कम जानकार सदस्य दर्शकों, ग्राहकों के सवालों के सही उत्तर तक देने में असमर्थ रहे। भारत सरकार के रक्षा राज्य मंत्री प्रदर्शनी के लिए अबूधाबी में मौजूद थे।

यू.ए.ई. के सक्रिय व कर्मठ आयोजकों को भारतीय सैन्य सामग्री की आवश्यकताओं की जानकारी थी। दक्षिण एशिया, मध्य पूर्व तथा उपसागरीय देशों में

फैली असुरक्षा की स्थिति की उन्हें संपूर्ण जानकारी भी थी। दोनों देशों के प्रतिनिधियों के बीच वार्ता के दौरान मैं भी उपस्थित रहा। चर्चा के दौरान यू.ए.ई. के प्रतिनिधियों ने सुरक्षा स्थिति का सही मूल्यांकन कर अपनी गहरी सुझबुझ का परिचय दिया, यहाँ तक कि भारत कितने लड़ाकू विमान व हेलीकॉप्टरों की खरीद करना चाहता था उसके बारे में अन्य देशों के अनुभवों के आधार पर अपने सुझाव भी रखे। उनके मुकाबले हमारे प्रतिनिधि दल में इस बारे में पुख्ता जानकारी की कमी महसूस हुई। उस प्रदर्शनी में नये अस्त्र शस्त्रों के निर्माताओं, आविष्कारकों ने भी भाग लिया था। उनमें रूस के कैलिश्नोकोव प्रमुख रहे जो सेना, उग्रवादियों तथा कट्टरपंथियों द्वारा अधिकांशत: इस्तेमाल की जाने वाली ए.के.-47 स्वचालित राइफल के जन्मदाता भी थे। रूसी सरकार ने सभी राइफलों की मांग विश्वबाजार में बढ़ाने के लिए एक रणनीति बनायी थी। छरहरे, सफेद केशों वाले कैलिश्नोकोव एक साधारण व्यक्ति की तरह प्रदर्शनी के विभिन्न स्टॉलों में घूम घूम कर देख रहे थे, कभी अपने रूसी स्टॉल में भी बैठ जाते थे। बहुत से दर्शकों को उनके बारे में जानकारी न थी। रूसी दूतावास के एक कर्मचारी ने मेरा उनसे परिचय कराया। हमने एक साथ स्टॉल में बैठकर चाय पी। उन्होंने मुझसे एक दुभाषिये के जरिए बातचीत की। वैसे कैलिश्नोकोव मामूली गाँव वाले जैसे सीधे सादे पर थोड़े गंभीर लगे। उनकी आँखों में अद्भुत चमक थी। इतने बड़े अस्त्र के प्रणेता के रूप में किसी प्रकार के गर्व या अहंकार का लेश मात्र अहम् उनमें न था। बस एक ही लक्ष्य था उस वक्त कि कैसे उनकी राइफल क्रेताओं को पसंद आये, उसकी दक्षता से उसे सराहा जाये। क्रेताओं के तरह तरह के प्रश्नों के उत्तर वे बड़े धैर्यपूर्वक देते रहे। विश्व के सर्वाधिक प्रचलित अस्त्र के प्रणेता बड़े ही सरल एवं पूरी तरह समर्पित दिखे। सुनने में आता है कि द्वितीय महायुद्ध के दौरान जख्मी अवस्था में एक अस्तपाल में उनका इलाज चलते वक्त उन्होंने इसे बनाने की कल्पना की थी। युद्ध क्षेत्र में जर्मन के स्वचालित अस्त्र शस्त्रों के मुकाबले के लिए कैलिश्नोकोव का ए.के.-47 माकूल जवाब था।

राष्ट्र प्रमुख शेख जायेद बड़े उदारमना थे तथा अबूधाबी के रेगिस्तान में कई बिलियन डॉलर की लागत से परिवेश में तब्दीली लाने के लिए उद्यानों का निर्माण कर भिन्न भिन्न किस्मों के फूल और फलों की सैगात दी थी। तब कहीं जाकर मौसम में बदलाव के साथ वहाँ चिड़ियों का चहचहाना सुनना संभव हो पाया। साथ ही उन्होंने अबूधाबी सांस्कृतिक केन्द्र की भी स्थापना की थी, जहाँ पर स्थानीय लागों को चित्रकला

का प्रशिक्षण दिया जाता था और बीच बीच में अंतराष्ट्रीय प्रदर्शनियों व सेमिनारों का आयोजन भी होता था।

केन्द्रीय सरकार से प्रस्ताव मिला कि टैगोर से संबंधित एक प्रदर्शनी का आयोजन किया जाये जिसमें विभिन्न भाषाओं में प्रकाशित उनकी पुस्तकों, चित्रों, संगीत, व्यवहृत सामानों आदि का प्रदर्शन सांस्कृतिक केन्द्र में हो पाये। शांति निकेतन तथा अन्य संस्थानों से उनका संपर्क पहले ही हो चुका था। अब उन्हें हमारा सहयोग चाहिए था। खाड़ी या उपसागर के देशों में इस प्रकार के अवसर कम ही मिल पाते थे। मैंने अपनी ओर से भरपूर सहयोग का आश्वासन दिया। अचानक खयाल आया कि यदि हम टैगोर की किसी नृत्यनाटिका का मंचन कर पाते तो अच्छा होता। अबूधाबी में बांगला भाषी लोग बहुतायत में थे। बांगलादेशी लोगों की भी राष्ट्रभाषा बांगला है। इसी बजह से तो बांगलादेश का निर्माण ही हुआ। भारत से भी कुछ बांगला भाषी वहाँ की संस्थाओं में काम करते थे। बहुत से ऐसे परिवारों से हमारे अच्छे संबंध थे। बातचीत की शुरुआत में ही पता चला कि सभी का इसमें आग्रह है तथा सभी हमसे सहयोग को तैयार हैं। भारतीय व बांगलादेशी लोगों में से कलाकारों का चयन किया जाना था। तृप्ति की जिम्मेदारी थी कि वे अभिनय व गायन में माहिर लोगों को चुनें। चयनित कलाकार हिन्दू, मुस्लिम, ईसाई, सिख सभी संप्रदायों के साथ साथ केरल, बिहार, बंगाल, कर्नाटक, आन्ध्र प्रदेश, तमिलनाडु, यू.पी. आदि विभिन्न प्रांतो से थे। उनमें से कुछ को तो बॉलीवुड फिल्मों के नाच गानों का अनुभव ही था। पर टैगोर की नृत्यनाटिकाओं से जो परिचित न थे, उनको प्रशिक्षण देकर उनसे मंचन करवाना आसान काम न था। तृप्ति पर सब कुछ की जिम्मेदारी डाली गयी। दूतावास में शाम के वक्त रिहर्सल की अनुमति मिल गयी। अबूधाबी सांस्कृतिक केन्द्र इस नृत्यनाटिका के सारे खर्चे उठाने को आगे आया। 'ताशेर देश', 'श्यामा' या 'चंडालिका' - इनमें से किसी एक को चुनना तय हुआ। इस्लामिक राष्ट्र तथा कुछ और कारणों से सोच विचार कर 'श्यामा' के मंचन का निर्णय लिया गया। इसकी विषय वस्तु सबके लिए सरल रहेगी। हमें श्रीलंका के दिनों से भी कुछ अनुभव प्राप्त हुआ था। लगातार रिहर्सल चलने लगे। वाद्ययंत्रों व वादकों का इंतजाम किया गया। प्रेक्षालय को भारतीय रंग ढंग से सजाने के उद्देश्य से एयर इंडिया के हवाई जहाज से ताजे रजनीगंधा के फूल भारत से लाये गये। पृष्ठभूमि में टैगोर के चित्रों की कतार लगा दी गयी। नृत्यनाटिका के मंचन का अच्छा खासा प्रचार किया गया। सभी देशों के नागरिकों, विभिन्न संप्रदाय

के लोगों में उत्साह जागृत हुआ। अब प्रतीक्षा थी मंचन की। मई के महीने में टैगोर के जन्म दिवस के अवसर पर प्रदर्शनी आयोजित हुई तथा अंतिम शाम को इस नृत्यनाटिका का मंचन रखा गया। मंच सज्जा, संगीत, नृत्य निर्देशन, मेक अप आदि जिम्मेदारियों का निर्वाह तृप्ति ने बड़ी दक्षता व सफलता से किया। नृत्यनाटिका के अंतिम दृश्य के बाद परदा गिरा । फिर एक बार जब परदा उठा तो मंच पर सभी कलाकार तृप्ति के साथ दर्शकों के अभिवादन के लिए इकट्ठे खड़े थे। दर्शक दीर्घा से सभी दर्शकों ने खड़े होकर तालियों की गूँज से सबका अभिनंदन किया। उस शाम को ऑडिटोरियम की क्षमता से कहीं अधिक दर्शक उपस्थित थे, यहाँ तक कि बड़ी संख्या में दर्शकों को बाहर से सिर्फ गीतों को सुनकर ही संतोष करना पड़ा। दर्शक इस कार्यक्रम के लिए उमड़ पड़े थे। अगले दिन सभी समाचार पत्रों व अन्य संचार माध्यमों में कार्यक्रम का भूरी भूरी प्रशंसा प्रकाशित हुईं। यू.ए.ई. के विभिन्न प्रांतों ने अनुरोध किया कि देश के विभिन्न शहरों में इस दल का प्रदर्शन कराया जाये। संरक्षकों की कमी न थी। दक्षिण एशियाई नागरिकों ने इसके प्रति उत्साह व इच्छा भी व्यक्त की कि ऐसे प्रयोग को दोहराया जाये। प्रशंसा की बाढ़ सी आ रही थी और हम उसमें डूब गये थे।

पर इस योजना के कार्यान्वियन से पहले ही मैं बीमार पड़ गया और इच्छा के विपरीत मुझे वहाँ के अल-जजीरा अस्पताल में दाखिल होना पड़ा। चार दिनों के बाद मुझे आइ.सी.यू.से स्पेशल वार्ड में लाया गया, देखा तो कमरे के अंदर व बाहर फूलों के अनगिनत गुलदस्ते रखे मिले।

मित्रों की शुभकामनाओं से मैं अभिभूत हुआ। पता चला कि पहले ही दिन शाम को मुख्य प्रोटोकॉल अधिकारी ने अस्पताल में आकर आदेश दिया था कि जरूरत पड़े तो डाक्टर व दवा दुनिया के किसी कोने से भी मंगायी जाये। सरकार की ओर से सभी खर्च उठाने का आश्वासन भी दिया गया था। दोनों देशों के बीच घनिष्ठ संबंधों के प्रतीक के रूप में इस प्रकार की मदद की गयी। कुछ दिनों के बाद जब मुझे अस्पताल के कमरे से बाहर जाने की इजाजत दी गयी तो देखा कि स्पेशल वार्ड के हर एक कक्ष में लोगों की हलचल लगी थी। संभ्रांत खानदानों के मरीज अपने परिवार, नाते रिश्तेदारों, यहाँ तक कि पोते पोतियों के साथ आराम से अपने घर जैसे माहौल में रह रहे थे।

दुष्कर व्याधियों से पीड़ित और बचने की उम्मीद न के बराबर होने के बावजूद आखिरी घड़ी तक रिश्तों को जिन्दा रखने की एक अच्छी परंपरा यहाँ पर प्रचलित थी। हृदयंगम हुआ कि स्वास्थ्य ही संपदा है। परिवार ही धूरी या केन्द्रविन्दु है।

राष्ट्र नायक शेख जायेद बहुत कम विदेशी राजनयिकों से मिलते थे। अन्य अरब देशों में भी लगभग यही परंपरा रही। साठ के दशक से पहले यू.ए.ई. के शासक परिवारों की आर्थिक स्थिति बिलकुल अच्छी न थी। पेट्रोल की खोज व बहुराष्ट्रीय कंपनियों की सहायता से राष्ट्र की प्रगति में शेख जायेद का अवदान अविस्मरणीय है। सातों एमिरटों की स्वतंत्रता व परम्परा का सम्मान बरकरार रखते हुए एक संघीय ढांचे में देश का प्रशासन चलाने में उनकी प्रगतिशील, उदार नीति व कौशल से उनके आपसी सद्भाव में वृद्धि हुई। वे विश्व के एक सम्मानित व सर्वाधिक समृद्ध व्यक्ति बन पाये। अन्य एमिरेटों के शासकों द्वारा उनकी वरीयता व पद को पर्याप्त सम्मान दिया जाता था तथा अर्थव्यवस्था की दृष्टि से वे सभी अबूधाबी पर काफी हद तक निर्भर थे।

अपने प्रवास के दौरान उनसे दो बार मेरी मुलाकात हुई। पहली बार हमारी मुलाकात किसी राष्ट्रीय समारोह के रात्रि भोज पर हुई जिसमें उन्होंने राजनयिकों को निमंत्रित किया था। हाथ मिलाने के अलावा बातचीत का मौका नहीं मिला। निमंत्रित व्यक्तियों की भीड़ में राष्ट्र प्रमुख की भूमिका कम ही रहती है। भाषा भी बाधक होती है। सुरक्षा की दृष्टि से भी अरब के शासक दूरी बनाए रखते थे। पश्चिमी देशों के कुछ राजनयिक शासकों से अपनी नजदीकी का दावा करते थे। पर शासन प्रणाली व पेचीदगी भरी प्रथाओं के अंतर्गत इन दावों की सच्चाई जान पाना कठिन था। कई भारतीय भी शासक परिवार के लिए समर्पित विभिन्न संस्थाओं में काम करते थे, पर वे भी समझदारी से अपनी सुरक्षा के प्रति सतर्क रहते थे। उनसे कोई खबर निकाल पाना कठिन था। दूसरी बार शेख जायेद से मुलाकात किसी विदाई पर आयोजित समारोह में हुई। उनसे मिलने से पहले उनके प्रोटोकॉल अधिकारी ने हमें एक खास बात बतायी कि शेख जायेद के सामने कुर्सी पर बैठते समय कभी पांवों को आपस में इधर उधर न फंसायें, क्योंकि यह उनका अपमान होगा, अत: पांवों को सीधा रखें। चूंकि वे बुजुर्ग थे तथा यह राष्ट्र प्रमुख का मामला था, हमें इस हिदायत को मानना पड़ा। सभी देशों की कुछ न कुछ ऐसी खास परम्पराएं होती हैं।

अंतराष्ट्रीय स्वीकृत मानक राजनयिक प्रोटोकॉल के होते हुए भी खास मौकों पर देश की विशिष्ट परम्पराओं को मान देना जरूरी होता है। शेख जायेद कम बातचीत करते थे, उनके परिवार का पाकिस्तान में भी अपना महल है। आमोद प्रमोद व विश्राम के लिए साल के कुछ महीने वे उस महल में बिताते थे। पाकिस्तान की

सरकार द्वारा भी उन पर कोई प्रतिबंध न था। भारत के लिए उनके मन में काफी आदर व सम्मान था, साथ ही बहुत अधिक संख्या में वहाँ कार्यरत भारतीयों व पाकिस्तानियों ने अपनी कार्यदक्षता व निष्ठा से अपनी एक अच्छी और उज्ज्वल छवि प्रस्तुत की थी। अत: उस विदाई समारोह में उन्होंने भारत व पाकिस्तान को नजदीक लाने में अपने व्यक्तिगत प्रयासों की इच्छा भी जाहिर की। पर भारत-पाकिस्तान के संबंधों में सुधार का यह प्रस्ताव तमाम जटिलताओं के बीच आगे नहीं बढ़ पाया।

आब्राकाडाब्रा

मेडागास्कर विश्व का चौथा वृहत्तम द्वीप है। लगभग 1580 की.मी.लंबाई व 570 की.मी. चौड़ाई में फैले इस द्वीप के कई क्षेत्र अभी भी लोगों की पहुंच से दूर है। कहा जाता है कि डारविन अपने विकासवादी सिद्धांत से संबंधित शोध के सिलसिले में कुछ अर्सा तक मेडागास्कर में रहे। विवर्तन के कुछ विरल, लुप्त आवश्यक पूरक सूचनाओं की खोज उन्होंने वहाँ की जिनमें वे सफल भी रहे। ब्रिटेन व फ्रांस के कब्जे में रहने के बाद आपसी समझौते के तहत यह काफी दिनों तक फ्रांस का उपनिवेश बना रहा। कुछ अर्सा तक इसे समुद्री दस्युओं के पसंदीदा आश्रय स्थल के रूप में भी जाना गया। मेडागास्कर अफ्रीका महाद्वीप के करीब होने से इसे अफ्रीकी देश माना गया पर यहाँ के स्थानीय अधिवासियों की शारीरिक आकृति, कद काठी, रंग रूप आदि में दो विशिष्ट प्रमुख धाराओं का समावेश स्पष्ट परिलक्षित होता है। तटीय क्षेत्रों में अफ्रीकी निग्रो से तो देश के मध्यवर्त्ती पर्वतीय क्षेत्रों के आदिवासियों के चेहरे व शारीरिक बनावट में दक्षिण पूर्व एशिया के इण्डोनेशिया आदि देशों के निवासियों से बहुत सामंजस्य देखने में आता है। कहा जाता है कि संभवत: बहुत पुराने जमाने में दक्षिण पूर्व एशिया के इंडोनेशिया आदि देशों से लोग भारत महासागर होकर मेडागास्कर पहुंचे व वहाँ बसना प्रारंभ किया। अभी तक देश के दोनों समुदायों की सांस्कृतिक व सामाजिक स्थिति में पर्याप्त फर्क स्पष्ट है। सत्ता की राजनीति पर भी इसका असर साफ दिखता है। मरीनों व बटसिले समुदायों का आधिपत्य कई मामलों में स्पष्ट परिलक्षित होता है।

भारत से मेडागास्कर की राजधानी आन्तातानारिवो या संक्षेप में ताना के लिए कोई सीधी उड़ान नहीं थी। वहाँ मॉरीशस होकर जाना पड़ता था।

कार्यक्रम के तहत हमें दो दिनों के लिए मॉरीशस की राजधानी पोर्ट लुई में

रुकना था। तब वहाँ मणिलाल त्रिपाठी भारतीय राजदूत थे। वे ओड़िशा के थे तथा हमारे पुराने परिचित थे। अत: होटल के बदले हम उनके घर पर रहे। दुर्भाग्य से बम्बई से मॉरीशस जाने वाले एयर इंडिया विमान के इंजन में खराबी के कारण सेशेल्स में आपातकालीन लैंडिंग करनी पड़ी। इस बार हम सिर्फ दो लोग थे मैं, तृप्ति और साथ में ब्राउनी। बच्चियाँ उच्च शिक्षा के सिलसिले में अमेरिका में थीं। मुख्य पायलट की अनुमति से ब्राउनी भी हमारे संग कैबिन में ही था। सेशेल्स के गहरे नीले जल, आकर्षक तटों व हरियाली का आनंद हम विमान के अंदर से ले रहे थे। इस बीच विमान के पायलट तथा परिचारिका ने हमारी सीट पर आकर कहा कि हम ब्राउनी को छिपा लें क्योंकि विमानतल के अधिकारी कर्मचारी विमान की जांच पड़ताल को आयेंगे। आपातकालीन लैंडिंग के समय अक्सर स्थानीय प्रबंधन अपना शक दूर करने के लिए इस तरह की जाँच पड़ताल करते थे। सेशेल्स काफी छोटा सा द्वीप था, जिस के कारण वहाँ के क्वारटींन अर्थात संगरोध से संबंधित कानून बड़े सख्त थे। विभिन्न रोगों, महामारियों से बचाव के लिए अधिकतर द्वीपवाले देशों में एसे सख्त कानून प्रचलित रहे। किसी भी कीटाणु के द्वीप में प्रवेश से मनुष्यों, पशुओं व बनस्पतियों में संक्रमण का खतरा बना रहता है। पर ब्राउनी को छिपाकर रखना इतना आसान भी न था। उसके भौंकने पर भी हमारा कोई नियंत्रण न था। अंतत: हमने उसे एक टोकरी में रखा और चादर से ढक दिया। वेसे हमने सोच लिया था कि अगर जरूरत पड़ी तो ब्राउनी को सेशेल्स में किसी के जिम्मे छोड़कर चले जायेंगे और संगरोध की अवधि खत्म होने के बाद फिर मेडागास्कर आकर उसे ले जायेंगे। पर ईश्वर की कृपा से इसकी जरूरत नहीं पड़ी, जाँच के वक्त ब्राउनी टोकरी के अंदर खामोश पड़ी रही। कर्मचारियों के जाने के बाद जब हमने चादर हटाकर ब्राउनी को देखा तो उसके मुख पर हल्की सी मुस्कान दिखी। ऐसा लगा, मानो कह रही हो 'देखो, मैंने भी मदद की।' कुछ घंटों बाद विमान के इंजिन की मरम्मत पूरी होने पर फिर मारीशस की हमारी यात्रा प्रारंभ हुई। रात बिताने के बाद तथा बातचीत के जरिए कुछ आराम मिल गया। मणिलाल बाबू की मेहमान नवाजी व निश्छल मित्रता से शारीरिक व मानसिक राहत मिली।

हम मेडागास्कर के राष्ट्रीय एयर लाइन, एयर मेडागास्कर से निर्धारित समय पर मेडागास्कर की सीमा में दाखिल हुए व ताना की ओर बढ़ चले। छोटे से विमान में खचाखच यात्री भरे थे। उनकी पोशाक से वहाँ की अर्थव्यवस्था का परिचय मिल रहा

था। मेडागास्कर विश्व के सबसे निर्धन व दरिद्र देशों में एक है। यात्री आपस में फ्रेंच में बातचीत कर रहे थे। मुझे फ्रेंच की अच्छी जानकारी न होने के बावजूद मैं कुछ कुछ समझ पा रहा था। अधिकांश यात्री मॉरीशस व यूरोप से बहुत सारे सामान खरीद कर अपने साथ ले जा रहे थे जिनकी मांग ताना में थी। महसूस हुआ, इन शौकिया सामग्रियों की आमद पर प्रतिबंध के कारण इन्हें कालाबाजार में बेचकर कुछ लोग अच्छा खासा मुनाफा कमाने में लगे थे।

ताना हवाई अड्डे पर उतरने के बाद दूतावास तथा मेडागास्कर के विदेश मंत्रालय के अधिकारियों ने हमारा स्वागत किया। फिर हमसे पासपोर्ट लेकर कस्टम्स व आप्रवासन की औपचारिकताएं पूरी करने चले गये। हम एक छोटे से वी.आई.पी. प्रकोष्ठ में बैठे रहे। भारत के किसी 'बी ग्रेड' हवाई अड्डे की तरह ताना का छोटा सा विमानतल था। कस्टम्स व आप्रवासन में काफी ढिलाई व उदासीन मनोभाव था। लोग इधर उधर बेमतलब घूम फिर रहे थे। कुछ समय बाद दूतावास के उच्च अधिकारी व मेरे सहकर्मी अशोक पासपोर्ट की कार्रवाई पूरी कर लौटे और हम अपने निवास की ओर रवाना हुए। निवास हवाई अड्डे के करीब ही था, रास्ते में ज्यादा वक्त नहीं लगा। अशोक की संक्षिप्त बातचीत से समझ में आया कि मेडागास्कर भारतीय विदेश मंत्रालय के राजनैतिक व आर्थिक रडार के दायरे से बाहर ही था। दूतावास को खुले चालीस साल बीत गये थे पर द्विपक्षीय संबंधों की दिशा में कोई खास कदम अब तक नहीं उठाये गये थे। भारतीयों की संख्या भी बहुत ही कम थी और वे सभी गुजरात से थे। लेकिन भारत से उनका संपर्क न के बराबर था। केवल अपवाद स्वरूप कुछ मामलों में उनका भारत से संपर्क बना हुआ था। शादी कर गुजराती बहू लाने को उपलब्धि मानकर कुछ लोग गर्व अनुभव करते थे। खोजा मुस्लिम समुदाय यहाँ पर कारोबार में ज्यादा सफल था। पर ऐतिहासिक कारणों से उनका कुछ संबंध पाकिस्तान से भी रहा। खोजा, वोरा, आगा खान समुदायों के अलावे कुछ हिन्दू व्यापारी भी मेडागास्कर में बसे हुए थे पर उनकी आर्थिक अवस्था उनसे कमतर थी। हिन्दू व मुसलमान संप्रदाय थे तो गुजराती भाषी तथा सभी गुजरात की प्राचीन रीति रिवाजों तथा प्रथाओं को मानते थे। पर उसके बावजूद दोनों समुदायों के बीच काफी अंतर था। उनकी गुजराती हमारे गुजरात के प्रचलित आधुनिक गुजराती से कुछ कुछ अलग थी।

मेडागास्कर के राष्ट्र प्रमुख प्रेसिडेंट रातसिराका ने स्वतंत्रता प्राप्ति के कई वर्षों

तक देश के शासन पर कठोरता से नियंत्रण बनाए रखा। सेना के भूतपूर्व सदस्य होने के नाते सत्ता पर बने रहने में उन्हें सेना का समर्थन भी प्राप्त था। समाजवादी विचारधारा के प्रबल समर्थक होने के कारण उनकी सभी नीतियाँ मुक्त व्यापार के खिलाफ थीं। मेडागास्कर पहले फ्रेंच उननिवेश था और फिर रातसिराका की साम्यवादी नीतियों के कारण यहाँ की अर्थव्यवस्था लड़खड़ाती गयी। तुलनात्मक रूप से अंग्रेज फ्रांसिसियों से बेहतर शासक रहे, ब्रिटिश उपनिवेशों में शिक्षा, शासन, न्याय व्यवस्था, बुनियादी ढांचे को अहमियत दी जाती थी। वे उदार थे व स्थानीय विकास के प्रति उनका अच्छा खासा योगदान भी सर्वमान्य है। पर इसके विपरीत फ्रेंच उपनिवेश हमेशा अवहेलित व बुनियादी सुबिधायों से वंचित रहे जिससे वे अपनी अन्दरूनी शक्ति व प्राकृतिक संपदा के निवेश में असमर्थ रहे। इसकी स्पष्ट झलक मेडागास्कर की अर्थव्यवस्था व राजनीति पर दिख रही थी।

रातसिराका के खिलाफ किसी मजबूत विकल्प के न होने से तथा लम्बे समय तक सत्ता पर काबिज रहने से वे अप्रतिद्वन्द्वी नेता व निरंकुश शासक बन बैठे, मनमाना शासन उनकी शैली का अंग बन गया। वे अपना अधिकतर समय पेरिस में बिताना पसंद करते थे।

रातसिराका की वापसी में अनिश्चितता थी, अत: उनकी अनुपस्थिति में द्वैत अधिकार क्षेत्र के तहत कोमोरोस द्वीप समूह में अपना क्रेडेशिंयल या परिचय पत्र सौंपने का विचार मेरे मन में आया। कोमोरोस मेडागास्कर में पदस्थ भारतीय राजदूत के अधिकार क्षेत्र में था, इसे अंग्रेजी में कॉनकरंट एक्रेडिशन कहते हैं अर्थात एक राजदूत की नियुक्ति दो राष्ट्रों के लिए होती है। बहुत से देश खास परिस्थितियों में इस तरह की व्यवस्था अपनाते हैं।

कोमोरोस तीन द्वीपों का समूह है। यह द्वीप समूह मेडागास्कर के उत्तर और मोजाम्बिक की पूर्वी दिशा में स्थित है। अंजुयान, मोहिलि, तथा ग्रैंड कोमोरोस द्वीपों का समावेश कर इस राष्ट्र का गठन किया गया था और 1975 में फ्रांसीसी शासन से इसे स्वतंत्रता प्राप्त हुई।

क्रेडेन्शियल प्रस्तुतीकरण के लिए विदेश मंत्रालय को लिखने से पूर्व फाइलों के अध्ययन से पता चला कि कोमोरोस में असैंविधानिक उपायों से बार बार सत्ता परिवर्त्तन के कारण यह राष्ट्र चरम अस्थिरता के दौर से गुजर रहा था, इसलिए इसके शासकों को बहुत से देशों ने मान्यता नहीं दी थी। भारत भी इनमें शामिल था, कोई

कदम उठाने से पूर्व फ्रांस व ब्रिटेन की कार्रवाई की प्रतीक्षा कर रहा था। 1997 में तीन द्वीपों के अलग अलग राष्ट्रपति तथा राष्ट्रपति पद की अदला बदली वाली व्यवस्था के प्रयोग व अधिक स्वायत्त शासन प्रदान करने की कोशिशों के बाद कर्नल अजालि आसुमानि ने सन् 2000 में इन द्वीपों के संघीय संविधान के तहत राष्ट्रपति का पदभार ग्रहण किया। तत्पश्चात फ्रांस समेत कई और देशों ने मान्यता दी, भारत ने भी मान्यता प्रदान की। आदेशानुसार मैंने उन्हें क्रेडेन्शियल प्रस्तुत किया।

कोमोरोस विश्व के सबसे दरिद्र देशों में एक है। वैनिला, लौंग व इत्र के एसेन्स के निर्यात पर वहाँ की अर्थव्यवस्था निर्भर है। स्वतंत्रता प्राप्ति के बाद की अवधि में 20 बार सत्ता परिवर्त्तन की कोशिशें वहाँ हो चुकी थीं। राजनीतिक हस्तक्षेप, किराये की विदेशी सेना की अवांछित भूमिका तथा विदेशी राष्ट्रों की दखल अंदाजी से वहाँ की परिस्थिति सदैव अस्थिर बनी रही। क्रेडेन्शियल प्रदान करने के अलावा मेरा वहाँ कोई काम न था।

मेडागास्कर के संचार माध्यम में व्यंग्यपूर्ण टिप्पणियां प्रकाशित होती थीं - “रातसिराका मेडागास्कर के अस्थायी दौरे पर आये हैं” अर्थात वे किसी और देश के निवासी हैं जो यदा कदा मेडागास्कर के संक्षिप्त दौरे पर आते रहते हैं।

उन दिनों ऐसी स्थिति के बीच मैं वहाँ पहुंचा था। रातसिराका ताना से बाहर थे। नियमानुसार किसी दूतावास प्रमुख का क्रेडेन्शियल जब तक उन देश के राष्ट्र प्रमुख को प्रस्तुत नहीं किया जाता तब तक अधिकृत रूप से वे कार्य नहीं कर सकते। अत: मुझे काफी दिनों तक प्रतीक्षा करनी पड़ी। रातसिराका की वापसी के बाद किफायत का ध्यान रखते हुए जापान के राजदूत व मेरा क्रेडेन्शियल समारोह एक ही दिन दो अलग कार्यक्रमों के माध्यम से संपन्न हुए। आम तौर पर स्थानीय प्रोटोकॉल अधिकारी के द्वारा दूतावास प्रमुख के आवास से उनकी अगवानी कर राष्ट्रपति निवास तक ले जाने की प्रथा है। उसके बाद राजदूत का सामरिक अभिवादन का पारंपरिक कार्यक्रम होता है। फिर राष्ट्रपति से मिलकर उन्हें अपना परिचय पत्र प्रदान करते हैं व आपसी सद्भाव विनिमय के बाद राष्ट्रपति द्वारा नये राजदूत का स्वागत सत्कार किया जाता है। राजदूत अपने आवास में लौटकर उस देश के विदेश विभाग के प्रतिनिधियों, अपने सहकर्मियों तथा कुछ गणमान्य व्यक्तियों का शैंपैन आदि से सत्कार करते हैं। मेरे साथ भी इसी प्रथा का पालन किया गया। सिर्फ एक मामले में गड़बड़ी हो गयी। मेरे सहकर्मी अशोक को परिचय पत्र लेकर साथ आना था तथा ऐन वक्त पर मुझे सौंपना

था ताकि मैं राष्ट्रपति को दे पाऊँ। दुर्भाग्य से अशोक राष्ट्रपति निवास में जरा पीछे रह गये और मुझे परिचय पत्र देना भूल गये। जब मेरी बारी आयी, तो कतार से निकल कर मैं राष्ट्रपति की और बढ़ा, रातसिराका भी मेरी ओर आगे आये। अचानक मेरा हाथ खाली देखकर दबी आवाज में पूछा - "योर क्रेडेन्शियल ?" मैं तत्काल गलती समझ गया, पीछे मुड़कर देखा तो अशोक दो तीन कतारों के पीछे आराम से खड़े थे। मैंने उन्हें करीब आने का इशारा किया। तुरंत वो सचेत हुए और लगभग दौड़ते हुए आकर क्रेडेन्शियल मेरे हाथों में रख दिया। रातसिराका और मैं दोनों हँस पड़े। फिर वे मुझसे हाथ मिलाने लगे पर ठीक से नहीं मिला पाये। दोबारा कोशिश करने पर ही हाथ मिला पाये। बाद में पता चला कि उन्हें आँखों की बड़ी भयंकर बीमारी थी। उस घटना से यह साफ था कि किसी गंभीर राजकीय समारोह में कोई चूक हो जाने पर भी एक राष्ट्रप्रमुख के नाते इसे नजरअंदाज कर सुधार का प्रयत्न कर सकते हैं। यह आत्मविश्वास से संभव है।

हमारी सुरक्षा के लिए घर पर एक भारतीय जवान तैनात था। घर की सुरक्षा के साथ दफ्तर आना जाना भी उसका काम था। भारतीय दूतावासों की सुरक्षा नीति अधकचरी होती थी। सरकारी महकमे में किसी को यह समझाना कठिन था कि किस तरह एक सिपाही चौबीसों घंटे की ड्यूटी कर सकता है। बहरहाल, दूतावास के अनुरोध पर स्थानीय सरकार ने मेरे घर के सामने दो सिपाहियों को तैनात किया। उनमें से अधिकतर कम उम्र के नौसिखिये थे तथा उनका प्रशिक्षण भी कमजोर रहा। मेडागास्कर के सुरक्षाकर्मियों का ज्यादातर इस्तेमाल प्राकृतिक आपदाओं के वक्त किया जाता था। बाहरी आक्रमण की संभावना न के बराबर थी तथा किसी प्रकार के सीमा विवाद की उलझन भी नहीं थी। इसलिए सुरक्षा वाहिनी की उस तरह की कोई तैयारी भी नहीं थी।

परिचय प्रदान के कुछ दिनों बाद एक सुबह मैं दफ्तर जाने को तैयार हो रहा था। प्रात: सूर्य की किरणें गेट से लेकर खिड़की के रास्ते बेडरूम को रोशन कर रही थी। बाहर कार्यालयीन मर्सडिज बेंज गाड़ी की साफ सफाई कर ड्राइवर हमेशा की तरह मेरी प्रतीक्षा कर रहा था। बाहर बगीचे के अंदर फूलों की कतारें दिख रही थीं। एक दो चिड़ियों के चहचहाने के अलावा चारों ओर खामोशी थी। तभी अचानक धमाके की आवाज हुई जैसे पटाखा छोड़ा गया हो। खिड़की से बाहर झांका तो देखा कि दोनों सुरक्षा गार्ड बदहवास घर की ओर भागे भागे आ रहे थे। ड्राइवर भी गाड़ी

छोड़कर घर की ओर दौड़ पड़ा। पहले तो कुछ भी समझ में नहीं आया। भारतीय जवान अपने कक्ष में था। तृप्ति रसोई में। ड्राइवर मेरे कमरे में घुस आया और बोला - 'फायर सर, ओके?' टाई बांधते हुए मैंने बोला 'येस, ओके, पर हुआ क्या है?' बाहर जाकर देखा तो दोनों स्थानीय सुरक्षा गार्ड मेरे कमरे की बाहरी दीवार पर कुछ देख परख रहे थे। गौर से देखा तो पाया कि दीवार का एक हिस्सा दरक गया था। मुझे बताया गया कि दोनों गार्ड अपने ए.के.-47 फेंक कर आपस में खेलते समय अचानक एक की उंगलियों से घोड़ा दब गया जिससे गोली चल गयी। एक गोली हमारी दीवार से रगड़ खा कर एक ओर निकल गयी। अगर जरा भी चूक हो जाती तो गोली घर की खिड़की से आकर मुझे जख्मी कर देती। दूसरी गोली को लोग ढूंढ नहीं पाये। मैं हतप्रभ स्थिति में खड़ा रहा। सहकर्मी अशोक को फोन पर बता दिया। उसने स्थानीय विदेश मंत्रालय को फौरन इसकी इत्तला कर दी। तुरंत जाँच अधिकारी पहुंच गये व जाँच पड़ताल में जुट गये। दोपहर बाद विदेश मंत्रालय तथा पुलिस के प्रमुख अधिकारियों ने आकर अफसोस जताया व माफी मांगी। उन्होंने मुझे बताया कि सिपाहियों से लगातार कड़ाई से पूछताछ जारी है ताकि उनसे इसके मकसद की जानकारी मिल सके। मैंने सलाह दी कि जाँच चलती रहे। लेकिन वे निरीह कम उम्र के नौसिखिये हैं। कम से कम भविष्य में राजदूत के निवास पर अनुभवी व निपुण गार्डों की तैनाती की जाये। यह घटना मेरी पदस्थी के शुरुआती दिनों में घटी। अत: इसका असर लंबे समय तक मन पर बना रहा। थोड़े दिनों तक असुरक्षा की भावना रही व स्थानीय सुरक्षा व्यवस्था की काबिलियत पर शक होने लगा। खबर सुनकर मेडागास्कर में पदस्थ भारतीय सज्जन श्री आर.के.दास मेरा हालचाल लेने आये। वे भारतीय टेलीकम्युनिकेशन के प्रोजेक्ट में उन दिनों वहाँ कार्यरत थे। विदेशों में इस तरह के हादसे के वक्त अपने देश के निवासी से मिलने पर राहत की एक खास अनुभूति होती है।

परिचय पत्र प्रदान करने के बाद औरों से मुलाकात में कोई दिक्कत नहीं हुई। उस देश के प्रधानमंत्री, वाचस्पति तथा मंत्रिमंडल के सदस्यों से मिलने का अवसर मिला। उनसे द्विपक्षीय संबंधों की बातचीत के समय उनका रवैया बड़ा सतही लगा। बिना किसी गंभीरता से सिर्फ सौजन्य के लिए दोनों देशों के बीच काम चलाऊ संबंध ही कायम था। जबकि दूसरी ओर फ्रांस, चीन आदि के दूतावासों ने आक्रामक शैली से अपने पैर जमाने में सफलता हासिल कर ली थी। खास तौर से आर्थिक मदद व

कई प्रोजेक्टों के माध्यम से चीन ने समग्र अफ्रीका के देशों में अपना आधिपत्य जमा लिया था। चीन में निर्मित सामान मेडागास्कर के बाजार में सहजता से उपलब्ध हो रहे थे तथा कीमत कम होने से लोग इन्हें अपना भी रहे थे। चीन के मुकाबले भारतीय सामानों की मौजूदगी न के बराबर रही। यद्यपि रातसिराका स्वयं इंदिरा गांधी के प्रशंसक व साम्यवाद के समर्थक थे फिर भी भारत के साथ द्विपक्षीय संबंधों में कोई खास बढ़ोतरी नजर नहीं आयी। एक बार वे भारत के निमंत्रण पर विशेष अतिथि बनकर भारत का दौरा भी कर चुके थे। बहुत से प्रस्तावों पर चर्चाएं हुईं पर गंभीरता से उन्हें लागू करने की दिशा में कोई खास कदम नहीं उठाया गया।

वैश्वीकरण व उदारीकरण के प्रबल प्रवाह से मेडागास्कर भी अछूता नहीं रहा। नब्बे के दशक से ही अपनी मर्जी के खिलाफ देश की दयनीय आर्थिक स्थिति के मद्देनजर रातसिराका को अपनी नीतियों में कुछ छूट देनी पड़ी थी। मेरे पूर्व अधिकारी श्री झा की नियुक्ति राजनीतिक थी। पहले वे बनारस विश्वविद्यालय में फ्रेंच भाषा के प्रोफेसर थे। कुछ महत्वपूर्ण राजनीतिज्ञों से करीबी रिश्तों के कारण उन्हें दूतावास में पदस्थ किया गया था। उन्होंने व्यक्तिगत प्रयासों से देश की नयी आर्थिक नीतियों में भारत की सकारात्मक भूमिका की कुछ पहल तो की थी पर सफल नहीं रहे। प्रस्ताव सिर्फ प्रस्ताव के स्तर तक सीमित रह गये। भारतीय विदेश नीतियों की प्राथमिकताओं के बारे में मैं सचेत था परन्तु यह भी जानता था कि निश्चित रूप से और कई देशों से मेडागास्कर ज्यादा महत्यपूर्ण न था। पर मूलभूत रूप से मेडागास्कर की अपनी भौगोलिक स्थिति, सामरिक व अर्थनीति की दृष्टि से भारत से जुड़ाव और अधिक होना चाहिए था। वृहत् शक्ति बनने की इच्छा शक्ति के साथ साथ कल्पनाशीलता, दूरदृष्टि व वैश्विक मौजूदगी की निश्चित रणनीति का होना बहुत ही आवश्यक है। इस परिप्रेक्ष्य में कुछ प्रस्तावों को लागू करवाना मेरी प्राथमिकता रही। कार्यान्वियन आसान न था। काफी कोशिशों, चर्चाओं तथा विचार विमर्शों के बाद दोनो देशों के नौकरशाहों के बीच उदासीनता का लौह द्वार खुलने लगा। पहले वहाँ के सांसदों को भारत के दौरे पर भेजा गया। सांस्कृतिक संबंधेां व असैनिक विमानों की आवाजाही पर दो समझौते हुए। भारतीय कला (मधुबनी लोककला) की प्रदर्शनी आयोजित की गयी।

राजस्थान से सांस्कृतिक दल वहाँ पर आया व अपने प्रदर्शनों से लोगों का दिल जीत लिया। भारतीय कठपुतलियों की प्रदर्शनी ने भी लोगों को अपनी ओर आकर्षित किया। प्रदर्शनी का उद्घाटन कर संसद के वाचस्पति (अध्यक्ष) ने चाय के

वक्त एक कोने में मुझे बुलाकर कहा - "आपने गौर किया, ये कठपुतलियाँ आपके पौराणिक चरित्रों को दर्शाती हैं, इनमें से दुष्ट चरित्रों को काले रंग से रंगा गया है जबकि उत्तम चरित्रों को सफेद रंग से रंगा गया है।" वास्तव में यह सत्य ही था, पर तब तक इस ओर मेरा ध्यान नहीं गया था।

वाचस्पति महोदय मुझे बताना चाहते थे कि सभी देशों यहाँ तक कि भारत में भी अवचेतन मन में किस तरह रंग भेद की पैठ है।

दूतावास के प्रयत्नों से हमने वहाँ के हिलटन होटल से सहयोग प्राप्त कर भारतीय खाद्य, व्यंजनों व पोशाकों का सप्ताह मनाया। अंत में द्विपक्षीय संबंधों को मजबूती प्रदान करने के लिए वहाँ के विदेश मंत्री को भारत की ओर से न्यौता भेजा जाना तय हुआ। पर यात्रा के कुछ दिनों के पूर्व रातसिराका ने राष्ट्रीय दिवस के अवसर पर अपने लंबे भाषण में मेडागास्कर की नीतियों, उपलब्धियों के साथ ही समस्याओं, मजबूरियों तथा प्रतिबंधों के कारण प्रगति न होने का स्पष्टीकरण दिया। पर अंतर्राष्ट्रीय संबंधों का विश्लेषण करते हुए उन्होंने भारत के खिलाफ कुछ कटु टिप्पणियाँ कर दीं। जहॉ तक याद है, अपने भाषण में भारत की सूचना व तकनीकी क्षेत्रों में अभूतपूर्व सफलता के साथ ही विदेश नीति में व्यापक परिवर्तन का उल्लेख किया तथा गरीबी व परमाणु नीति की आलोचना की। मैंने अत्यंत भावुक होकर साइफर के माध्यम से उस सभा का विस्तृत ब्यौरा लिखकर दिल्ली भेज दिया। मेडागास्कर के विदेश मंत्री द्वारा भारत दौरे के ठीक पहले दूतावास से इस तरह के संदेश ने निश्चित रूप से सबको द्वन्द्व में डाला होगा। अगले दिन अफ्रीकी मामलों के प्रभारी पवन वर्मा का फोन मिला। अपनी स्वाभाविक शैली में उन्होंने मुझसे पूछा - "आप चाहते क्या हैं? यदि मेडागास्कर विदेश मंत्री का दौरा नहीं चाहते हैं तो ठीक है, हम सारी तैयारियां रद्द कर देंगे। पर यदि आप ऐसा नहीं चाहते तो इस तरह का संदेश न भेजते तो अच्छा होता, मुझे फोन पर बता सकते थे।" मैंने कहा - "इतने वर्षों बाद वहाँ के विदेश मंत्री की भारत की यात्रा तय हुई है, मैं तो पूरी तरह से इसके पक्ष में हूँ। पर दूतावास प्रमुख की हैसियत से सोचा कि इस घटना की जानकारी सरकार को देना मेरा फर्ज है।" मैंने बाद में सोचा कि आवेग के मारे भावुक होकर मेरा संदेश भेजना एक परिपक्व व अनुभवी राजनयिक के लिए उचित न था। पवन वर्मा ने अपनी चतुराई से मामले को संभाल लिया। दौरा कार्यक्रम जारी रहा। भारत व मेडागास्कर के बीच मैत्री व सद्भाव स्थापित करने की दिशा में यह एक सूझ बूझ भरा ठोस कदम रहा।

मेडागास्कर की विदेश मंत्री लीला हमित्रा को देखने पर विदेशी नहीं लगती थी। चेहरा व कद काठी हुबहू भारतीय बंगाली महिलाओं जैसी ही थी। कद 5 फीट तीन/चार इंच, रंग श्यामल, भारी नितंब, साड़ी पहनने पर आम भारतीय नारी लगेंगी। पर भारत के बारे में उन्हें सीमित जानकारी थी। कई बार हमारे घर पर आ चुकी थी तथा भारतीय खाना भी उन्हें पसंद था।

परिचय पत्र प्रदान करने के बाद उस देश की आंतरिक स्थितियों के बारे में प्रत्यक्ष जानकारी प्राप्त करने की इच्छा स्वाभाविक ही थी - पेशेगत व व्यक्तिगत दोनों दृष्टिकोणों से। सुदूर - उतरी हिस्से के आंतसिरानाना के डिएगा सुआरेज बंदरगाह में मेरा पहला दौरा हुआ। डिएगो सुआरेज काफी अर्से से देश की नौसेना के लिए सामरिक महत्व की दृष्टि से उपयोगी प्राकृतिक गहरा बन्दरगाह था। नौसेना के जहाजों के यातायात के लिए गहरी जलराशि के बन्दरगाह के चारों दिशाओं से घिरी छोटी छोटी पर्वतमालाएं थीं। केवल एक तरफ भारत महासागर की ओर का प्रवेश का पथ खुला था। युद्ध के समय इस तरह की भौगोलिक स्थितियां रणनीति में सहायक होती हैं।

शहर का आकार छोटा था। लेकिन वहाँ के मकान, रहन सहन तथा जीवन शैली दक्षिणी यूरोप के किसी भी छोटे शहर की भाँति ही थी। खाने के बाद दोपहर के वक्त लोग आराम करते। रास्तों पर, गलियों, बाजारों में सन्नाटा पसरा रहता। शाम के वक्त रास्तों के किनारों पर छोटी छोटी खाने की दुकानें लग जातीं। कम ऊँचे छोटे छोटे स्टूलों पर बैठे ग्राहक सारी रात खाना परोसने वाले दुकानदारों को घेरे रहते। शहर में एक दो नाइट क्लब भी थे जहाँ पर जहाज के कर्मचारी स्थानीय युवतियों के संग नाच गाने में मस्त रहते। दिन भर जबरदस्त हवा चलती। पर आधुनिक जीवन की भागदौड़ व प्रदूषण का कोई प्रभाव अभी तक इस शहर पर नहीं पड़ा था।

संयोग से भारतीय नौसेना ने 'कृष्णा' तथा एक और जहाज से मैत्री व सद्भावना यात्रा पर 'डिएगो सुआरेज' जाने का निर्णय लिया। इस बारे में सारा इंतजाम 'ताना' से किया गया। डीजल, पेट्रोल, खाने पीने से लेकर जहाज की तमाम जरूरतों का बन्दोबस्त बारीकी से करना पड़ा। इस तरह की सद्भावना यात्राओं का आयोजन स्वतंत्र देशों के बीच आपसी संबंधों को मजबूत बनाने के लिए किया जाता है। परन्तु भारतीय इस तरह के अहम आयोजन सिर्फ विकसित देशों के मामले में ही करना पसंद करते थे। इन यात्राओं में मौज मस्ती के अलावा भी बहुत कुछ सीखने व देखने

को होता था। मेडागास्कर में इस तरह का मौका मिलना असंभव था। इन यात्राओं में पुरानी परंपराओं का पालन करना पड़ता था। इस वजह से ये सब चीजें अविकसित देश की राजधानी से इतनी दूर 'डिएगो सुआरेज' बन्दरगाह में संभव न थी। मैंने कप्तान से कहा कि इन जटिल प्रथाओं को कुछ आसान बनाना पड़ेगा। यात्रा की समाप्ति पर शहर के गणमान्य व्यक्तियों के सम्मान में रात्रि भोज रखा गया।

डिएगो सुआरेज जाने का एक और मौका तब मिला जब भारत सरकार से हिन्दी भाषा को विदेशों में लोकप्रिय बनाने का आदेश मिला। भारतीय वंशजों को भारत की राजभाषा सिखाने का यह एक छोटा सा प्रयास था। वहाँ की निवासी जयंती लाथिग्रा की इस मामले में बड़ी अहम् भूमिका रही। हमें लेकर आस पास के कई इलाकों में गयी। उनमें से एक इलाके में मीलों लम्बी अमराई थी। सारे पेड़ आम से लदे-फदे मिले। कुछ आम झड़कर नीचे गिरे भी थे। प्राकृतिक परिवेश में ये फलदार पेड़ बड़े सुहावने लगे। वहाँ देखभाल के लिए कोई न था, सिर्फ कहीं कहीं इक्का दुका पहरेदार मिला। पता चला कि कुछेक व्यापारी वहाँ से आम लेकर बाजारों में बेचते थे। बड़े बड़े आकर्षक व स्वादिष्ट आम थे। उनकी एक गुठली से उगा हुआ पेड़ आज भी हमारे बगीचे में विद्यमान है।

लोगों से पता चला कि मेडागास्कर के कई इलाके अभी भी लोगों की पहुंच से दूर थे। अभी तक स्थानीय कुछेक लोग नदी के गर्भ से सोने के कण संगृहीत कर बाजार में सर्राफे के दुकानदारों को बेचते थे। इस प्रकार की खरीद फरोख्त में ज्यादातर हिन्दू आबादी संलग्न थी तथा यह कारोबार भी चोरी छिपे चलता था। सरकार का न तो इस और ध्यान था और न ही कोई नियंत्रण। कई दु:साहसी यूरोपीय उद्यमी, (जो अपने देश की प्रतिस्पर्धा के माहौल में विफल रहे) मेडागास्कर के बहुत से इलाकों में जमीन खरीद कर खेती कर रहे थे तथा उपजों के निर्यात में लगे थे। कुछेक ने तो स्थानीय लड़कियों से शादी कर घर भी वसा लिये थे। कइयों की शादी कानूनन न होने के बावजूद वे साथ साथ गृहस्थ जीवन व्यतीत कर रहे थे। मेरे अनुरोध पर जयंती लाथिग्रा ने अपने पास रखी स्वर्ण कणों से भरी शीशी हमें दिखायी। उनमें बालू के कणों का मिश्रण था। उन्होंने बताया कि नदी से शुद्ध सोना निकालने की एक निश्चित प्रक्रिया भी है। पर कितना सोना निकलता है उसका आकलन किसी ने नहीं किया है। लोग बताते थे कि मेडागास्कर के अगम्य, दुर्गम स्थलों पर पारद व अन्य खनिजों के भंडार मौजूद हैं।

मेरा दूसरा पड़ाव था एक और छोटा सा शहर माहजंगा। यह एक छोटा बन्दरगाह था जहाँ पर गुजरात से भारतीय आकर पहले पहले बसे थे। फिर वहाँ से बाद में व्यवसाय व जीविका के सिलसिले में जाकर बाकी और जगहों पर बसना शुरू किया। माहजंगा में मुझे कुछ भारतीय वंशजों से मिलने का मौका मिला। वहाँ के भारतीय समाज में भारतीय ग्रामीण संस्कृति की झलक हमें स्पष्ट दिख रही थी। भारतीयों में दर्जी, हलवाई, खेतिहर किसान, ज्योतिष, कुम्हार, कुंभकार आदि पेशों से जुड़े लोग शामिल थे। आश्चर्य की बात थी कि इन लोगों ने अभी तक अपने पुश्तैनी पेशों को छोड़ा नहीं था। आधुनिकता के दबाव से तथा धन के लोभ से युवापीढ़ी दूसरे पेशों की ओर रुख कर रही थी। दूसरी ओर वहीं पर भारतीयों में अभी तक जातिप्रथा भी प्रचलित थी। मुझे तो अपने प्रवास के दौरान पारिवारिक विवाद, संयुक्त परिवारों के अंदर अवैध रिश्तों की शिकायतें तथा आपसी चुगलखोरी की प्रवृत्तियां भी दिखीं। दूतावास के प्रतिनिधियों के सामने लोग अपना हृदय खोलकर व्यथा कथा सुनाते थे। शायद इससे उन्हें मानसिक शांति मिलती थी। उनमें से अधिकतर फ्रेंच नागरिक बन चुके थे। इसलिए चाहे व भारतीय वंशज भी रहे हों पर उनके मामले में किसी कार्रवाई के लिए हमारी क्षमता सीमित थी। इस बीच दो कर्मठ, कार्यकुशल व दक्ष भारतीय विशेषज्ञों से मुलाकात हुई - मि. राव तथा मिस गायत्री। दोनो मेडागास्कर के दो निर्यात कंपनियों के लिए काम कर रहे थे। गहरे समुद्र की मछलियों (खास कर झींगों) का आधुनिक तरीके से प्रसंस्करण कर विदेशों में निर्यात करना उनका काम था। दोनों कंपनियों के ये विश्वस्त व जिम्मेदार अधिकारी निष्ठापूर्वक अपना काम कर रहे थे। मेरी खबर पाकर मि.राव आकर मुझसे मिले तथा अपनी कंपनी के मदर शिप को देखने का आग्रह किया। वक्त की कमी से यह संभव नहीं हो पाया। पर हमने साथ ही दोपहर का भोजन किया। उनसे उस क्षेत्र की कई दिलचस्त बातें सुनीं। अपने देश व परिवार से दूर रहकर अपने पेशे के प्रति समर्पित भाव से नाम कमाने की कीमत उन्हें चुकानी पड़ रही थी।

अगला पड़ाव था तोलियारा, जो साकालोवा राज्य समूह का एक राज्य था। यह प्राचीन प्रथाओं पर विश्वास रखने वाले एक समुदाय का निवास स्थल था। लोगों का भूत प्रेतों पर विश्वास था। जादू टोने के साथ अलौकिक शक्तियों पर विश्वास रखने वाले प्राचीन परंपरा के लोग थे।

भयंकर बीमारियों से बचाव के लिए औषधियों बाली बनस्पतियों वृक्ष, लताओं,

पशु शरीर से निर्मित दवाओं के उपयोग रक्षा कवच के रूप में किया जाता था। कभी कभी नहाने में व्यवहृत पानी या चाय आदि का भी प्रयोग किया जाता था। मांत्रिक अपने पूर्वजों से प्राप्त क्षमताओं का इस्तेमाल बीमारियों के इलाज में करते थे। इलाज के मामले में इनके द्वारा देखे गये सपनों की बड़ी भूमिका होती थी। समाधि के अंदर यदि शव को तकलीफ हो तो मांत्रिकों के माध्यम से वे धरती पर लौटकर विभिन्न लोगों की आम जिन्दगियों से जुड़ जाते हैं - ऐसा सबका दृढ़ विश्वास था।

महत्व की दृष्टि से राजा को ऐसे विभिन्न माध्यम अपना उपदेश भी देते थे। राजकीय शव सत्कार कभी कभी महीनों तक चलते थे। अंत में केश, दांत, नाखूनों को अवशेष के तौर पर एक परिसर में रखा जाता। यदि राज्य के शासक या राजा की मृत्यु राजभवन के अंदर होती तो उस भवन को अशुभ व प्रदूषित मानकर उनके उत्तराधिकारी उस भवन का त्याग कर देते थे। नजदीकी रिश्तेदार मृतक क्रियाओं के दौरान न नहाते थे और न ही बाल संवारते थे। जो लोग जंगलों में लापता हो जाते उन्हें शैतानी भूत प्रेत मान लिया जाता। ऐसी रीति रिवाजों में से कुछ का पालन अभी तक हमारे देश के कई क्षेत्रों में भी किया जाता है। परन्तु इधर इक्कीसवीं सदी में विज्ञान व प्राद्योगिकी के क्षेत्रों में विकास के फलस्वरूप इन परम्पराओं के लुप्त होने की पूरी संभावनाएं मौजूद हैं।

विश्व विख्यात "बाओ बाओ" के पेड़ इसी इलाके में पाये जाते हैं। इन वृक्षों को देखने के लिए हमें धूल सने, शुष्क व गर्म शहर से बाहर जाना पड़ा। बाओ बाओ के पेड़ दोपहर बाद चांदी के रंग के हो जाते पर गोधूलि के अस्तगामी सूर्य की किरणों से ये पेड़ सुनहरे रंग में बदलने लगते जो एक अविस्मरणीय दृश्य था। बाओ बाओ का पेड़ अंदर से खोखला होता है, फुनगियों पर पत्ते जड़ों की आकृति धारण कर मन में भ्रम पैदा करने के साथ ही आधुनिक चित्रकला के स्वरूप भी प्रस्तुत करते हैं। यह देश का सबसे दरिद्र इलाका था। वहाँ के गवर्नर से मुलाकात हुई। उन्होंने गरीबी के प्रति असहायता प्रकट कर लघु व कुटीर उद्योग के मामले में भारतीय मदद से कुछ सुधार लाने की इच्छा जतायी।

उनकी सलाह से हम जीप से उस प्रांत के अन्दरूनी क्षेत्रों में कुछ दर्शनीय स्थलों की सैर को निकले। उनमें से इसालो राष्ट्रीय उद्यान बहुत खूबसूरत लगा। मीलों लंबे सुनसान भूभाग, जंगल, पहाड़ों, घाटियों के बीच से होकर हमारी जीप गुजर रही थी। लगा कि शायद इन इलाकों पर अभी तक हालीवुड या बालीवुड निर्माताओं की

नजर नहीं पड़ी है या उन्हें इन क्षेत्रों की जानकारी नहीं है। फिल्मों के लिए इतने विस्तृत प्राकृतिक भूभाग व दृश्य विरले ही मिलते हैं। अचानक उस सुनसान शून्य के बीच में से पत्थरों से निर्मित ढांचे उभर कर सामने आये। हजारों साल से ये ढांचे विभिन्न आकृतियों में भिन्न भिन्न रूप धरे सर उठाये खड़े थे। भूगर्भ में परिवर्तन तथा हवा की तेज छेनियों से उकेरे स्थापत्य के अद्भूत नमूनों से खड़े हैं सदियों से। कल्पना की उन्मुक्त उड़ानों के मध्य ये पत्थर की विभिन्न आकार की मूर्तियां हमारे जीवन की अनुभूतियों के बहुत करीबी चरित्रों सी प्रतीत हुईं। हमने पूनम की रात वहाँ के एक यूरोपियन होटल में बितायी। निर्जन रात में पत्थर की मूर्तियां जीवंत हो उठीं तथा मानस पटल पर एक जीवन धर्मी नाटक बुनने लगी। माया-वास्तव-माया के हिंडोले के बीच का संदेह माहौल को कुछ और रहस्यमय बना रहा था। इसालो राष्ट्रीय उद्यान से वापसी के रास्ते में हमें झुग्गी झोपड़ियों से भरा एक शहर दिख गया। लेकिन वहाँ पर कीमती गाड़ियाँ दिखीं। कई जगहों पर खुदाई का काम चल रहा था। हालीवुड की वेस्टर्न फिल्मों की कहानियों की तरह ही लोग अपनी अपनी किस्मत आजमाने में लगे थे। ड्राइवर ने बताया कि यह नये आभूषणों में इस्तेमाल किये जाने वाले बेशकीमती पत्थर की खानों का इलाका है। हाल ही में इस स्थान की खोज की गयी है। यहाँ से निकलने वाली उज्ज्वल, स्वच्छ नील मणियों की गुणवत्ता विश्व में सर्वोत्तम है। यातायात की सुविधा न होने से सरकार इसे अभी तक अपने नियंत्रण में लाने में असमर्थ रही है जिसके फलस्वरूप "जिसकी लाठी उसकी भैंस" वाला गुंडाराज व्याप्त था। इसमें कई उच्च अधिकारी भी शामिल थे। बहुत इच्छा हुई कि जाकर इस नील मणि की खनन प्रक्रिया का अवलोकन किया जाये, पर खतरे की आशंका से हमारा ड्राइवर वहाँ जाने को तैयार नहीं हुआ, वहाँ पर जरा सा भी वक्त गुजारने के पक्ष में न था। समय की कमी से प्रकृति की विचित्रताओं से भरे 'सिंगे' को देखने का मौका भी नहीं मिला। लोगों से सुना कि साकालावा के इलाके में अभी तक ऐसे लोग मौजूद हैं जो दीमक वाली बांबियों की मिट्टी का छिड़काव कर मानव शरीर में निहित रोगों को पहचानते हैं। पेशाब की धार से रोगों की पहचान करते हैं। जड़ी-बुटियों से दुसाध्य बीमारियों का इलाज करते हैं। ये लोककथाएं हैं या किंवदंतियां या इनमें कोई यथार्थता भी है, पता नहीं चल पाया, समय व मौके की कमी जो थी। एक भारतीय से पता लगा कि देश के दक्षिणी भाग में कुछ ऐसे दुर्गम क्षेत्र भी हैं जहाँ तक रास्तों की सुविधा न थी। वहाँ के आदिम अधिवासियों की जीवन शैली में हजारों साल से कोई परिवर्तन

नहीं हुआ है। रंचमात्र आधुनिकता से भी अछूते थे वे लोग। हमें बताया गया कि एलिफेंट बर्ड (लुप्त हाथी पक्षी) के कुछ अंडे अभी तक उन दुर्गम क्षेत्रों में विद्यमान हैं। मोरान्दावा पश्चिमी तट पर तोलियारा के पास का एक छोटा सा शहर है। इसके अक्षुण्ण, प्रदूषण रहित, अव्यवहृत व अछूते समुद्री तटों के बारे में काफी कुछ सुन रखा था। वहाँ जाने का खयाल मन में आया। वहाँ पहुंचा तो देखा कि वहाँ पर रहने की कोई सुविधा उपलब्ध नहीं थी। सिर्फ कुछ छोटे होटल थे। किसी ने कहा कि समुद्र के किनारे एक नया होटल खुला है जो रहने के काबिल होगा। होटल देखते ही हमें भा गया, तुरंत हमने बुकिंग कर ली। होटल में सिर्फ दो या तीन ही कमरे थे। तटवर्ती बालू के टीले पर पूर्णत: स्थानीय पॉलिआंदर (लाल सीसम जैसी) लकड़ी से बना था वह होटल। अन्दरूनी साजसज्जा आधुनिक व काफी अच्छे स्तर की थी। बनावट में लकड़ी के अलावा किसी और सामग्री का उपयोग नहीं हुआ था। सिर्फ स्नानगृह में कमोड व वाश बेसिन सेरामिक से बने थे। खिड़कियों से समुद्र को देख सकते थे। होटल के नीचे तक समुद्री लहरें आकर टकरा रही थीं। संयोग से उस दिन वहाँ हमारे सिवाय कोई और अतिथि न थे। होटल के रसोइये ने लाकर डिनर रखा हमारे सामने - गर्म भात के साथ ताजा पकड़ी गयी मछलियां। बाहर समुद्र का गर्जन; अन्दर एकाकीपन। हम दोनों थोड़े सहम गये क्योंकि पिछले कई सालों से हमें इस तरह के एकांत में आपस में मिलने का मौका नहीं मिल पाया था। खाने के बाद कमरे में जाकर वहाँ से बाहर समुद्र को देखा, ऐसा लगा मानो समुद्र के बीच एक निर्जन छोटे से टापू पर हम हैं। ऊपर तारों से सजा आकाश, चारों ओर समुद्री संगीत। हनीमून के लिए बहुत ही माफिक माहौल व माकूल जगह थी। याद आया कि हमारे हनीमून की शुरुआत हावड़ा-कालका मेल से दिल्ली यात्रा के वक्त फर्स्टक्लास के कुपे में चाय ग...र...म, उबले अंडे, अखबार हॉकरों के शोर शराबे के बीच हुई थी।

    फोर्ट दुफेन मेडागास्कर द्वीप के दक्षिणी भाग में स्थित है। मेरे पहले के अधिकारी की किसी टिप्पणी पर वहाँ के कुछ भारत वंशी निवासी नाराज हो गये थे। एक मामूली बहस से दंगे की स्थिति पैदा हो गयी थी। वहाँ पर लोगों को भारतीय नागरिकता देने में हिचक के कारण उन पर साम्प्रदायिक मानसिकता रखने का आरोप लगाया गया। वास्तव में भारतीय कानून के तहत वे नागरिकता पाने से वंचित रहे। मामला दिल्ली तक पहुंचा था। अतीत के एक पन्ने की इस घटना से वहाँ जाने की प्रेरणा मिली। फोर्ट दुफेन तक हफ्ते में सिर्फ दो या तीन ही उड़ानें जाती थीं। हवाई यात्रा को छोड़कर और

कोई विकल्प भी न था। समुद्र या सड़क के रास्ते जाना संभव न था। मुख्यालय से बाहर ज्यादा दिनों का प्रवास व्यावहारिक या बजट की दृष्टि से मुनासिब न था। उस हिसाब से मैंने तृप्ति के साथ वहाँ की यात्रा का निर्णय लिया।

फोर्ट दुफेन था तो छोटा सा ही शहर पर और शहरों से अलग लगा। भारत महासागर तथा प्रशांत महासागर के मिलन से अथाह जलराशि अपने मनभावन रूप, अनोखी गांभीरता के बीच इस शहर के चारों ओर अपनी सुन्दरता का खजाना लुटा रही थी। वहॉ के एक छोटे से होटल में हमारे रहने की व्यवस्था हुई। शाम के वक्त स्थानीय लोगों ने नजदीक के संरक्षित जंगल में सैकड़ों वर्ष पुराने एक क्लब हाउस में चाय नाश्ते का इंतजाम किया था। इससे पहले मैं शहर के मेयर व अन्य कर्मचारियों से मिल चुका था। भारतीय वंशजों से बातचीत के दौरान पता लगा कि उनमें से कुछ फ्रेंच नागरिक थे तो कुछ मलागासी या मेडागास्कर के नागरिक। परन्तु कोई समस्या खड़ी होने पर वे उसका सामना करते वक्त अपनी नागरिकता व समुदाय का जिक्र नहीं करते थे। स्थानीय सरकार के लिए वे लोग एक ही जाति या समुदाय के माने जाते थे, हिन्दू, मुस्लिम, भारत या पाकिस्तान के नागरिक के नाते नहीं। एक भारतीय राजनयिक की हैसियत से इसका आशय समझने में देर न लगी। फिर भी समझाया कि सबको हर तरह की सुविधाएं प्रदान करने में कुछ कानूनी अड़चनें हैं, तो सभी थोड़ा आश्वस्त हुए। उस रात आगा खान के धर्मानुयायी एक उभरते व्यवसायी के घर पर भोजन का बन्दोबस्त हुआ था। उनके घर पर मैंने कई सामग्रियां देखीं जिनमें कांच के बक्से के अंदर अंडे की आकृति की एक वस्तु भी थी। कुतूहल हुआ उसके बारे में जानने को। हमारे मेजबान ने बताया कि वह एक अंडा ही है, विश्व का सबसे बड़ा अंडा, एलिफैंट बर्ड का, जो अब लुप्त प्राणी है।

लोक कथाओं के अनुसार एलिफेंट बर्ड आखिरी बार सन् 1650 में देखा गया था। पक्षी ऊंट जैसा था पर आसमान में उड़ सकता था। लगभग 10 फीट ऊंचा व 500 कि.ग्राम के वजन वाला होता था। बातचीत के दौरान पता लगा कि इस पक्षी के शरीर के अंश व अंडे अब भी मेडागास्कर के दक्षिणी क्षेत्र में कहीं कहीं पड़े मिलते हैं। उन क्षेत्रों में यातायात की सुविधा नहीं - बड़े दुर्गम स्थल थे। सैकड़ों मील तक कोई इन्सानी बस्ती नहीं। यदा कदा कहीं कहीं आदिम कबिलाई लोग इक्का दुक्का मिल जाते हैं। मीलों तक फैले सागरतट, जंगलों के पार बंजर, असुरक्षित रास्तों से कभी कभी वे शहर तक आते हैं। ऐसे ही आदिम जनजाति के एक व्यक्ति से यह अंडा मैं

एक बड़ी कीमत चुकाकर लाया था। पता नहीं कैसे मन में आया कि इस अंडे को प्राप्त करूँ - उन्होंने कहा।

मैंने भी अपने मन की बात बतायी कि काश मुझे भी एक ऐसा अंडा मिल पाता। मेजबान ने कहा कि वे खबर भिजवायेंगे पर कुछ पक्का कह नहीं सकते।

अगली सुबह शहर के नजदीक वाले संरक्षित वन नाहमपोआना देखने को गये। वहाँ पहली बार 'लेमूर' देखा। 'लेमूर' सिर्फ मेडागास्कर में पाये जाते हैं। विश्व के किसी और स्थान पर उनकी मौजूदगी नहीं है। हमेशा उनके जीवन पर खतरा मँडराता रहता। बंदर प्रजाति के होने के बावजूद इनकी गतिविधियाँ अलग हैं। एक कोण बनाकर झुक कर चलते हैं। दोनों पांवों पर खड़े होने में सक्षम है। इनका रंग धूसर है तथा शरीर पर निशान होते हैं। पेड़ के इस डाल से उस डाल पर तथा जमीन पर छलांग लगाने में माहिर होते हैं। परन्तु इधर गवेषकों द्वारा उन्हें उच्चस्तरीय स्तन्यपायी जीवों की श्रेणी में होने की मान्यता प्रदान की जा रही है जिन्हें अंग्रेजी में प्राइमेट (Primate) अर्थात मानव सदृश नरवानर प्राणी परिवार का कहा जाता है।

हम रास्ते से कुछ फल साथ ले गये थे। हमें देखकर लेमूर खुश हो गये और हमारे पास आ गये। अपनी भाषा में हमसे मनुहार करते रहे। हम पहले पहले कुछ समझ न पाये। फिर वे आकर मेरे और तृप्ति के सर पर बैठने लगे, कंधे पर चढ़ गये। गोद में आ बैठे। हमारे साथ का गाइड दूर खड़ा देख रहा था और हँस पड़ा। हमारे लिए यह एक अनूठी व अपूर्व अनुभूति रही। पालतू घरेलू जीवों के जैसे हमारे इर्द गिर्द मंडरा रहे थे। अंतत: गाइड ने कहा कि ये चाहते हैं कि आप उन्हें अपने फल दे दें। हमने कुछ केले उनकी ओर बढ़ा दिये। वे खुश होकर मनुष्यों के जैसे केलों के छिलके निकालकर खाने लगे, खुशी से नाचने लगे। फिर से हमारे पास आ गये। कुछ तो पेड़ों पर से कुछ और साथियों को लेकर पहुंचे। यह खेल काफी समय तक चलता रहा। थकान, अवसाद का अंत हुआ, हमें नवयौवन की प्राप्ति सा अनुभव हुआ। सजीवता व उत्फुल्लता के बंद फव्वारे बहुत सालों बाद यकायक फूट पड़े।

नाहामपोआना का एक और खास आकर्षण तारों से चित्रित भू-कच्छप हैं। ये जल में नहीं, बल्कि धरती के गर्भ में जीते हैं। उसी तरह वहाँ के घने जंगलों के बीच झील में नौका विहार भी अविस्मरणीय रहा। दोनों किनारें पेड़ पौधों, लताओं की कतारों के बीच पशु पक्षियों का कलरव, रहस्यमय व आशंका से भरे माहौल में धीर, मंथर गति से चलती नौका यात्रा हॉलीवुड के दृश्य से कम रोमांचक न थी।

उस शाम को स्थानीय कार्यकर्ताओं की सलाह पर हम सागर तट पर गये। मीलों तक फैले सागर तट, बालू के टीले, बालू के पहाड़, सामने अथाह नीली जलराशि। लहरें निर्जनता तोड़कर निसंग माहौल को और गहरा बना रही थीं। आकाश में समुद्री पक्षियों का चहचहाना और सागर तट पर बस हम दोनों - तृप्ति व मेरे अलावा उस निर्जन तट पर कोई और न था।

चारों दिशाओं के क्षितिज पर, आकाश में कुछेक पक्षियों के सिवाय किसी अन्य प्राणी का नामो निशान न था। विश्व ब्रह्मांड के स्त्रष्टा के आदेश पर ही मानो हम फोर्ट दुफेन पहुंचे थे प्रकृति की अदृश्य सत्ता की मौजूदगी के एहसास के लिए। संध्या के आगमन पर सूर्यास्त, प्रकाश-अंधकार की सीमा पर खड़ा मृत्यु के रहस्यों का गीत गाता जीवन। रात्रि के प्रथम प्रहर में हम होटल में लौट आये।

अगले दिन दोपहर को ताना लौटना था। लेमूरों की मनुहार व आकर्षण सुबह एक बार फिर हमें ले गया नाहामपोआना के जंगलों के बीच। पिछले दिन जहाँ गये थे, वहीं पर कुछ समय के लिए बैठे भी। पर वे नहीं थे, हम निराश हुए तभी वहाँ पर शोरशराबा सुनायी पड़ा। चारों ओर से शोभायात्रा की तरह लेमूरों का झुंड आ पहुंचा। पेड़ों पर छलांग लगाते हुए हमारा स्वागत किया। क्या आनंद, क्या उल्लास, क्या स्फूर्तिं थी उनके अंदर। कृतज्ञता के साथ रिश्तों के बंधन दिखाने की घडी थी वह। इन स्मृतियों को संजोकर हम नाहामपोआना से विदा हुए।

लुप्त एलिफेंट वर्ड का जीवन बृत्तांत सुनने के बाद उस पक्षी के प्रति मन में अचानक संवेदना जाग उठी। उसके जन्म के प्रारंभ वाले अंडे को देखकर उसके बारे में कुछ ज्यादा जानने की उत्सुकता मन में जागी। एक अंडे की व्यवस्था करने के लिए एक स्थानीय मित्र से मैंने कहा। सुनने में आया अंडे के संग्रहण की यात्रा अत्यंत रोमांचक थी। अंडे के संग्रहण के लिए सड़क पर गाड़ी से कुछ दूर तक जाकर फिर मोटर बाइक से काफी दूर जाना पड़ता है। ऊबड़ खाबड़ कच्चे रास्तों पर वाहन चलाने में विशेष कौशल की आयश्यकता थी। जरा सी असावथानी पर दुर्घटना का डर मन में समाया रहता। मीलों लम्बा रास्ता तय करने का बाद शुरू होता है बिन रास्ते का घना जंगल, और जंगल के पार बंजर धरती, बालू के टीले। कहीं कहीं सागर तट। ऐसी यात्रा के दौरान जरा सी चूक पर दुर्घटना या रास्ता खोने पर निश्चित मौत - अनजानी, अनसुनी, अनदेखी दुखद मौत। अंतिम क्रिया, सगे संबधियों के बिना। ऐसी स्थिति में न जाने कैसे संदेश भेजते होंगे, कैसे संपर्क जोड़ते होंगे, सोचकर ही

अचरज होने लगा। रास्ते में एक जगह पर (घने जंगल के बीच) एक आदिम अधिवासी बैठा हुआ मिलता, घने जंगल से या निर्जन समुद्री तट से आये अंडे को आने वाले को देने के लिए। बाद में उसकी मेहनत के फल को पास के शहर या गाँव में बेचा जाता। बिचौलिये इस कारोबार में एक मोटी रकम कमा लेते।

मेडागास्कर में प्रवास के दौरान पता लगा कि राजधानी ताना व देश के दूसरे प्रांतों में फॉसिल या प्रस्तर में तब्दील प्राणियों के देहावशेष, जीवाश्म बाजारों में खरीदने को मिलते थे। इन अनमोल चीजों के बारे में न तो लोगों को और न ही सरकार को कोई समझ थी। खरीद फरोख्त पर भी कोई प्रतिबंध न था। लाखों वर्ष पुराने लुप्त प्राय समुद्री जीव विवर्तन (विकास) के जाने किन कालखंडों में मृत्यु को प्राप्त होकर भूगर्भ में हजारों हजार वर्ष बीतने के बाद प्रस्तर में तब्दील हो चुके थे। उसी तरह उन बाजारों में दुष्प्राप्य पशु पक्षी, फूल आदि भी बेचे जाते थे। बाद में अखबारों से ज्ञात हुआ कि इन चीजों की तस्करी कर यूरोप, अमेरिका, बैंकाक आदि के बाजारों में इन्हें मुहँमांगी कीमतों पर बेचा जाता था क्योंकि ये चीजें विरल, आकर्षक व दुर्लभ थीं। बाद में सरकार ने इस पर नियंत्रण के लिए कुछ प्रयास तो किये पर उनमें निष्ठा कम दिखावा ज्यादा था। अनुमति के तहत देश से बाहर ले जाने के कुछ नियम बनाये गये थे। ये पशु पक्षी, पेड़ पौधे, फूल मेडागास्कर में ही पाये जाते थे। इनमें से कुछ तो अति विरल और लुप्त होने के कगार पर पहुंच चुके थे।

मेरे कार्यक्रम का अगला पड़ाव था फिआनारान्तोशोआ - विश्व विख्यात हरी मणियों (एमरेल्ड) का खज़ाना। मेरे वहाँ पहुंचने पर स्थानीय अधिवासियों के सहयोग से भारतीयों के द्वारा दीपावली पहली बार मनायी गयी। वहाँ के गवर्नर भी उपस्थित रहे। ब्रह्मकुमारियों की उपस्थिति भी थी वहाँ। बहुत सी कुंवारी युवतियों ने श्वेतवस्त्र पहन कर निस्वार्थ भाव से खुद को सेवा में समर्पित किया था। उनसे बातचीत करने पर पता चला कि ब्रह्मकुमारी दर्शन के प्रति आकृष्ट होने से पहले उन्होंने निजी जीवन में संघर्ष, दुःख, यातनाएं भोगी हैं। पर अब ब्रह्मकुमारी संप्रदाय से जुड़ने के बाद सुख शांति का अनुभव कर रही हैं। उनके अनुरोध पर बाद में ताना में बन रहे ब्रह्मकुमारी संस्था के भवन का उद्‌घाटन मुझे करना पड़ा। उनसे वहाँ की मदर टेरेसा मिशनरिज ऑफ चैरिटी के बारे में सुना। दौरे के अंतिम चरण में कार से रास्ते के दोनों तरफ के बेहद खूबसूरत प्राकृतिक नजारे देखते जा रहे थे। तभी रास्ते के किनारे बसे एक गाँव में लोगों की भीड़ दिखी। युवा, बूढ़े, बच्चे सभी हर्षोल्लास में डूबे थे। कुछ शराब पीने

में मस्त थे तो कुछ नाचने गाने में। खाना पीना भी चल रहा था। गाड़ी रोककर उत्सव देखने का मन किया। पर गाड़ी से उतरने के लिए ड्राइवर ने मना किया। उसने बताया कि उस जगह पर किसी की मौत हुई है। परम्परा के अनुसार मौत के बाद लाश को उसी अवस्था में रखा जाता है जिसके चारों ओर गाँव वाले, उसकी विरादरी वाले रात दिन घेरकर नाचते गाते है, भोज का इंतजाम होता है। ये सब कुछ दिनों तक चलता है। उनके हिसाब से मृत्यु में मुक्ति है, जीवन के अंत में दुखों का अंत। इसलिए यह उत्सव मनाने का वक्त है, आँसू बहाने, रोने धोने, शोक, विषाद व ग्लानि का वक्त नहीं। क्या कमाल का दर्शन था - अनासक्त मानव का!

वापसी के रास्ते ताना शहर के करीब मदर टेरेसा की संस्था में पहुंचे। सुदूर मेडागास्कर में मदर टेरेसा की करुणा व सेवा का संदेश पहुंचाकर संस्था की सेविकाएं लगातार दरिद्र, उपेक्षित, पीड़ित लोगों की सेवा में लगी थीं। उनमें से एक ओड़िशा प्रांत के सुंदरगढ़ की आदिवासी युवती व एक और शायद जाजपुर या केन्दुझर जिले से थी। इतने सालों बाद किसी ओड़िया से मुलाकात होने पर उन्हें निश्चित ही आनंद प्राप्त हुआ होगा। पर ईश्वर के प्रति समर्पण व सेवा में पूर्ण रूप से संलग्नता के कारण शायद वो खुशी की झलक पल भर को ही दिखी।

मेडागास्कर से दो बार दक्षिण अफ्रीका के जोहान्सबर्ग में जाने का मौका मिला। अफ्रीका के भारतीय दूतावास प्रमुखों के लिए आयोजित सम्मेलन में भाग लेने के लिए वहाँ जाना पड़ा। वर्तमान जम्मू कश्मीर के मुख्यमंत्री व उन दिनों विदेश मंत्रालय में कनिष्ठ मंत्री की हैसियत से अफ्रीकी मामलों के जिम्मेदार थे उमर अबदुल्ला। प्रत्येक दूतावास प्रमुख को कुछ न कुछ कहने की बाध्यता थी। पर भारत व मेडागास्कर के बीच उल्लेखनीय द्विपाक्षिक संबंधों के न होने से अपने संबोधन में मैंने अफ्रीका की जनसंख्या, प्राकृतिक संपदा व बुनियादी सुविधाओं के अभाव के बारे में कहा तथा इस बात पर जोर डाला कि अफ्रीका के प्रति भारत की उदासीनता भविष्य में महंगा पड़ सकता है। चीन की आक्रामक कूटनीति के बारे में भी कहा। भाषण की काफी सराहना हुई तथा मंत्री महोदय ने हिदायत दी कि लिखित भाषण उन्हें बाद में भेज दूँ। सम्मेलन के अंतिम दिन रात्रि भोजन का आयोजन मशहूर 'कारनिवोर रेस्तराँ में किया गया था। शहर से दूर उस रेस्तराँ की खासियत थी कि वहाँ पर हर एक किस्म के मांस का व्यंजन मिलता था। अपने सामने ही बनाया जाता। बस अपनी पसंद भर बताने की देर थी, फौरन कुछ ही पलों में बनकर तैयार मिलता था। उनमें जेब्रा,

मगरमच्छ, शुतुरमुर्ग, जिराफ आदि के मांस भी शामिल थे। विभिन्न मांस के स्वाद के बारे में भी समझाया जाता था। मेरे लिए यह बड़ी खास अफ्रीकी अनुभूति रही।

दूसरी बार के दौरे में तृप्ति मेरे साथ थी। संयोग से उन दिनों भारतीय क्रिकेट टीम का दक्षिण अफ्रीकाई दौरा चल रहा था। सम्मेलन में भाग लेने वाले दूतावास प्रमुख थे तो मंत्री महोदय के साथ, पर उनका ध्यान क्रिकेट मैच की ओर लगा था। वक्त निकालकर हम सभी स्टेडियम गये। भारतीय दल का प्रदर्शन उस दिन खराब चल रहा था। दक्षिण अफ्रीकी मेहमानवाजी अब्बल दर्जे की थी। पहले दिन की शाम को भोज का आयोजन किया गया था। पर भोजन से ज्यादा दिलचस्पी सबको खिलाड़ियों के साथ फोटो खिंचवाने में थी। भारतीय क्रिकेट की मशहूर हस्तियों से इतने करीब से मिलने का यह एक अनूठा मौका रहा। सचिन तेन्दुलकर, सौरव गांगुली, सुनील गावस्कर, अजित अगरकर, कुंबले, श्रीनाथ के साथ एक नये प्रतिभावान, शांत सौम्य शर्मीले खिलाड़ी शिव सुन्दर दास भी थे। जब तक जी न भरा, देर रात तक फोटोग्राफी चलती रही। खिलाड़ी औपचारिकता, कायदों से परे बड़े ही मजे लेकर सबसे खुशी खुशी मिले और बातचीत की। सचिन तेंदुलकर मित भाषी व निश्छल लगे। यह भी मजे की बात थी कि वे लोग भी हमारे होटल में ही रुके थे। नाश्ते की मेज पर भी उनसे मुलाकात अनमोल व अविस्मरणीय रही। पर क्रिकेट को हमारी बातचीत से अलग रखा गया।

अफ्रीका के जंगलों में वन्यप्राणियों को देखने के लिए पर्यटकों को सहुलियतें प्रदान करने में दक्षिण अफ्रीका सदैव अग्रणी रहा है। सम्मेलन व क्रिकेट से निपट कर हमने भी सफारी पार्क देखना तय किया। दक्षिण अफ्रीका में वन्यप्राणी पार्क सरकार तथा निजी उपक्रम - दोनों के द्वारा संचालित किये जाते हैं। पार्क में टिकट लेकर प्रवेश किया, जब नक्शा देखा तो पता लगा कि पार्क कई एकड़ों में फैला हुआ था । जगह जगह पशु पक्षियों के पसंदीदा स्थल सूचना पट्ट पर प्रदर्शित किये गये थे। ऐसे दर्शनीय स्थान पर चलने लायक गाड़ियां मौजूद थीं। हमारी गाड़ी पार्क के अंदर बढ़ चली। दोनों ओर जंगल, झाड़ियाँ, पहाड़ी इलाके तथा झील, कहीं जेब्रा तो कहीं बाइसन, हिरण आदि। प्राकृतिक परिवेश में इतने निकट से पशु पक्षियों को देख पाना हमारे लिए रोमांचक अनुभूति थी। ड्राइवर से पूछा - 'यहाँ जंगल का राजा सिंह नहीं है क्या ?' ड्राइवर ने कहा - 'कुछ इलाकों में हैं।' दोनों ओर के दृश्यों को निहारते हुए गाड़ी एक ऊँचे टीले पर पहुंच गयी। यहाँ मिट्टी का रंग धूसर था। ड्राइवर ने इंजन बंद कर हमें खामोश रहने का इशारा किया। एक ओर को उंगली उठाकर संकेत किया।

देखा तो एक सिंह बैठकर धूप सेंक रहा था। हमारी ओर निर्विकार नजरों से देखा। अगले पल नीचे की ओर झांका तो देखा कि एक और सिंह कार के टायर को पंजों से धक्का देकर दांतों से चीरने की कोशिश में था। दूसरी ओर एक सिंह गाड़ी के शीशे से सटकर गुर्रा रहा था। गला सूख गया। थूक निगलने तक की हिम्मत न पड़ी। ड्राइवर स्टियरिंग पर हाथ रखे एक टक देख रहा था, चूँ तक नहीं कर पा रहा था। गाड़ी के शीशे से हम सुरक्षित थे। दूर वाला सिंह अपनी जगह से उन दो सिंहों का कार्यकलाप देख रहा था। उनमें से एक ने अब थोड़ा पीछे हटकर गाड़ी पर छलांग लगाकर हमला बोल दिया। तीन चार बार इस प्रकार छलांग लगाने के बाद पता नहीं क्या सोचा कि दोनों पीछे मुड़कर जंगल की तलहटी की ओर भाग गये। रास्ते में तीन सिंह एक मृत हिरण को खाते हुए दिखे। ऊपर गिद्ध मंडरा रहे थे और थोड़ी दूरी पर बाइसनों का झुंड।

अब समय आ पहुंचा कि स्वदेश वापसी के प्रारंभिक कदम उठाये जायें। अंतर्राष्ट्रीय कूटनीति के तहत दूतावास प्रमुख को कार्यकाल की समाप्ति पर उस देश के राष्ट्रप्रमुख, अन्य उच्च अधिकारियों तथा वहाँ के विदेश मंत्री से सौजन्य भेंट की परम्परा है। मैंने भी वहाँ के राष्ट्रपति, प्रधान मंत्री, वाचस्पति, विदेश मंत्री व ताना के मेयर से मुलाकात का समय मांगा। विदेश मंत्री से भेंट के दौरान बड़ी प्रसन्नता से मेरा अभिनंदन कर उन्होंने मुझे खुशखबरी सुनायी कि द्विपाक्षिक संबंधों के मामले में मेरे विशेष अवदान के प्रतीक स्वरूप वहाँ की सरकार ने मुझे देश के सर्वाच्च नागरिक पुरस्कार से सम्मानित करने का निर्णय लिया है। मुझे भारतीय विदेश सेवा के नियमों की जानकारी थी। धन्यवाद के साथ मैंने बताया कि मुझे पुरस्कार ग्रहण करने के लिए भारत सरकार की अनुमति चाहिए। दफ्तर लौटकर तुरंत मेडागास्कर सरकार के इस निर्णय की सूचना तार से भारत के विदेश मंत्रालय को भेज दी। सामान्यत: दूतावास से मंत्रालय को भेजे गये सुझावों पर महीनों तक कोई उत्तर नहीं प्राप्त होता था। तत्काल निर्णय लेना हो तो भी लंबे समय तक प्रतीक्षा करनी पड़ती थी। पर मेरी इस सूचना के मात्र 48 घंटों में ही उत्तर आ गया। विदेश मंत्रालय के नियमों के तहत किसी विदेशी सरकार से इस तरह का पुरस्कार लेने पर प्रतिबंध था। अत: मेडागास्कर के विदेश मंत्री से मिलकर अत्यंत विनम्रता पूर्वक इस पुरस्कार को ग्रहण करने में अपनी असमर्थता की सूचना दी। उन्होंने अफसोस जताते हुए कहा कि कुछ वर्षों पहले ब्रिटेन के राजदूत ने भी ऐसे पुरस्कार को ठुकराया था। उपनिवेशवाद के दौर में यह

कानून बना था जो स्वतंत्र भारत में भी लागू रहा। वेसे भी भारतीय मानसिकता और परिस्थिति को देखते हुए यह कानून उचित ही था।

मेडागास्कर की पोस्टिंग खत्म होने तथा विदेश सेवा से सेवानिवृत्ति से पहले उस देश की एक और अनदेखी जगह के दौरे पर अंतिम बार गया था।

उपद्वीप मेडागास्कर के पूर्व में स्थित है सेंट मेरी। जनश्रुति के अनुसार कभी यह जल दस्युओं की प्रिय शरण स्थली भी थी। आवागमन की दिक्कतों के कारण मुख्य द्वीप के निवासियों का सेंट मेरी से नजदीकी संबंध नहीं के बराबर था। सेंट मेरी के श्वेत मुलायम सैकत, निर्जन समुद्री तट, विरल ऑर्किड, झूमते नारियल व ताड़ के वृक्ष, समृद्ध बनस्पति जीवन से मेरा परिचय एक अनन्य अनुभव रहा। एक बार रात्रि भोज के दौरान फ्रांसीसी राजदूत ने खास सलाह दी थी कि वहाँ मैं जुलाई से सितम्बर के महीनों के बीच जाऊँ। उन दिनों व्हेल मछलियाँ बहुतायत में दक्षिणी ध्रुव से वहाँ हवा पानी बदलने या सैर को आती हैं।

हम सलाह के मुताबिक सेंट मेरी के लिए निकल पड़े। ताना से तामासोना बन्दरगाह, फिर वहाँ से विमान द्वारा सेंट मेरी। वहाँ भारतीय वंशज अमीन साहब का एक होटल समुद्र तट पर था। होटल पहुंचकर देखा तो मेडागास्कर के मंत्रिमंडल के दो तीन सदस्य भी वहाँ रुके हुए थे। रात के खाने पर उनसे भेंट हुई। वे पर्यटन के मामले में भारत की प्रगति के बारे में जानने को उत्सुक थे। उन्होंने जानना चाहा कि भारत के ग्रामीण परिवेश, एडवेंचर पर्यटन में प्रशिक्षण का कोई विकास हुआ है या नहीं। चर्चा अपूर्ण ही रही। होटल के कर्मचारियों ने आकर बताया कि कुछ लोगों से खबर मिली है कि होटल के करीब दो तीन व्हेल शाम को दिखायी पड़ी थीं। सो अगली सुबह हमें व्हेल सफारी पर जाना चाहिए। उत्कण्ठा के साथ तृप्ति और मैंने रात बितायी। भोर के वक्त होटल के कमरे की बॉलकनी से समुद्र की ओर दूरबीन से देखा तो पाया कि धूसर जहाज नुमा दो आकृतियां एक ओर से दूसरी ओर आ जा रही हैं। अब व्हेल की मौजूदगी के बारे में कोई संदेह नहीं रह गया। सुबह के सारे कार्य खत्म कर नाश्ते के बाद हम गेट पर हाजिर हो गये। तब तक होटल के सारे अतिथि भी तैयार हो चुके थे। दो बोटों में सभी बैठ गये। नाव वाले (बोटमैन) को पता था कि किस दिशा में व्हेल देखे जाने की संभावना ज्यादा है। इधर उधर से गुजर कर हम समुद्र के मध्य - मेडागास्कर के मुख्य भूभाग के नजदीक एक स्थान पर पहुंच गये। व्हेल का कहीं कोई नामो निशान तक न था। बोट काफी समय तक प्रतीक्षा में खड़ी

रही। हमारा धीरज खोने लगा। सभी दूरबीन से चारों ओर देख रहे थे। पर बोटमैन चुपचाप निश्चल बैठा था। अचानक एक यात्री ने एक ओर उंगली से इशारा किया जहाँ समुद्र के अंदर से पानी के फव्वारे ऊपर की ओर फूट रहे थे। दस बारह फव्वारे दिखे। तभी पानी के अंदर से एक मछली ने ऊपर छलांग लगायी। सूर्य की किरणों में उसका सुनहरा रंग चमक गया। बिल्कुल स्वीमिंग पूल के डाइविंग बोर्ड से कूदने की तरह। फिर क्या था, एक के बाद एक व्हेल पानी से ऊपर छलांग लगाने लगीं - एक समूह संगीत की धुन और समूह नृत्य की ताल पर। हम सबने तालियां बजायीं। बोटमैन ने भी उन तक पहुंचने के लिए गति बढ़ा दी। पर नजदीक पहुंचे तो देखा सारी मछलियां समुद्र के अंदर गायब हो गयीं। निराश होकर लौट आये। कुछ ही दूर चले थे कि फिर से तीन चार मछलियां बोट के चारों ओर चक्कर काटने लगीं। डर लगा कि उनकी हरकतों से हमारी बोट कहीं पलट न जाये। इतने नजदीक से जीवित व्हेल मछलियों को देखने का मौका मिलेगा, यह कभी सोचा न था। थोड़ी देर तक लुकाछिपी चलती रही। फिर वे कुछ दूर जाकर वहाँ पर नाचने लगी तथा धीरे धीरे हम से दूर होकर अदृश्य होती गयीं। हमने रुख बदल कर दूसरी दिशा में जाना तय किया। तभी देखा एक विशाल काय व्हेल बिल्कुल हमारी बोट के सामने हाज़िर। धूसर, चिकनी, छोटी तेज आँखें, तेज गति से तैरती गयी। बोट उसका पीछा करने लगी। आगे आगे व्हेल पीछे पीछे बोट। जंगली बारहा के पीछे जैसे शिकारी भागता है। यह रेस थोड़ी देर तक चलती रही। संभवत: यह व्हेल और बोटवाले के बीच एक आपसी समझौते वाले कार्यक्रम की तरह चलता रहा, जैसे यह दर्शकों के मनोरंजन के लिए हो। फिर व्हेल दूर निकल गयी और हमारी नजरों से ओझल हो गयी। हम होटल लौट आये। होटल के कमरे के सामने एक छोटा मेंढक हमारे स्वागत में बैठा था। तोते सा हरा रंग, पांव बीर बहूटी के पावों से भी लाल सुर्ख। अगली सुबह होटल के अंदर-बाहर हमने ऑर्किड के रंगारंग फव्वारे देखे - कई किस्मों व कई आकार के फव्वारे।

ईश्वर से प्रार्थना की कि उपद्वीप को वे प्रदूषण व आधुनिकता के हमलों से अछूता ही रखें।

PHOTOGRAPHS

राष्ट्रपति के.आर. नारायणन के साथ लेखक

नेपाल नरेश वीरेंद्र वीर विक्रम शाह देव से लेखक की मुलाकात

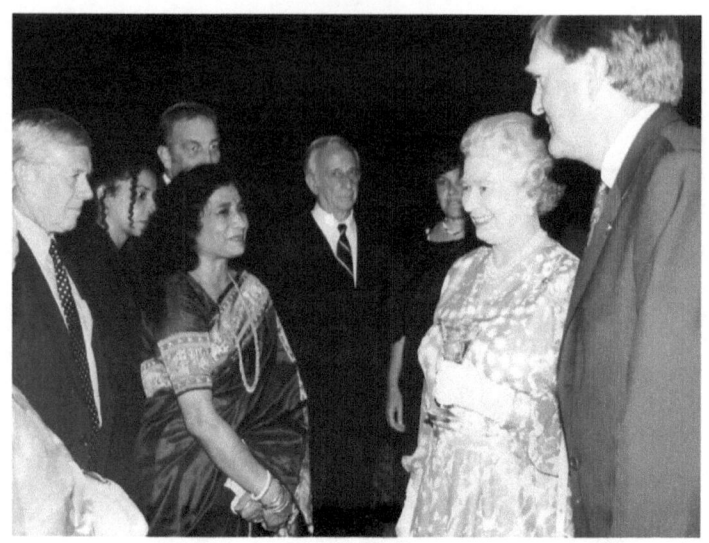

रानी एलिजाबेथ II से श्रीमती तृप्ति बेउरिआ की मुलाकात.

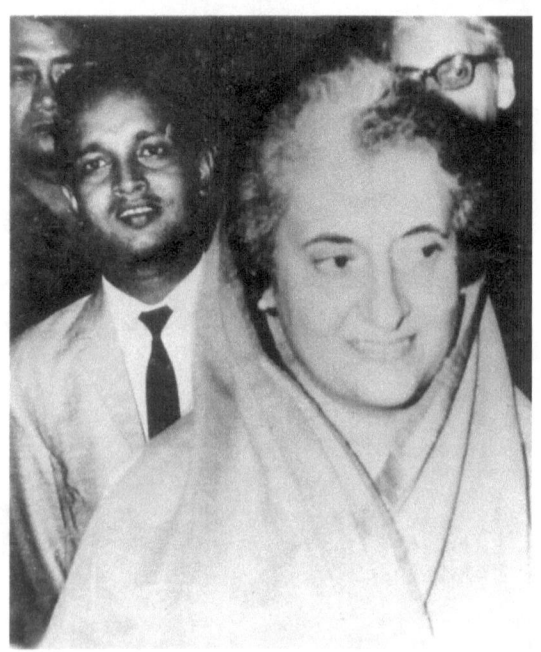

श्रीमती इंदिरा गांधी के साथ श्री बेउरिआ

लेमुरों के संग लेखक व उनकी पत्नी

कांडी, श्रीलंका में प्रख्यात चिकित्सक डा. क्रिश्चैन बर्नार्ड तथा अतिथियों के साथ

बाओ बाओ वृक्ष

यू.ए.ई. के राष्ट्रपति शेख जायेद के साथ लेखक

अबुधाबी में नृत्य नाटिका श्यामा के कलाकारों के साथ

पंडित रविशंकर तथा जुबिन मेहता के संग लेखक

जापान के प्रधानमंत्री मिकी से
श्रीमती बेउरिआ की मुलाकात

अमेरिका में कोस्बी शो के दौरान लेखक

ओडेसा में रूसी आर्थोडॉक्स चर्च के प्रधान पादरी से लेखक की मुलाकात

मेडागास्कर के राष्ट्रपति श्री रातसिराका के साथ लेखक

रूस नौवहन के अधिकारियों के साथ लेखक

मशहूर क्रिकेटरों, सौरव गांगुली व सचिन तेंदुलकर के साथ लेखक

हाटन, श्रीलंका में लेखक

सिने स्टार आमिर खान के साथ लेखक की पुत्रियां- प्रार्थना व वर्णना

सिने स्टार आमिर खान के साथ लेखक

प्रख्यात तबला वादक ज़ाकिर हुसैन तथा सरोद वादक अमजद अली खान के साथ

प्रख्यात सिने तारिका वैजयंती माला व डॉक्टर बाली के साथ लेखक व परिजन

BLACK EAGLE BOOKS

www.blackeaglebooks.org
info@blackeaglebooks.org

Black Eagle Books, an independent publisher, was founded as a nonprofit organization in April, 2019. It is our mission to connect and engage the Indian diaspora and the world at large with the best of works of world literature published on a collaborative platform, with special emphasis on foregrounding Contemporary Classics and New Writing.

www.ingramcontent.com/pod-product-compliance
Lightning Source LLC
Chambersburg PA
CBHW060608080526
44585CB00013B/729
* 9 7 8 1 6 4 5 6 0 4 6 0 0 *